高等法律职业教育系列教材
审定委员会

高等法律职业教育系列教材

中国法制史教程

ZHONGGUO FAZHISHI JIAOCHENG

主　编 ○ 万安中　曹秀谦

副主编 ○ 程应需　谢世平

撰稿人 ○（以撰写章节先后为序）

万安中　程应需　杨旭军　谢世平

郭　诚　曹秀谦　林棉征　李　飞

中国政法大学出版社

2014·北京

图书在版编目（ＣＩＰ）数据

中国法制史教程 / 万安中，曹秀谦主编.—北京：中国政法大学出版社，2014.7
ISBN 978-7-5620-5468-9

Ⅰ．①中… Ⅱ．①万… ②曹… Ⅲ．①法制史—中国—教材 Ⅳ．①D929

中国版本图书馆CIP数据核字(2014)第147346号

出 版 者	中国政法大学出版社
地 　 址	北京市海淀区西土城路 25 号
邮 　 箱	fadapress@163.com
网 　 址	http://www.cuplpress.com（网络实名：中国政法大学出版社）
电 　 话	010-58908435(第一编辑部)　58908334(邮购部)
承 　 印	北京华正印刷有限公司
开 　 本	787mm×1092mm　1/16
印 　 张	13.25
字 　 数	275 千字
版 　 次	2014 年 7 月第 1 版
印 　 次	2014 年 7 月第 1 次印刷
印 　 数	1~2500 册
定 　 价	29.00 元

高等法律职业化教育已成为社会的广泛共识。2008 年，由中央政法委等 15 部委联合启动的全国政法干警招录体制改革试点工作，更成为中国法律职业化教育发展的里程碑。这也必将带来高等法律职业教育人才培养机制的深层次变革。顺应时代法治发展需要，培养高素质、技能型的法律职业人才，是高等法律职业教育亟待破解的重大实践课题。

目前，受高等职业教育大趋势的牵引、拉动，我国高等法律职业教育开始了教育观念和人才培养模式的重塑。改革传统的理论灌输型学科教学模式，吸收、内化"校企合作、工学结合"的高等职业教育办学理念，从办学"基因"——专业建设、课程设置上"颠覆"教学模式："校警合作"办专业，以"工作过程导向"为基点，设计开发课程，探索出了富有成效的法律职业化教学之路。为积累教学经验、深化教学改革、凝塑教育成果，我们着手推出"基于工作过程导向系统化"的法律职业系列教材。

《国家（2010～2020 年）中长期教育改革和发展规划纲要》明确指出，高等教育要注重知行统一，坚持教育教学与生产劳动、社会实践相结合。该系列教材的一个重要出发点就是尝试为高等法律职业教育在"知"与"行"之间搭建平台，努力对法律教育如何职业化这一教育课题进行研究、破解。在编排形式上，打破了传统篇、章、节的体例，以司法行政工作的法律应用过程为学习单元设计体例，以职业岗位的真实任务为基础，突出职业核心技能的培养；在内容设计上，改变传统历史、原则、概念的理论型解读，采取"教、学、练、训"一体化的编写模式。以案例等导出问题，根据内容设计相应的情境训练，将相关原理与实操训练有机地结合，围绕关键知识点引入相关实例，归纳总结理论，分析判断解决问题的途径，充分展现法律职业活动的演进过程和应用法律的流程。

　　法律的生命不在于逻辑，而在于实践。法律职业化教育之舟只有驶入法律实践的海洋当中，才能激发出勃勃生机。在以高等职业教育实践性教学改革为平台进行法律职业化教育改革的路径探索过程中，有一个不容忽视的现实问题：高等职业教育人才培养模式主要适用于机械工程制造等以"物"作为工作对象的职业领域，而法律职业教育主要针对的是司法机关、行政机关等以"人"作为工作对象的职业领域，这就要求在法律职业教育中对高等职业教育人才培养模式进行"辩证"地吸纳与深化，而不是简单、盲目地照搬照抄。我们所培养的人才不应是"无生命"的执法机器，而是有法律智慧、正义良知、训练有素的有生命的法律职业人员。但愿这套系列教材能为我国高等法律职业化教育改革作出有益的探索，为法律职业人才的培养提供宝贵的经验、借鉴。

2010 年 11 月 15 日

绪 论

中国乃世界文明古国，被誉为世界文明的摇篮。在源远流长、辉煌灿烂的中国文化中，法律制度史是一个重要的组成部分，它延续四千余年，从未中断，其完整性、鲜明性和独特性，在世界历史中是唯一的。因此，学习和研究中国法制史，无论是对我们了解其内容，理解其特征，增长法律知识，提高文化素质；还是对我们进行社会主义民主与法治建设，皆有十分重要的意义。

一

中华民族的历史跨入文明的门槛之后，直到新中国成立的四千多年里，历经了奴隶社会、封建社会和半封建半殖民地社会。每一种社会形态下的各朝统治者都纷纷采取立法措施，以维护其统治并保护其统治利益。

公元前21世纪，中国进入奴隶社会，夏、商、周、春秋时期的各代奴隶主统治者的立法，虽大部分无从查考，但根据零星史料仍可断定，奴隶制国家的法律制度，既是奴隶主贵族维护有历史进步意义的奴隶主生产关系的工具，也是镇压奴隶反抗、进行阶级专政的工具。

至战国，奴隶制土崩瓦解，封建制得到确立。其时，各诸侯国普遍开展了变法和制定封建法律的运动。通过各国的变法运动和封建法律的制定，封建法律逐步取代了奴隶制的法律制度。战国时期编撰的《法经》是第一部比较系统的封建法典。

秦始皇统一六国后，建立了我国历史上第一个统一的封建君主专制的国家。秦朝是一个注重法治的王朝，其立法活动也发展到一个新阶段。秦始皇对商鞅以来秦国所立之法做了总结，将为数众多的法规加以筛选、整理、修改、充实，编纂出了一部比较完备的封建法典。秦律的形成，把我国封建法律制度的历史推进到一个新的发展阶段，对后世产生了深远的影响。

在秦帝国废墟上建立起来的汉王朝，在"天下苦秦酷法久矣"的社会历史条件下，吸取秦二世灭亡的历史教训，提出了"德主刑辅"的政治主张，即治理国家以礼仪教化为主，刑事惩罚为辅。两汉统治者在承袭秦朝法律制度的基础上，又顺应形势，对法律制度进行改革和发展，注重儒法合流，法律制度逐步趋于儒家化。以《九章律》为代表的汉朝法律制度的形成，不仅在中国法制史上起到承前启后的作用，也标志着中国封建法律制度的确立。

三国两晋南北朝的法律制度是早期封建法制向中期完备的封建法制过渡的重要法律形态。长时期的社会动荡与分裂，致使长期统一适用的封建法律难以形成。但集权专制统治的相对削弱，又为法律思想的活跃、法律制度的改革创造了相对自由的机会。为在动荡的社会环境中求得生存和发展，各代统治者以及地主阶级的代表人物，认真总结以往的统治经验，推进了魏晋南北朝法律制度的改革和完善。总的来说，这一时期法制的指导思想仍然是封建正统法律思想，而"礼治"是这一时期法制的基本原则。"礼治"的核心内容"三纲五常"融于法典中，不再仅仅是道德的戒律，而且成为法律的规范。魏晋南北朝逐步引礼入律。礼律结合，为"一准乎礼"的隋唐法制奠定了基础。

唐朝建立后，统治者从隋亡的历史事实中总结出深刻的教训，提出以"仁本，刑末"的政策取代隋末的暴政，以缓和社会阶级的矛盾，巩固其封建统治。因唐统治者励精图治，唐朝的政治、经济、文化得到了前所未有的发展。与此相适应，封建国家各种典章制度也得到进一步完善，所谓"盖姬周而下，文物仪章，莫备于唐"，而作为封建社会鼎盛时期产物的唐律，"集众律之大成"，成为中华法系的代表作。唐律的规范完备周详，涉及经济基础和上层建筑的各个方面。它既有封建法典的共性，又有自身发展完善的特征，是一部具有代表性的最完备的封建法典。唐律不仅被后世各封建王朝当作创法立制的楷模，而且对东亚各国的封建立法也起了十分重要的示范作用。

宋、元、明、清时期，中国封建社会逐渐进入后期阶段。伴随社会历史阶段的变化，封建统治阶级日趋没落腐朽，社会两大对立阶级间的斗争日益激烈，作为统治手段的封建法律制度也发生了重大变化。宋朝统治者制定了加强中央集权的封建专制主义制度的基本国策，因而也强化了封建君主专制主义中央集权的法律内容，使编敕等法律形式有了突出发展，惩治"贼盗"的法律变得愈加严酷，司法上出现了"御笔断罪"的制度。由蒙古族建立的元朝统治，在承袭唐宋法律制度的基础上，融合了落后的民族习惯法，从而使元朝的法制表现出民族不平等及浓厚的宗教色彩。明朝为了巩固没落的封建经济基础，其政治法律制度被推向专制主义中央集权的高峰。皇权空前集中，封建专制主义控制愈益严密，宦官特务政治突出发展，在明代的法律制度上都得到了充分的反映。到了清朝，封建自然经济逐步瓦解，阶级关系更加复杂，各种矛盾尖锐异常，封建王朝已完全到了极度腐朽、衰落的境地，其法律制度在沿袭明制的基础上，自然成为竭力维护封建地主阶级专政的工具。另外，由于清朝是满族人建立的封建统治，其法律制度除包含阶级压迫的内容外，民族压迫的性质也十分明显。

一方面，1840年鸦片战争，外国侵略者用大炮打开了中国的大门，中国逐步沦为半殖民地半封建的社会。从清政府的变法修律，到南京国民政府陆续公布《六法全书》，这都标志着中国向半殖民地半封建法制的过渡和确立，古老的中华法系的法律体制和法律的阶级本质有了重大的转变。这一时期的法制仿照资产阶级各国的法律条款，但仍掺杂了不少封建传统法律内容，形成了中国半殖民地半封建法律制度的重要特征。

另一方面，在鸦片战争后的一百多年里，中国人民在伟大的革命斗争中不断创造出新型的法制。太平天国革命政权创建了代表农民阶级和其他劳苦民众意志的法律制度。辛亥革命后建立的南京临时政府，颁布了中国历史上惟一的一系列资产阶级民主革命性质的法律。而新民主主义革命时期人民民主政权的法律制度的制定和实施，则开辟了中国法制史上的新篇章。

二

法系一词源于希腊文 Geueos，英文为 Legal genealogy 或 Legal family，是指划分彼此相区别的法律系统。世界法系的分类，众说不一，一般分为五大法系，即大陆法系、英吉利法系、印度法系、阿拉伯法系和中华法系。

中华法系，以延续两千多年的封建法律为主体，其影响扩及东亚及东南亚等国家。中华法系的历史沿革完整，内在联系密切，发展顺序清晰，文献资料丰富，民族特色显著。其特征具体表现如下：

1. 法律制度的发展经历了一个由简单到复杂，并逐步完善的过程。法律制度是随着国家的建立而相应产生的。最初的法制体系单一，内容简单。如在神权、族权、王权支配下的我国奴隶制朝代，还处于"礼法不分"的阶段，宗教礼仪、道德、风俗、法律等社会规范之间的区别很难界定，因此，法律也只能以不成文的形式表现出来。到了封建社会后，法律制度的内涵就逐渐丰富和完善起来了。如秦律，其内容就涉及刑事、民事、经济、行政、诉讼等各个方面，形成了一个比较完整的法律体系。

2. 法律制度的发展与政治、经济的发展密切联系，表现为两者同步前进。西周是我国奴隶制最兴盛的时代，奴隶制的政治、经济达到了空前的发展，出现了政治稳定、经济繁荣、国家强盛的良好局势，与之相适应，奴隶制的法律也达到空前的完备。周礼有关国家典章制度、宗法等级制度的内容，不仅具有根本法的意义，同时也包含了大量民事、婚姻家庭、经济、军事、宗教、刑事等方面的法律规范。唐朝是我国封建制朝代发展的鼎盛时期，封建政治、经济达到了前所未有的发展，与之同步，封建法制也取得了辉煌的成就。以《唐律疏义》为代表的唐代法律，标志着中国封建法制臻于成熟和完备。

3. 法律制度的发展以儒家学说为指导思想和理论基础。以孔孟之学为渊薮的儒家学派，至汉武帝时期，由于实行"罢黜百家，独尊儒术"的政策而跃居社会统治地位，儒学成了近两千年封建法律的理论基础和指导思想。儒家思想对封建法律的影响主要表现在：以法律的形式确认儒家三纲，即"君为臣纲，父为子纲，夫为妻纲"的学说所宣扬的君权、父权、夫权的不可侵犯性，违者定以重罪，予以严惩；封建法律的思想贯彻了"德主刑辅"、"明刑弼教"的精神，执行儒法结合、外儒而内法的封建法律政策；通过"春秋决狱"，使儒家经典法典化，确认秋冬行刑，使儒家"顺天行刑"的思想制度化。可见，儒家思想对封建法律影响是极其深刻的。

4. 法律以君主的意志为转移，司法与行政的合一。两千多年的封建社会，封建集权专制世代相传，皇帝是国家的代称，始终是最权威的立法者和最大的审判官。所谓"法自君出"，皇帝的话是"金科玉律"，其言出法立。皇帝发布的"敕"、"令"、"诏"、"谕"凌驾于法律之上，具有最高的法律效力。同时，"狱由君断"，皇帝握有最高的司法权，一切重案、要案、疑案皆须皇帝裁决、批准。封建皇帝可以法外用刑，也可以法外施恩，赦免任何罪犯。

历代封建王朝，司法与行政不分现象尤为突出。虽设立了中央司法机关，但须听命于专制王权，不能独立审判，而辅佐皇帝的重臣，则完全可以过问司法，中央某些行政机构的长官也可以干预或参与司法。在地方，一地行政长官即兼理同级司法审判。宋元明清对地方路、省一级虽专设司法机构，但仍处于地方行政长官的控制之下。几千年来，司法权与行政权合为一体是强化封建君主专制的重要措施。

5. 法律制度内容以刑法为主体。中国古代社会，男耕女织，自给自足的自然经济长期占统治地位，民事法律关系本不发达，加上宗法血缘纽带牢固，一切民事、婚姻家庭关系多可以依礼解决。因而，直至清末，没有产生独立成文的民法典。从战国李悝的《法经》，到清代的《大清律》，历代成文法典基本上都是刑法典，兼有民法、行政法、经济法、诉讼法等方面的内容，而且解决民事案件，往往采用刑罚手段，以刑讯逼取证据，充分暴露了历代统治阶级法律制度在司法镇压上的残酷性。

三

中国法制史上，从一个极重要的方面展示了人类社会走过的漫长道路，无论是法律文化还是法律制度，都曾走在世界的前列。意大利历史学家克罗齐有句名言："一切真历史都是当代史。"历史是过去的现实，研究历史是当代的需要，当代许多现象都与历史相似，人们可以从历史中看到现实中尚未显现的端倪，也可以找到解决现实问题的许多答案。可以说，学习法制史具有深远的历史意义和现实意义。

第一，是完成法学专业课程的重要条件。法学专业课分为基础法学和部门法学两大部分，是一个相互通融的整体。中国法制史是法律专业的基础理论课之一，不仅在学习法学基础理论中需要该方面的知识，就是在学习刑法、民法、诉讼法等部门法中也要法制史提供必备的相关历史知识。要真正把握和理解一些法律规范的涵义，要在法学理论研究方面有所深入和成就，就必须学好法制史知识。

第二，对于建立和健全社会主义民主与法治有着重要的借鉴作用。不论是奴隶制的法制、还是封建制的法制，都具有丰富的内涵，不仅对历代统治的巩固和稳定起过重要作用，也为我们今天建立社会主义法治提供了许多可继承和发扬的东西。有经验，也有教训。我们既要继承有用的法制内容，也要加以鉴别，剔除其中的糟粕，赋予其新的时代含义和内容，使之为建立具有中国特色的社会主义法治发挥重要作用。

第三，将扩大我们的知识面，了解中华民族源远流长的文化，极大地增强我们的爱国热情和民族自豪感。法制史学并不只是法律史方面的内容，它与政治学、经济学、历史学、文学等学科都有着密切的联系。学习法制史，无疑将扩大我们的知识面，提高理论水平，同时，还将帮助我们深刻理解和认识我国法律文化发展的昨天和前天，让我们感受到中华民族法制文化的悠久与发达，其内涵的博大无比。

学习法制史，作用重大，意义深刻。那么，如何学好中国法制史呢？首先，坚持以马列主义为指导思想，力求做到阶级分析与历史分析的统一，观点和材料的统一，对法制史的发展作出科学而正确的论述和评价，既不能盲目地否定一切，也不能毫无批判的肯定一切。其次，采用比较鉴别的方法。有比较才能有鉴别。把不同时期不同类型的法律制度进行比较，掌握其各自的特殊性，鉴别其优和劣，进步和落后，达到古为今用的目的。另外，学习法制史，还要掌握一定的古汉语基础知识及其他基本知识，只有本着良好的学风、严谨的态度、认真的精神，掌握较全面的相关知识，才能学懂学好，继而进一步加以研究，对中国法制史学科的建设和发展，以及我国社会主义民主与法治建设的巩固和推进做出应有的贡献。

第一章

夏、商、周、春秋时期的法律制度

　　约公元前21世纪，夏禹传位于子启，从而结束了漫长的"天下为公"的时代，原始社会走到了尽头，第一个奴隶制国家夏朝产生了。随着奴隶制国家的建立，奴隶制的法制也随之产生。继夏之后的商朝，奴隶制的经济、文化已显发达，法律制度也得到了相应的发展。至西周，奴隶制的法律制度逐步成熟，并对后世产生了比较深刻的影响。春秋时期，社会动荡，天下大乱，各诸侯国通过改革和变法，触动了原有的经济基础和上层建筑，奴隶制的礼法制度随之解体，封建法律制度逐步形成。

第一节　夏朝奴隶制国家法律制度的起源

一、夏朝奴隶制国家的形成

　　早在一百多万年以前，我们的祖先就在黄河和长江流域一带劳动、生活和繁衍。大约在六七千年以前，他们进入了母系氏族公社阶段。至四五千年以前，各氏族部落由母系氏族社会进入父系氏族社会阶段。由母权制过渡到父权制，被称为人类所经历的"最激进的革命之一"。在氏族社会，生产力水平极端低下，氏族社会生产关系的基础是生产资料公有制，产品归集体所有，平均分配。氏族社会内部，既没有人剥削人的现象，也没有阶级的划分。然而，随着生产力的发展，产品有了剩余，私有制也就逐步产生了。

　　氏族内部由于出现财产私有制而发生了贫富分化，少数氏族部落首领利用其职位，占有了剩余产品，积累了大量的财富，逐渐发展成氏族组织中的富有者和剥削者。史传我国历史上存在过华夏、东夷和苗蛮三个部落。这些氏族部落通过战争或联合，逐渐融合形成了国家。传说尧、舜、禹就是这一时代能为民办事、德高望重的英雄人物，尤其是大禹，其因治水有功，颇得众望，得到众多部落首领的拥戴，逐步确立了王权。王权的确立使得各部落之间的联盟关系转为隶属关系，禹的权威也达到了最高峰。史载，在一次部落首领会议上，"防风氏后至，禹杀而戮之"[1]。这表明氏族部落之间的平等及基本的民主已经结束。按氏族社会传统的"禅让"制度，禹应传位给伯益。但禹的儿子启势力强大，为争夺王位杀死了伯益，打败了反抗的有扈氏部落，"遂即天子之位"[2]，建立了我国历史上第一个奴隶制王朝——夏朝。

二、夏朝奴隶制国家法律的产生

法律不是从来就存在的，它是随着国家的建立和发展而产生的。我国奴隶制法律主要由礼和刑两部分组成。所谓礼，最早是指为祭祀而举行的仪式，是人们自觉自愿遵循的习惯。出于对共同祖先的尊重和敬畏，能否参加氏族祭祖的仪式是区别人们是否属于这个氏族的基本条件。到了氏族社会后期，成员之间权力和财富的差别日益显著，贫富贵贱日益突出，掌权者同时占有大量的财富，成为氏族贵族。氏族贵族垄断了祭祀权，同时也控制了逐步形成的政治权利，演变为统治阶级。统治者从自身利益出发，将体现全体氏族成员意志的习惯进行改造，注入了阶级内容，从而成为体现奴隶主阶级意志的习惯法。

刑起于兵。我国奴隶制的法律除了习惯法——礼之外，主要是刑法。刑指武力杀戮，兵指战争。刑起于兵，表明刑与战争是分不开的。氏族部落的复仇讨伐，均要使用武力。在氏族社会早期，由于生产力发展低下，战争的俘虏往往一概处死。但到了后期，俘获的人不再全部杀死，部分俘虏被当作奴隶，对其进行奴役和剥削，同时，也需要用刑（法）对其加以镇压和管束。起初，刑只用来对付被征服者和俘虏，随后也用以对付氏族内部成员。这样，战争既促进了国家的形成，也由此产生了刑法。

三、夏朝奴隶制国家法律的内容

（一）习惯法与王命

夏朝的法律，主要是由氏族社会的习惯演变而来的习惯法，以及夏王假借天意发布的王命组成的。到夏朝建立时，氏族社会中有关财产分配、选举、部落之间的关系、婚姻家庭关系的习惯，其社会性已经逐渐消失，阶级特征越来越明显，从而变成了具有国家强制性的法律形式。夏朝国王的命令也是重要的法律形式。史载夏启在一次出征誓词中就有表述："用命，赏于祖；不用命，戮于社。予则孥戮汝。"[3] 意谓听从命令，奋勇杀敌者，在祖先神位前给予奖赏，否则要受到惩罚，不仅本人被杀，还要牵连其子。这条记载说明，夏朝国王的命令是军令，也是法律，国王拥有发布法律的权威和生杀之权。

---

[1]《国语·鲁语下》。
[2]《史记·夏本纪》。
[3]《尚书·甘誓》。

（二）禹刑

"夏有乱政，而作禹刑"[1]，说明禹刑的产生是阶级矛盾不可调和的产物。"禹刑"是夏朝法律的总称，用禹命名，并不表明一定是禹时制定的刑法，主要表示对夏族杰出祖先禹的怀念和崇敬。"禹刑"的内容不详，但它作为夏朝法律的存在以及为夏朝统治者服务、消除所谓"乱政"的阶级本质，却是毋庸置疑的。

夏朝法律以刑法为主，兵刑不分。关于其罪名与刑名情况，史籍多有记载，所谓"夏后氏之王天下也，五刑之属三千"[2]、"夏正刑有五，科三千条"[3]。"正刑有五"是指夏朝刑法体系由墨（在脸上刺字并涂墨）、劓（割鼻）、膑（剔去膑骨，后又称刖，即断足）、宫（毁坏生殖器），大辟（砍头）等组成。科三千条，表明五刑治罪的条款有三千条之多，包括大辟两百条，膑辟三百条，宫辟五百条，劓、墨各一千条。

按照夏朝法律规定，什么样的罪行将受到严厉的制裁和惩罚呢？从现存的文献资料来看，其罪名主要有：①不孝罪。氏族尊老、爱老、孝敬老人的传统习惯传至夏朝，首先体现在对待自己的父母，继而延伸到效忠王朝，以巩固奴隶主统治。②违抗王命罪。不遵照夏王的命令，违规抗命，将受到极为严厉的惩罚，有杀戮之罪。③昏、墨、贼罪。昏是指自己做了坏事，不仅隐瞒，还窃取美名；墨是指贪污罪；贼即肆无忌惮地杀人。这三种犯罪皆处以重刑。

由于历史悠远，史料缺乏，我们对夏朝的法律制度只能作粗略的了解。但我们必须清楚：随着国家的产生，夏朝的法律制度与原始习惯传统已有本质的区别，它是阶级矛盾不可调和的产物，是统治阶级意志和利益的集中体现，具有明显的社会规范性和鲜明的阶级性质。

第二节　商朝的法律制度

约公元16世纪，活动在黄河下游强大起来的商族，在首领成汤的率领下，一举消灭暴虐无道的夏桀，推翻了夏王朝，建立了我国历史上第二个奴隶制王朝——商朝。

号称"邦畿千里"的商王朝，奴隶制的农业、畜牧业、手工业和商业都比较发达，越来越多的奴隶被投入到社会各个生产领域，并被强迫进行生产劳动。奴隶制经济的显著发展，为奴隶制政权的确立和巩固、法律制度的建立和发展提供了物质基础。商朝的法律制度，既沿袭了夏制，又有了较大的变化和发展。

---

〔1〕《左传·昭公六年》。
〔2〕《晋书·刑法志》。
〔3〕《隋书·刑法志》。

一、商朝的立法活动和法律形式

随着奴隶制国家经济的发展和国家机器的不断强化，商朝的法律制度逐步得到了充实。商灭夏后，迅速开展了立法活动。《左传·昭公六年》载："商有乱政，而作汤刑。"汤刑是商朝的法律总称，以汤为名，表示对汤族杰出领袖和开国之君汤的怀念。商朝传到汤长孙太甲执位时，社会秩序混乱，国势衰颓。为稳定奴隶制贵族统治，"祖甲二十四年，重作汤刑"[1]，即对原有的法律进行修改和增补，以稳定形势，制止混乱。

在奴隶主贵族专制主义政体下，商王的命令如誓、诰、训等也是商朝法的主要渊源。誓，即军旅誓师时的命令；诰，即政纲的发布；训，即对群臣的训诫。这是由商王居于高位、拥有最高专制权力决定的。商王是最高立法者，其命令也就具有最高的法律效力。《竹书纪年》还记载了"令"的出现，甲骨卜辞中也有"王命"、"王令"的记录，这更进一步证实了商王的命令是商朝法律的重要组成部分，是指导商朝国家法律活动的重要依据。

二、商朝法律的主要内容

荀子提出"刑名从商"[2]之说，不仅表明以刑法为主的古代法制到商朝已略具规模，而且对后世也产生了一定的影响。

（一）刑法的发展

商朝诸法中以刑法为主，甲骨文中"刑"、"辟"的多次出现，正是以刑概法的反映。从现存的历史文献来看，商朝刑法所确立的罪名有：

1. 不孝罪。商朝在族权与政权直接结合、宗法制度初步建立的历史条件下，不孝被看成是大逆不道的。《吕氏春秋·孝行》引《商书》说："刑三百，罪莫重于不孝。"这条史料说明不孝罪已被列为法律制裁的一项重要罪名。

2. 违抗王命罪。夏朝的时候，不从王命即构成灭族之罪。商援夏法，商王也特别注重自身的至高权威。商汤在灭夏的誓师令中宣布："尔不从誓言，予则孥戮汝。"[3]即要求战士听从号令，否则本人及子孙都要遭到严厉的惩处，绝不宽恕。

3. 危害社会与政权罪。商王曾向臣民宣布："颠越不恭，暂遇奸宄，我乃劓殄灭之无遗育，无俾易种于兹新邑。"[4]即对那些狂妄放纵、不受法纪、不守善道、不敬国王、危害政权、犯法作乱的人予以斩尽杀绝，显示了商朝刑法的残暴性。

〔1〕《竹书纪年》。
〔2〕《荀子·正名》。
〔3〕《尚书·汤誓》。
〔4〕《尚书·盘庚》。

除此以外，商朝的刑法还包括"不道罪"、"不吉不迪罪"、"弃灰于公道罪"等罪名。

商朝刑罚，主要沿用和发展了夏朝的五刑，称墨、劓、刖（断足）、宫、大辟。其处刑的手段尚未规范化，因而随意性很大，许多刑罚实施起来往往都在五刑之外。特别是到商朝末期，商纣王暴虐无道，残害百姓，阶级矛盾异常尖锐。为了挽救衰败的统治，商王"不迪率典"，实行法外极刑，对王族成员及诸侯大肆杀戮。《史记·殷本记》载："纣乃重刑辟有炮烙之法"，"醢九侯……并脯鄂侯"，"剖比干，观其心"。所谓炮烙之法，是在铜铸上涂油，下面加炭烧热，令有罪者在上面行走，支撑不住便倒下烧死。醢刑就是将罪犯捣成肉酱。脯刑是把罪犯杀死后晒成肉干。

商朝除死刑、肉刑外，还出现了徒刑，即将罪犯拘系使其劳作的刑罚。《集解》引孔安国曰："傅氏之岩在虞虢之界，通道所经，有涧水坏道，常使胥靡刑人筑护此道。"说明在傅岩这个地方有从事修筑道路的刑徒和奴隶。

从商朝刑罚名目之多、手段之残酷不难看出，商朝的刑法发展了夏法，又比夏法严酷，其主要镇压对象是广大的奴隶和平民，也扩及一些损害统治者利益的奴隶主贵族及官僚。虽然不少酷刑只出现在商末，而且为非法定刑，但实行野蛮的惩罚主义和对被统治者阶级的残暴刑事镇压，无疑是商朝奴隶制法制的重要特点，显示了奴隶制法制的实质，加剧了奴隶制社会的阶级矛盾。

（二）民事规范制度

商朝对土地这一最基本的生产资料实行奴隶制的国有形式，土地所有权属于奴隶主阶级的总代表国王，不存在土地私有。国王以下的奴隶主贵族通过商王的分封占有土地，向国王缴纳贡赋，没有买卖或处理土地的权力。奴隶作为私有财产归奴隶主所有，可以作为买卖或赏赐的对象来转让，甚至随意杀害。

在甲骨文中也发现了记载掠夺土地、牲畜和奴隶的侵权行为。对此或控诉于商王，或由商王以武力排除。

商朝占统治地位的婚姻形态是一夫一妻制。从史籍记载和卜辞中可以发现，在商朝三十一位国王中，绝大多数是一夫一妻。虽规定只配一妻，但奴隶主贵族们大多纳妾。纳妾不加限制，女奴可以被任意支配，因而一夫一妻制的背后是一夫一妻多妾制，这显然是奴隶制度的产物。

随着私有制的发展，商朝的继承关系也逐渐制度化。商朝确立了嫡长子继承制，即"立子以贵不以长，立嫡以长不以贤"。商王朝建立以后，王位的继承曾一度实行过"父死子继"、"兄终弟及"或"叔侄相传"的制度。嫡长子继承制的确立，是统治阶级为保证他们的财产权和政治特权不受侵害，以及维持统治集团内部的秩序而采取的一种措施，这对解决多妾多子在继承上的矛盾、巩固世袭特权传统起了重要作用，并为以后的封建王朝所承袭。

三、商朝的司法制度

在商朝，商王掌握国家的一切大权，国家大事皆由商王决定，王命即是法律，因而商王拥有最高的审判权，商王的裁断具有最高的法律效力。

为处理狱讼案件，商朝设置了负责狱讼的司法官吏。中央司法官称司寇，下设史、正等职。王畿内职掌握地方司法事务的有士和蒙士两级。诸侯领地内的狱讼由诸侯自理。

为了加强对奴隶和平民的统治，统治者利用宗教迷信作为精神愚弄的手段，把政治统治和司法镇压说成是按天行事和"代天行罚"，凡定罪行刑都要通过占卜问神做出决定，即假借神的意志进行裁判。赤裸裸的暴力镇压被涂上"神意"的灵光，具有极大的欺骗性和威慑力。

第三节　西周的法律制度

公元前11世纪，周武王起兵伐纣，诸侯纷纷响应，双方交战于牧野，纣王大败自焚，商朝灭亡。武王建立周朝，建都镐京（今陕西长安区西南）。自建都镐京时起，至平王东迁洛邑，历史上称西周。西周统治者吸取了商朝败亡的深刻教训，对政治、经济、法律制度进行了重大改革，巩固了西周的统治，出现了经济繁荣，创建了我国历史上最强盛的奴隶制王朝，奴隶制的法律制度也达到了空前的完备。

一、西周的立法指导思想

西周统治者继承了前朝"受命于天"、"代天行罚"的政治法律思想，在宣扬天命、继续用神权巩固的同时，也吸取商朝因严刑、酷刑而覆灭的历史教训，强调了"以德配天"、"敬德保民"的制度原则，即在敬畏天命的同时，须体察民情，将天命与人事相联系，以"民"来警惕自己，继而巩固奴隶制贵族专政，加强王权，维护统治政权的长治久安。

在这种原则的指导下，西周统治者提倡"明德慎罚"的法律思想。"明德慎罚"也就成为西周立法的指导思想。"明德"就是崇尚德教，彰明德治，要求统治者提倡教化，以德教民。同时慎重刑罚，以教化为主，先教后刑。当然，"慎罚"不是削弱或放弃刑罚，而是要求运用刑罚要慎重、宽缓，防止乱施或酷施刑罚。

西周统治者恩威并用、怀柔和镇压相结合的两手政策的形成和实行，标志着西周奴隶制国家和法律趋于成熟，是我国古代法律思想的一大进步，开启了后世"德主刑辅"法制思想的先河。

二、西周的立法活动和法律形式

西周的法律主要由礼和刑两部分构成，是夏商法律的继续和发展，法律形式比较发达。西周的重要立法活动有两次：一次是周初周公旦制定《周礼》，另一次是周穆王时命司寇吕侯制作的《吕刑》。

（一）西周的根本法——《周礼》

以礼治国是中国奴隶社会的一种统治原则和方式。西周的礼制是在沿袭夏商两代礼制的基础上发展起来的。

周成王在位时，其叔父周公旦辅政。为了以礼导民，确保统治，在周公旦的主持下，以周族原有的习惯法为基础，吸收夏商两代已有的礼仪制度，并对之加以整理、增补和修订，制定出一套比较完备严谨的典礼制度和各种礼节仪式。这套典章礼仪制度就是以维护西周社会宗法等级制度为核心的行为规范，是西周调整各种社会关系的规范、制度和礼仪的总和。

西周礼的内容十分庞杂，所谓"经礼三百"、"曲礼三千"、"礼仪三百"、"威仪三千"的说法，虽有夸张的成分，但周礼确实涉及政治、军事、宗教、婚姻、家庭、伦理道德等各个方面，特别是上层建筑的各个领域，几乎都要受到礼的约束和支配。

周礼有本、文之分。本指礼的精神原则；文指礼节仪式。礼的基本精神是"亲亲"和"尊尊"。"亲亲"要求父慈、子孝、兄友、弟恭、夫和、妻柔，也包括男女有别，是以父为首的宗法原则，其核心是"孝"。不孝、不友的行为被看成是最严重的首恶之罪，要严惩不赦。"尊尊"要求臣对君，小宗对大宗，下级对上级，奴隶、庶民对奴隶主贵族，都应绝对服从、尊敬，是以君为首的等级原则，其核心是忠。犯上作乱、不敬上级，都是"非礼"行为，要处以重刑。

可见，周礼已成为西周奴隶制国家的根本法，是奴隶主统治阶级维护和加强阶级专政的工具。

（二）吕侯制刑

西周中期，"王道衰微"，阶级矛盾开始尖锐。周穆王为再创盛世，命吕侯"度时作刑"，制作《吕刑》。《吕刑》共三章二十二项，主要记述了西周刑罚原则、刑罚制度和诉讼制度的内容，其所确定的赎刑原则以及其他刑事政策，反映了当时的时代特点和奴隶制立法的逐步成熟。吕侯制刑应是周朝继周公制礼后的一次立法。

（三）礼与刑的关系

礼与刑是西周法的两个基本方面，是奴隶主贵族实行阶级统治的重要手段，两者既有联系又有区别。

一方面，礼与刑是密不可分的。首先，礼是法的基础、渊源，不少法的内容都是由礼逐渐演变而来的。其次，礼就是法。西周统治者就是以礼为法。礼所确定的宗法等级关系的种种内容、典章制度和礼仪形式都是奴隶主贵族阶级意志和利益的集中体现。因此，礼与法一样，在执行时具有严肃性和强制性的重要特征。

另一方面，礼与刑是相互区别的。在作用方面，礼着眼于预防，刑着重于罚罪。礼是犯罪之前的规范，是积极的预防；刑是犯罪以后的惩罚，是消极的处置。礼强调教化，教化不成，然后用刑，即所谓"礼为本，刑为治"，反映了礼不等于刑的区别。在适用对象和原则方面，礼与刑又各有侧重，所谓"礼不下庶人，刑不上大夫"[1]。"礼不下庶人"是指奴隶主贵族所享有的特权，所配享的礼仪，平民和奴隶不得享受。但这绝不意味着奴隶和平民可以不受约束。他们一旦触犯"亲亲"、"尊尊"之大义，必将受到严惩。"刑不上大夫"是说大夫能自觉遵守礼法，用不着事先规定刑法去约束他们，刑罚主要是用来统治和镇压奴隶和平民的。当然，这项规定也不是绝对的，一旦奴隶主贵族内部出现"乱臣贼子"，侵犯了统治阶级的根本利益，同样要"齐之以刑"，只是在具体实施上给予某些宽宥，以维护贵族们的尊严。

三、西周法律的主要内容

中国奴隶制社会的法律，以西周最为详尽，基本上形成了奴隶制法律体系。

（一）刑法

在西周的法律体系中，刑事法规仍然占主要成分，并在商朝的基础上有了更大的发展。

1. 罪名。

（1）不孝不友罪。西周宗法等级制度的确立，使不孝罪仍是重要的罪名之一。此外，还出现了"不悌"、"不友"、"不睦"等许多新的罪名。这些罪名都被视为重罪，要受到国法与宗法的严惩，并不得赦免。

（2）违抗王命罪。依照周礼的要求，周天子对诸侯贵族有保护之责，而诸侯贵族对周王有进贡、效忠、听从调遣和服从裁判的义务。王命必须绝对服从，不从王命、违抗王命者均构成犯罪，受到严惩。

（3）变更等级名分罪。在周朝，天子、诸侯、卿、大夫各有与其名分相适应的礼节服制，违反者治罪。

（4）群饮罪。这是周初吸取商人嗜酒成性以致国亡的教训而制定的罪名，目的在于禁止周人群聚酗酒，违者处死。

（5）侵犯财产罪。《尚书·吕刑》载："罔不寇贼，鸱义……奸宄，夺攘矫虔。"所谓寇指劫夺，攘指窃取，都是以侵财为目的，只是方式不同而已。凡是有强盗罪和窃取罪，皆罪之不赦。

---

[1]《礼记·曲礼》。

（6）杀人罪。《尚书·康诰》载："凡民自得罪，杀越人于货"，就是杀人而取其物，即抢劫杀人。犯此罪，不仅处死，还要弃尸于市，暴尸三日，以示惩戒。

除上述罪名外，周朝还列有淫乱罪、失农时罪、违背契约罪、淫声异服罪、渎职罪等，都要受到严厉的惩罚。

2. 刑罚原则。根据"明德慎罚"、"刑罚世轻世重"以及"刑不上大夫"等刑罚指导思想，西周统治者规定了一些具体的刑罚原则。主要有：

（1）矜老恤幼。基于老幼无知或无能，规定7岁以下的小孩、80岁以上的老人，犯罪不加刑罚，即不负刑事责任。

（2）区分故意与过失、偶犯与惯犯。规定：有人罪虽小，但是故意、一贯犯罪，就不可不杀；罪虽重，但属偶犯、过失犯罪，就可不杀。这种以犯罪主观动机、客观危害为依据来定罪量刑、区别对待的原则，是刑法史上的重大进步。

（3）疑罪从赦、惟轻。规定案件可疑难以判定，刑罚可轻可重的，应该从轻或宽赦。这一原则对于防止轻罪重判、无罪定刑的现象有一定的遏制作用。

（4）同罪异罚。在严格的宗法等级制度下，同罪不同罚是重要的刑法原则。这是由"刑不上大夫"这项特权原则所决定的。规定对犯罪的贵族、奴隶主要慎重议酌，定罪量刑要减免宽宥，给予特殊优待。

3. 刑名。"周有乱政，而作九刑。"《九刑》是周初的刑书，西周中期又作《吕刑》。从两部刑书中，我们可以看到西周的刑罚在继承夏商的基础上又有所扩展和延伸。西周的刑罚，首先是传统的五刑，即墨、劓、刖、宫、辟。五刑中除大辟外，其他四种都属于切断肢体和残害身体的肉刑，反映了刑罚的残酷性。死刑除斩首外，还有辜、残、磔、焚、踣、罄等手段。此外，西周还实行了流刑、徒刑、赎刑、拘役等自由刑。

可见，西周统治者虽然倡导"明德慎罚"的法律思想，实行礼刑结合的法律政策，但为维护奴隶主的专制统治，实行严刑酷罚，和其他奴隶制朝代相比并没有两样，这充分体现了奴隶主阶级统治的本质。

（二）民事法律关系

随着西周奴隶制经济的发展，社会各种民事关系不仅存在，而且有了丰富的内涵，民事关系的法律调整也相应出现，并有了一定的规模。

财产所有制是基本的民事法律关系。西周奴隶制财产所有权的核心，就是对土地和奴隶的占有、使用和处分权。国王享有全国土地和奴隶的最高所有权，所谓"普天之下，莫非王土；率土之滨，莫非王臣"。而且，这种所有权受到法律的优先保护。不过，至西周中后期，生产力有所发展，出现了一定数量的私田，土地王有观念发生了动摇，奴隶主贵族已有将土地进行交换、赠与、赔偿、出租等处理权。

西周时期，已有各种契约行为出现，反映买卖、债务、租赁、借贷等民事法律关系。"司约"即是专管邦国万民契约事宜的官吏。

（三）婚姻、家庭和继承制度

西周的婚姻制度，形式上是一夫一妻制，但实质上，奴隶主贵族实施的是一夫一妻多妾制。公侯、贵族无限制的纳妾成了西周公然通行的制度。西周婚姻家庭关系主要由礼来调整。按照礼的要求，婚姻成立首先必须有父母之命，其次要履行聘娶的"六礼"程序，再次是实行"同姓不婚"的原则。

在继承上，西周仍严格确定嫡长子继承制，即"立子以贵不以长，立嫡以长不以贤"，这既是宗法制的要求，也被确认为国法，目的在于保护奴隶主贵族的身份、政治特权和财产继承权。

总之，西周的婚姻家庭继承制度是后世封建社会形成以维护伦理纲常为核心的婚姻家庭立法的渊源。

四、西周的司法制度

（一）司法机构

西周基本建立了由中央到地方的司法机构系统。周天子是全国最高的司法官，享有最高的司法审判权和裁决权。中央司法官通称秋官，有大司寇、小司寇之分。大司寇辅佐周王行使审判权，小司寇协助大司寇，负责具体的司法事务。司寇下设师、士等属官，地方设士，管理辖区内的诉讼。重大案件应上报司寇复审，必要时由周王裁决。

（二）诉讼和审判

西周对刑事、民事诉讼大致做了区分，即"狱"、"讼"有别。以罪名相告称狱，以财物相告为讼。无论刑事、民事，一般由原告起诉，轻微案件以口头起诉，重大案件以书状起诉。

审判案件实行两造主义的审理原则，即要求双方当事人必须出庭对质，士师再根据当事人的陈述作出裁判。西周的审判已注意运用证据，同时特别注重口供。为判断口供的真实性，西周还总结出一套"五听"的审判方法。所谓"五听"，指辞听（听其言辞）、色听（观其脸色）、气听（察其气色）、耳听（察其听觉）、目听（观其眼睛）。这种方法是古代审判活动的一项经验总结，也是司法活动中运用心理分析方法的一次尝试，对后世审判实践有一定的借鉴价值。

西周对司法官的责任已有较为明确的规定和要求。司法官被告诫一定要谨慎严明地执法用刑。审判案件时，如果出现执法人员打击报复、勒索财物、行贿受贿、搞人情关系，就要受到严厉的惩罚，以保证司法官能以国事为重，明法慎刑。

第四节　春秋时期的法律制度

公元前770年，周王朝东迁洛邑，我国的历史进入春秋时代。这是我国奴隶制开始崩溃、并向封建制度转变的大变革时代。在法律制度上，奴隶制的法律制度趋于瓦解，封建制的法律制度开始形成。

一、各诸侯国的立法概况

春秋时期铁器工具开始广泛使用，牛耕方法普遍推广，生产力有了较大的发展。奴隶们在耕作井田之余，还有条件开垦荒地，从而出现了大量的私田。"私田"制逐步代替了"井田"制，部分奴隶主贵族转化为新兴的地主阶级，部分奴隶和平民成为农民，新的封建生产关系逐步地形成了。

社会经济、政治的深刻变化，带来社会思想的大动荡，为封建法律制度的形成奠定了思想基础。春秋初期，各诸侯国尚能遵循西周的礼法。中叶后，社会发生了深刻的变化，为适应政治、经济形势的需要，各国相继开展了立法活动。

（一）晋国的立法

晋国自文公之后，曾多次制定法律。公元前633年，晋文公作被庐之法，意在修订原存的法律。公元前621年，赵盾（赵宣子）作晋国的执政，又修订被庐之法，制定常法。晋平公时，范宣子执政期间，又对常法作了进一步的修订，制成刑书，并"施于晋国，自使朝廷承用，未尝宣示下民"，[1] 表明虽制成刑书，但未正式公布。

（二）楚国的立法

楚国在春秋时期曾两次立法。一次是楚文王时作仆区法，仆区（音欧）意即隐藏。仆区之法，主要是惩罚窝主，严禁奴隶逃亡的法律。另一次是楚庄王时作茆门法。茆门，也叫雉门，是宫门之意。依照该法，诸侯、大夫、公子入朝时，车不得进入宫门，以保障国君的安全。由于楚国地处汉江流域，与周王室的关系较为疏远，楚国的法律更是自成系统。

除晋、楚两国以外，郑、齐、鲁等诸侯国也纷纷制定法律，尤其是郑国，由于立国较晚，受旧制度影响较轻，成为第一个正式颁布成文法典的国家。

二、成文法的公布及其争论

春秋中后期，由于经济基础和阶级关系的变化，各诸侯国在新兴势力的推动下，为维护和巩固改革的成果，相继发布成文法。公元前536年，郑国执政子产将其所定

---

[1]《左传·昭公二十九年》。

刑书铸于礼器上，公布于众，史称"郑人铸刑书"。其后，思想更为激进的郑国大夫邓析，因不满意子产公布的刑书内容，改郑国刑书旧制，私造刑法书于竹简，史称"竹刑"。竹刑的出现是法律发展史上的一大进步。公元前513年，晋国的赵鞅、荀寅领兵驻汝滨时，制一铁鼎，将范宣子修订的刑书铸于之上，史称"铸刑鼎"[1]。这是继郑国后晋国正式公布成文法。

各国成文法的公布，立刻遭到守旧势力的极力反对。如郑子产作刑书遭到了以晋国叔向为代表的奴隶主贵族的攻击。叔向从维护奴隶制度出发。批判子产不遵循西周的礼法，认为以新制度来代替传统的井田制，自作主张另铸刑书，是很难办到的事情，而且法令繁多，国家必将衰亡。对此，子产针锋相对，认为公布刑书是形势发展的需要，是为了挽救国家的危亡。晋国铸刑鼎也遭到了以孔子为代表的非难。但无论守旧势力怎样反对，春秋后期的经济、政治形势使得公布成文法已成为不可逆转的潮流。

春秋时期成文法的公布，结束了"临时制刑，不予设法"的时代，打破了"刑不可知则威不可测"的法律神秘主义，使法律由神秘走向公开。这既是法律制度发展史上一件划时代的大事，也是我国历史上新兴地主阶级改革旧的奴隶制法律制度所取得的一项重要成果。

---

[1]《左传·昭公二十九年》。

第二章

战国秦朝的法律制度

战国是指公元前475年到公元前221年这一段时间。从中国社会形态的发展进程来看，这一时期正是封建社会的形成时期，新兴的地主阶级逐渐掌握了国家政权，主张以封建"法治"代替奴隶制"礼治"，各诸侯国都进行了一系列的变法活动，注重以法律手段维护封建地主阶级的既得利益，极大地促进了法律制度的发展。公元前221年，秦始皇灭六国，建立了统一的中央集权制国家——秦朝。秦朝在法家统一法式和重刑轻罪的思想指导下建立了统一的封建法律制度。

第一节　战国封建法律制度的形成

经过春秋末年的兼并战争，原有的诸侯国大多灭亡，只剩下齐、楚、燕、韩、赵、魏、秦七国，史称"战国七雄"。七国为了争夺霸主地位，一方面不断进行兼并战争，另一方面竞相开展了一系列旨在富国强兵的变法活动，具有代表性的如魏国的李悝变法、楚国的吴起变法、秦国的商鞅变法、韩国的申不害变法等。从内容上看，各国的变法都是一场涉及政治、经济、文化、军事等方面的改革；从法律制度创建的角度看，各国的变法皆是一场重大的立法运动，并由此创造了各国独立的封建法律体系，如楚国有《宪令》，韩国有《刑符》，赵国有《国律》，燕国有《奉法》，齐国有《七法》，魏国有《法经》，秦国有《秦律》。各诸侯国法律制度的颁布和实施，标志着战国时期封建法制的基本确立并且发展到了一定的水平。

战国时期各诸侯国法律制度的改革并不是孤立进行的，各国法制改革家在变法的过程中相互学习和交流，彼此借鉴对方的立法成果，致使各国法律制度在内容上相互影响，相互渗透。李悝"集诸国刑典，造《法经》六篇"[1] 这说明《法经》是在吸收各国立法成果的基础上编纂而成的；在秦国，商鞅则更是"携《法经》以相秦"，以《法经》作为蓝本为秦国制定了一系列法令。据流传下来的睡虎地秦墓竹简（以下简称为《秦简》）记载，在秦的法律文件中，还有抄录《魏户律》的内容，这更说明

---

〔1〕《唐律疏议·名例律》。

当时的法律制度在内容方面的相互影响，甚至是直接援用。战国法律制度就是在这种背景下形成的。

一、新兴地主阶级的立法指导思想

社会思想文化领域里的革命是社会变革的先导。战国时期，作为新兴地主阶级代表的一些著名思想家，如李悝、商鞅、韩非等人，提出了以"法治"代替奴隶制"礼治"的主张。这些主张不仅是各国变法的指导思想，也是各国进行封建立法的重要原则。

概括地讲，新兴地主阶级立法的指导思想大致有以下几个方面：

（一）"缘法而治"，"事断于法"

这一指导思想由商鞅、韩非等人提出，意即统治者要依据法律来治理天下，一切事情都要依法处断，只有法律才是判定一切是非曲直的唯一标准。他们认为圣明之君应"任法去私"，以法作为"立国之本"。这种"法治"思想是战国时期各国变法活动的前提。在这种思想指导下，各国开展了大规模的立法活动，因为"事断于法"、"缘法而治"都必须以可供臣民一体遵行的法律为条件，各国的变法过程实际上就是制定法律的立法过程。这一思想还要求"君臣上下贵贱皆依法"。[1] 商鞅则更明确地指出，即使君主也要严格依法办事，要求"言不中法者，不听也；行不中法者，不高也；事不中法者，不为也"。即要求君主对不合法律的言论拒绝听从和采纳；君主的行为不符合法律的，非圣明之君；不符合法律的事情君主自己也不能做。商鞅坚决反对废法而行，并把废法而行提高到危害国家利益的高度来认识，指出"废法度而好私议，则奸臣鬻权以约禄"，危害国家安全。在对违法者的追究方面，商鞅、韩非等法家代表均认为，既然法令已立，不管谁违法了，都不能赦免其罪行，都要依法处理，贯彻"一断于法"的精神。

（二）"法不阿贵"，"刑无等级"

这是新兴地主阶级在刑罚适用方面提出的重要思想，其实质是不论贫富贵贱，任何人违法犯罪都要依法论处，法律的适用不能因人而异。韩非将这一思想表述为"法不阿贵"，"绳不挠曲"，"刑过不避大臣，赏善不遗匹夫"，[2] 意即法律的适用不因权贵而异，大臣有罪同样受刑罚处罚，匹夫有功同样受到赏赐。商鞅更加明确地提出了"壹刑"的主张，指出"刑无等级，自卿相将军以至大夫庶人，有不从王令、犯过禁、乱上制者，罪死不赦。有功于前，有败于后，不为损刑；有善于前，有过于后，不为亏法。忠臣孝子有过，必以其数断"。[3] 意思是说无论是卿相大夫，还是庶民百姓，

---

〔1〕《管子·法发》。
〔2〕《韩非子·有度》。
〔3〕《商君书·赏刑》。

只要有违法犯罪行为，都同样要受到法律的制裁。不管他以前有过什么功劳，过去做过什么好事，不管他是忠臣还是孝子，只要有罪，都同样依法处理。这一思想是对"礼不下庶人，刑不上大夫"的奴隶制法制原则的彻底否定，充分反映了新兴地主阶级在上升时期的革命性和进步性。

（三）"重刑轻罪"，"以刑去刑"

法家认为，由于人们追求私利的本性必将导致其实施维护社会、侵害他人的行为，所以必须以重刑来阻止人们谋私利而害公益。韩非的重刑思想便是以此为基础的。他指出："所谓重刑者，奸之所利者细，而上之所加焉者大也。民不以小利蒙大罪，故奸必止者也。"意思是说，重刑就是犯罪所得的利益小，而对其施加的刑罚重。老百姓不会因贪小利而受严厉的刑罚之苦，这样犯罪便不会再发生。在此基础上，韩非又提出了"以刑去刑"的口号，认为"重一奸之罪"，便可以"止境内之邪"。商鞅则更加明确的指出："禁奸止过，莫若重刑"[1]，认为只有重刑轻罪，才能使轻罪不生，"轻者不至，则重者无从至"，这样便可达到"以刑去刑，刑去事成"[2]的目的。在上述思想指导下，战国时期各国的立法明显呈现出重刑主义的色彩。据《史记·李斯列传》记载："商君之法，刑弃灰于道者。夫弃灰，薄罪也，而被刑，重罚也。"这便是重刑主义刑法的典型。

（四）"布之于众"，"赏罚必于民心"

这一指导思想要求将法律的内容公之于众，让老百姓知道法律规定，使其"知所避就"，才能按法律的要求去做事。韩非曾说："法者，编著之图籍，设置于官府，而布之于百姓者也"[3]。为了使老百姓"知所避就"，法家还要求立法必须力求通俗易懂。商鞅明确指出："圣人为民法，必使之明白易知，愚智遍能知之。"立法不能用那些只有少数人才能读得懂的"微妙意志之言"，并且还要求法律公布之后，官吏向老百姓宣传解释法律的内容，老百姓也要"以吏为师"，学习法律，这样才能"避祸就福"。这种让老百姓在"知其所避"的前提下自主地选择自己行为的立法思想，比起奴隶制的"刑不可知，则威不可测"，无疑是一大进步。

二、李悝的《法经》

《法经》是战国时期魏国魏文侯相李悝编著的一部法学著作，后为魏文侯之子魏武侯采用，成为战国时期一部重要的成文法典。《法经》对以后两千年各封建朝代的立法产生了极为深远的影响。

---

[1]《商君书·赏刑》。
[2]《商君书·赏刑》。
[3]《韩非子·三难》。

（一）法经的主要内容

《法经》从篇章体例上分为六篇，分别是《盗法》、《贼法》、《囚法》、《捕法》、《杂法》、《具法》。

第一篇《盗法》，主要是关于对侵犯私有财产行为的处罚规定。"盗"是指侵犯财产的犯罪。为了维护封建社会的经济基础，保护新兴地主阶级的既得利益，《盗法》对各种侵犯财产的行为规定了非常严厉的刑罚，如"大盗戍为守卒，重则诛；窥宫者膑，拾遗者刖"。意即犯盗窃罪的发配到边疆当守卒，犯重大盗窃罪的处死刑；向宫内偷看者处以膑刑；拣拾别人遗失物品者处以刖刑。由此不难看出，《法经》以极其严厉的刑罚手段来维护封建地主阶级的财产权，并将之作为自己的首要任务。

第二篇《贼法》，是关于危害他人人身的犯罪的处罚规定。"贼"主要是指杀人和伤人这两种犯罪，对这些犯罪行为的惩处是维护社会秩序稳定的重要手段。因此，《贼法》规定："杀人者诛，籍其家，及其妻氏，杀二人，及其母氏。"意即杀人者本人要被处以死刑，没收全部家产及其妻子家人的财产，杀害两个人的，没收财产的范围及于其母亲家人的财产。

第三、第四篇分别为《囚法》和《捕法》，其内容大多属于程序法。《囚法》是关于对罪犯囚禁和审判方面的规定，《捕法》是追捕盗、贼的法律规定。由于这两篇的法律条文都没有保留下来，具体规定的内容现已经无法考证。

第五篇《杂法》，是补充前四篇不足的拾遗补缺的规定，由于内容庞杂，故称杂法。杂法着重规定了"六禁"和"逾制"。"六禁"的内容：①"淫禁"，规定了对违反婚姻家庭制度行为的惩处方法。如规定"夫有二妻则诛，妻有二夫则宫"。②"狡禁"，是对危害国家机器正常运转的犯罪的处罚规定。如"盗符者诛，籍其家。盗玺者诛，议国法令者诛，籍其家及妻氏"。③"城禁"，是关于处罚爬越城墙行为的法律规定。如"越城一人则诛，自十以上者夷其乡及族"。④"戏禁"，是关于处罚赌博犯罪的法律规定。如"博戏罚金三市（币），太子博戏则笞，不止则特笞，不止则更立"。⑤"徒禁"，是关于对擅自积聚的处罚规定，如"群相居一日以上则问，三日四日五日则诛"。⑥"金禁"，是关于对官员受贿的处罚性规定，如"丞相受金，左右伏诛。犀首以下受金则诛。金自镒以下则罚，不诛也"。至于"逾制"，则是关于官吏僭越等级的犯罪及处罚规定。如"大夫之家有侯物，自一以上者族"。意思是大夫家如拥有诸侯家才应该拥有的东西，一件以上的都要处以族刑。这一规定说明封建统治者已开始以严厉的刑罚来维护封建等级制度了。

（二）《法经》的性质及特点

从《法经》的内容不难看出它是一部旨在维护新兴地主阶级政治经济利益、维护封建秩序的早期封建法典，新兴地主阶级掌握国家政权后，为了维护既得利益、镇压农民反抗，迫切需要以法律的形式将新的统治关系固定下来，将自己的阶级利益上升为法律。《法经》便是为满足统治者在上述方面的需要而产生的，是封建统治的工具。《法经》的性质决定了它具备以下特点：

1. 维护封建私有财产权是《法经》的首要任务。《法经》开宗名义，以"王者之政，莫急于盗贼"明确自己的立法宗旨，所以有"窥宫者膑，拾遗者刖"之类的法律规定，都是由维护封建私有财产权和维护封建经济基础的需要所决定的。

2. 以严刑维护和巩固封建政权。诸如盗符、盗玺、越城、群聚等都被统治者认为是危害其统治权的行为。《法经》规定除对行为人本人处死外，还要对夷族、夷乡等处以非常严厉的刑罚。

3. 《法经》体现了重刑主义的精神。从对各种犯罪所规定的刑罚种类来看，其残酷性非常明显；从罪刑关系来看，《法经》对很多非常轻微的罪行都规定了非常严酷的刑罚，"窥宫者膑，拾遗者刖"便是重刑主义思想的集中表现。

4. 维护新的封建等级制度。封建社会代替奴隶制社会就是以新的等级制度代替旧的等级制度，《法经》作为早期封建法典，理所当然地要规定维护和巩固新的等级制度的内容。如"大夫家有侯物，自一以上者族"，便是以严厉的刑罚来禁止人们僭越等级。

（三）《法经》的历史地位

《法经》是中国法制史上第一部比较系统的封建法典，它对以后各封建王朝的立法产生了极为深远的影响，具体表现在以下方面：

1. 在法典的编纂体例上，《法经》为以后历代封建法典的制定确立了一个基本模式。据《周礼·秋官司寇》记载，西周初期的刑罚体系便开始以刑种为基础来进行编纂。李悝的《法经》完备了西周以来的刑罚体系，将法典体系分为《盗法》、《贼法》、《囚法》、《捕法》、《杂法》、《具法》六篇，依据罪名建立刑法体系。特别值得称道的是《具法》，在该篇目中，法典对适用于各篇的共同的刑法原则都做出了明确规定，相当于现代刑法中的刑法总则。

2. 《法经》在内容上对后来各朝封建法典的制定起到了奠基作用。《法经》所规定的内容不仅为秦汉两代的立法所直接采纳，而且对魏、晋、隋、唐的立法产生了直接的影响。因此，《法经》不仅是中国成文法典的滥觞，也是中国封建刑法体系的基础。

三、秦国的法制改革

公元前361年，秦孝公任用商鞅"变法修刑，内务耕稼，外劝战死之赏罚"[1]。商鞅的法制改革，使秦国走上了富国强兵的道路。商鞅变法在中国法制史上亦占有特别重要的地位。

---

[1]《史记·秦本纪》。

商鞅对法制的改革主要有以下内容：

（一）改"法"为"律"，扩充法律内容

"法"最初所规范的内容主要集中在刑法方面，即使是代表当时最高立法成就的《法经》，也不过只相当于一部刑法典，至于民事、经济、政治等方面的社会关系，当时还没有被纳入法律调整的内容。随着封建制度的确立，新型社会关系日益复杂化，仅仅包括刑事法律内容的"法"显然已不能适应社会发展的需要。再者，随着社会经济的发展，在人们的法制观念中，仅有"平之如水"的法的特性尚不能体现法律规范在适用上的普遍性和必行性，这对法律内容的扩充提出了更加迫切的要求，"律"便是在这种条件下为适应需要而产生的。

"律"原本是乐器的一种，指用于确定音律的笛子。商鞅将"法"改为"律"，其意图便是要让法律像定音的笛子给所有的乐器确定音律一样来规范人们一切的行为；"律"强调的是法律规定在适用上的广泛性、普遍性和必行性，而不再像"法"那样单纯地强调"平之如水"的公平性。因此，在商鞅变法的过程中，秦国最早制定了一大批经济、行政等方面的法律，如《田律》、《仓律》、《厩律》、《传食律》、《金布律》、《工律》、《置律史》、《效律》等，其内容远远超出《法经》六篇所规定的单纯刑事法律的范围。正是由于秦国能够用各个方面的"律"来规范和约束人们的各种行为，实行法治，用各种法律督促人们去开创富国强兵的基业，所以，秦国经过商鞅变法，国力日益强盛，最终完成了统一中国的大业。由此看来，商鞅改"法"为"律"在中国法制发展史上不失为一场具有重大历史意义的革命。

（二）推行农战，奖励军功

商鞅认为，富国强兵的关键在于发展农业生产，指出"国之所以兴者,农战也"[1]。因此，基于这种认识，商鞅为秦国制定了农业方面的奖惩之法，规定"僇力本业，耕织致粟帛多者，复其身，事末利及怠而贫者，举以为收孥"。[2]。意思是对于还没有免除奴隶身份的人，如果勤于耕织，生产的粟帛多，可以免除其奴隶身份。相反，那些因从事商贾之类的末利及因懒惰而导致贫穷的人则收为官奴隶。此外，还规定"民有余粮，使民以粟出官爵"。即老百姓生产多的粮食，可以用余粮换取官职爵位。在《君爵律》中还专门规定了以军功授爵位，战士斩敌首可获奖赏，将领因军功可以获取田宅封地。这些对耕战有功者予以重赏，对于怠于农作、从战不力者予以重罚的法律法令，对于秦国实现富国强兵，最终统一全国，在经济和军事上起到了保障的作用。这些奖励耕织和军功的法律法令还确立了取得爵禄的惟一途径只能是耕战，在政治上废除了世卿世禄的制度，剥夺了奴隶主旧贵族的特权。如商鞅在法令中规定："宗室非

---

〔1〕《商君书·农战》。
〔2〕《史记·商君列传》。

有军功，论不得为属籍。"[1]意思是说宗室贵族如果没有军功，就取消爵禄和贵族身份。这些法令对于打击旧贵族势力，有效确立新兴地主阶级的统治地位具有非常重要的作用。

（三）明法重刑，奖励告奸

法家的"法治"思想主要是用刑罚威慑臣民，因此，要求将严厉的刑罚公之于众，其目的是要利用刑罚的威慑作用来预防犯罪，使臣民"皆得以循之而避祸就福"。商鞅认为"胜法之务，莫急于去奸，去奸之本，莫深于重刑"。[2]在这种重刑主义思想的指导下，秦国的刑法凸显严酷性和野蛮性，其刑罚制度和刑罚原则均渗透了重刑主义的色彩。

为了禁奸止过，充分发挥刑罚的重要作用，商鞅还颁布变法令，奖励告奸，规定"告奸者与斩敌首同赏"。[3]动员一切人充当国家的耳目，来捕获和惩罚犯罪人，以增强刑罚的威慑力。

（四）大兴连坐之法，加强司法镇压

连坐是指一人犯罪，与犯罪人有一定关系的人都要连带受刑罚处罚的一种刑罚制度。商鞅变法时，为了督促他人告奸，便将连坐发展到登峰造极的地步。商鞅的连坐法有以下四种：

1. 邻伍连坐。将老百姓按照什伍为单位编成小社区，然后强制同伍同什的人之间相互监督，对犯罪人进行举报。商鞅的变法令规定"令民为什伍，而相收司连坐"[4]。收司意思即相互揭发，一家人犯罪，其余五家都要告发，如果不告发，则其余人家都要受到株连。

2. 军事连坐。在军内，令五人为一伍，如果五人中有一人逃跑，其余四人将受到株连。变法令规定："一人逃"，则"刭其四人"[5]，以此加强军人之间的相互监督和约束，保证军队的战斗力。

3. 全家连坐。家庭成员有犯罪行为的，全家受到牵连，即"一人有罪，并坐其家室"[6]。

4. 职务连坐。官吏之间因职务的关系而连坐，如果同僚的官吏中有人犯罪，而其他人知情不报，就不能免除自己的罪行。

综上所述，战国时期，在各诸侯国进行的法制改革中，秦国的法制改革是最系统和最完备的。这些法制改革，不仅在政治上严厉地打击了奴隶主旧势力，巩固了新兴

---

〔1〕《商君书·商君列传》。
〔2〕《商君书·开塞》。
〔3〕《史记·商君列传》。
〔4〕《史记·商君列传》。
〔5〕《商君书·境内》。
〔6〕《史记·孝文本纪》集解语。

地主阶级的国家政权，而且在经济上极大地促进了以农业为主体的封建经济的发展，为秦国进行统一战争奠定了雄厚的物质基础。

第二节 秦朝中央集权法律制度

战国末期，秦国经过成功的法制改革，致使国力空前强盛，经济快速发展，在诸侯国之间的兼并战争中，秦始皇先后吞并六国，建立了秦朝。秦王朝建立后，继续奉行法家思想，坚持依法治国，其法律制度又有了新的发展。

一、秦朝的立法概况

秦统一六国后，一方面将原来秦国的法律制度在全国范围内推行，另一方面，为适应统一后国家政治、经济、文化等方面的需要，又推行了一系列的立法活动，使各方面的社会关系都有相应的法律调整，其立法达到"治道运行，诸产得宜，皆有法式"，[1] 表明秦王朝的立法已相当完备。

据史料记载，秦朝较大规模的立法活动主要有两次：一是秦始皇三十四年，在丞相李斯的主持下"名法度，定律令"[2]；二是秦始皇死后，秦二世根据赵高的建议"更为法律"[3]。经过这些立法活动，确立了相当完备的法律体系。但由于历史的变迁和以后各朝代统治者对"暴秦"法律的偏见，秦朝的立法文献大都没有被保存下来。目前可供研究的第一手资料仅限于1975年湖北云梦县睡虎地出土的《秦简》。因此，关于秦朝法律的内容，研究资料极为有限。

二、秦朝的法律形式

根据《秦简》和历史文献的记载，秦的法律形式主要有律、命、令、制、诏、程、课、式、廷行事等。

（一）律

律是按照一定的程序制定的系统的规范性文件，是秦朝法律的主要形式。秦律的主干部分仍是源自《法经》的《盗律》、《贼律》、《囚律》、《捕律》、《杂律》、《具律》。除了六律之外，根据《秦简》记载的《秦律十八种》、《秦律杂抄》等，秦朝仅律这一种法律形式便达到三十多种，其内容涉及当时社会生活的各个方面。

（二）命、令、制、诏

命、令、制、诏是皇帝针对具体的事临时发布的带有规范性的命令。这四种法律

---

〔1〕《史记·秦始皇本纪》。
〔2〕《史记·李斯列传》。
〔3〕《史记·秦始皇本纪》。

形式其实是相同的，只是概念上的差异。最早只有"命"和"令"，至秦始皇二十六年，改命为制，改令为诏，又出现了"制"和"诏"两种法律形式。皇帝的命、令、制、诏作为国家基本的法律形式出现，是专制皇帝掌握国家最高立法权的表现。

（三）程

程是关于确定劳动等额度的法规。《秦简》记载的《秦律十八种》里便有《工人程》。秦时的"程"就是额度、标准的意思。

（四）课

课是关于工作人员考核标准的法律。《秦简》中有《牛羊课》，即关于牛羊饲养人员工作情况考核标准的法规。秦时的"课"就是检验、考核的标准。

（五）式

式是国家机关中官吏办事的程序、原则及有关公文程序的法律。《秦简》中的《封诊式》便是关于司法审判工作程序及诉讼文书程式的法律规定。

（六）廷行事

廷行事是司法机关中官吏办案的成例。"行事"意思是便是已行之事，即成例的意思。《秦简》的《法律答问》中，多处提到官吏办案时可依廷行事为准。因此，廷行事也理所当然是秦朝的一种特殊的法律形式。

三、秦律的主要内容

（一）以"严刑峻法"为特征的刑事法律制度

秦朝的刑法较战国时期更为发达，秦律创立的不少刑法原则和刑法制度对后世的封建刑事立法产生了深远的影响。

1. 秦朝的刑事责任。

（1）刑事责任年龄原则。秦律规定以身高来确定刑事责任，身高不足六尺（合今1.38米）的人犯罪，不负刑事责任。《秦简》的《法律答问》规定"甲盗牛，盗牛时高六尺，问甲何论？当完城旦"，即判处完城旦这种刑罚。而又有问"甲小未盈六尺，有马一匹自牧之，今马为人牧，食人稼一石，问当论不当？不当论及赏（偿稼）"。说明不满六尺不负刑事责任。

（2）以有无犯意区分罪与非罪。据《法律答问》记载："知人盗而分赃，与盗者同罪"；而"甲盗钱以买丝。寄乙，乙受，弗知盗，毋论"。意思是明知是盗窃所得而参与分赃的，与盗贼者同样处罚；不知是盗窃所取得的赃物而接受的，则不以犯罪论处。说明在秦时的司法活动中，已将主观方面有无罪过作为区分罪与非罪的标准。

（3）区分故意与过失的原则。秦律将故意称为"端"，过失称为"不端"，"端为"量刑从重，"不端为"量刑从轻。据《秦简·法律答问》记载："甲告乙盗牛若伤人，今乙不盗牛，不伤人，问甲何论？端为，为诬人；不端，为告不审。"说明故意诬告别人盗牛伤人的，为诬告罪，过失告他人盗牛伤人的，是控告错误。

（4）共犯重罚原则。秦律规定，五人以上共同犯罪的，一律加重处罚。如《法律答问》记载："五人盗，赃一钱以上，斩左趾，又黥为城旦，不盈五人，盗过六百六十钱，黥劓为城旦。"即五人以上共盗一钱以上的，斩左趾，并黥为城旦，而不满五人盗六百六十钱，无斩趾之罚，而仅黥劓为城旦。

（5）诬告反坐原则。秦律规定，在一般情况下，对诬告者以诬告之罪处罚。在特殊情况下，还可以以重于诬告之罪处罚诬告者。据《法律答问》记载："甲盗羊，乙知，即端告曰乙盗牛，问乙为诬人，且为告不审？当为告盗驾（加）臧（赃）。"即故意将盗羊诬告为盗牛的，以所控告的盗牛的价值处罚。

（6）连坐原则。一人犯罪，与犯罪人有一定关系的人都因此要受到刑罚处罚。此原则在秦国的法制改革中已有所涉及，这里不再赘述。

（7）自首减免其罪原则。秦律最早规定了自首减免刑罚的原则，当时自首称为"自出"或"自告"。据《法律答问》记载："司寇盗百一钱，先自告，何论？当耐为隶臣，或曰赀二甲。"意思是应受司寇刑处罚的人，又盗一百一十钱的，本应耐为隶臣，但因其自首，从轻判处其赀二甲。

2. 秦朝的罪名。

（1）不敬皇帝罪。是对皇帝的命令有所怠慢的行为。《秦律杂抄》记载："听命书，不避席立。赀二甲，废。"即听命书不下席回避站立表示恭敬，罚款二甲，永不叙用。

（2）诽谤罪。即说皇帝坏话的行为。秦始皇三十五年，侯生、卢生议论秦始皇独裁，"乐以刑杀为威"，秦始皇便以妖言诽谤罪逮捕侯生、卢生等四百六十余人，皆坑之于咸阳。历史上这一著名的坑儒案便是以诽谤罪定罪的。

（3）贼杀伤人罪。根据《秦简》等史料记载，秦律中的贼杀、伤人多是人民群众的反抗斗争，即农民起义。对这种威胁到封建政权的犯罪，秦律规定的刑罚特别严酷。

（4）盗徙封罪。指偷偷移动田界标志的行为。"封"指田地的阡陌、边界。秦律特别注重土地所有权和使用权的保护，偷移田界的构成盗徙封罪，要科以"赎耐"。

（5）以古非今罪。即用古代的事情来指责现行政策的行为。秦时为了加强思想禁锢，禁止引用与当时统治者思想相悖的各家学说，否则便会构成"以古非今罪"，被处以族刑。

（6）妄言罪。指公开散布反对秦朝统治的言论行为。秦律规定："妄言者无类。"即要对妄言者处以死刑。

（7）非所宜言罪。指说了不应该说的话。至于什么是应说的话，什么是不应该说的话，则全凭统治者来定。

（8）投书罪。指投递匿名信的行为。匿名信多是反对封建统治者的内容，所以，统治者害怕其扩散，故规定投书罪。

3. 秦朝的刑罚种类。在中国历史上，秦以繁法而严刑著称，其刑罚在沿袭奴隶制五刑的基础上，又增加了不少新的刑种，可谓刑种不一，名目繁多。归纳起来，大致有以下几类：

（1）生命刑。指剥夺犯罪人生命的刑罚，即死刑。秦时仅死刑便有绞、枭首、腰斩、磔、车裂、戮、弃市、族、具五刑等。另外，还有更加残酷的镬烹、凿颠、抽胁等酷刑。

（2）身体刑。即直接施加于犯罪人肉体的刑罚。秦时有黥、劓、斩左趾、宫刑、髡刑、耐刑、笞刑等。其中，黥、劓、斩左趾、宫、笞是直接破坏身体器官或造成皮肉之苦的刑罚，髡、耐则是剃去毛发、鬓须的羞辱身体的刑罚。

（3）劳役刑。是在限制人身自由的情况下，强制犯人服劳役的刑罚。秦的劳役有以下六种：城旦舂、鬼薪白粲、隶臣妾、司寇、侯、赀戍。

（4）流刑。是将犯罪人流放到特定的地区或边远的地方，使其难以对国家利益造成威胁的刑罚。秦的流刑主要有迁、谪、逐。

（5）财产刑。指强制犯罪人向国家缴纳一定财物和金钱的刑罚。秦的财产刑主要是赀刑，包括赀甲、赀盾、赀布等。除了赀刑以外，秦的财产还有赎刑，即判令犯罪人缴纳一定数量的金钱代替应受的刑罚。

（6）身份刑。指剥夺犯罪人一定的身份或地位的刑罚。秦的身份刑有四种，分别是夺爵、废、收、籍门。

（二）秦朝民事和经济管理法规

根据《秦简》等文献记载，秦在民事经济方面的立法也很发达，有关于农业生产方面的《田律》，有关于官营手工业管理方面的《工律》，有关于货币、财物管理方面的《金布律》，有关于生产管理方面的《关事律》等各种法律达三十多种。这些方面的法律涉及的内容大致可概括为以下方面：

1. 保护封建国家和封建地主个人土地所有权方面的法律。秦的土地所有制形式主要是国家所有制。农民耕种国家的"受田"，向国家缴纳地租。同时，封建国家还按军功等，将土地分封赏赐给私人所有。秦始皇三十一年，"令黔首自实其田"，开展全国范围内的土地登记，确认土地私有制，从而形成了土地国有和私有两种所有制并存的所有制形式。为了保护国家和私人土地的所有权，秦律规定对漆园、矿山、山林、水泽及其产物，未经国家许可，不得擅自采伐或攫为己有。为了保护私有土地所有权，还规定了"盗徙封"罪。

2. 调整农林牧渔即手工业方面关系的法律。秦统治者对农业尤为重视，将农业称为"本业"。秦律中的《田律》明确规定了各级官吏对农业生产的责任，下了及时雨和谷物抽穗后应及时向上级报告受雨、抽穗及尚未耕种土地的数量。庄稼生长期下了雨，也应向上级报告降雨量和收益情况。发生旱涝蝗灾，也应马上报告受灾顷数。这些规定，强化了封建国家对农业生产的管理，保证了国家经济基础的稳固。

秦律除了保证农业生产的法律规定外，还在保护林牧渔业和手工业发展方面规定了不少的内容。《田律》规定，春季万物生长繁育的季节，禁止砍伐树木、捕杀鱼兽。在促进牧业发展方面，《厩苑律》还规定了牛羊饲养人员对牲畜的饲养责任。如规定，若一年内所饲养牛的死亡率高于三分之一，主管牛的吏以及饲牛的徒和令、丞都有罪。在手工业方面，秦律确立了手工业在国家经济中的地位，并通过《工律》、《工人程》、《均工律》、《效律》等法律对手工业在产品规格、质量保证、工匠培训等方面均作了相应的管理制度。如《工人律》规定："为器同物者，其大小、短长、广亦必等。"要求产品要用一定的规格。对手工业产品要进行多方面的评比，产品质量差的，主管官吏和生产者都将受到处罚，为了保证手工产品的质量，《均工律》还规定，工师要积极教导学徒。学徒二年要学成，老工则要一年学成，能提前学成的，加以奖励。

（三）加强吏治的法律规定

在中央集权制的政治制度下，秦高度重视吏治，要求官吏为公去私，恪尽职守，以维护专制主义国家机器的正常运转。《秦简》中《为吏之道》规定，官吏要做到"临财见利，不敢苟富，临难见死，不敢苟免"，反对"安家室忘官府"。对此，《为吏之道》提出了为官"五善"，并列举出官吏违法的七种情形。为官五善的内容为"一曰忠信敬上，二曰清廉毋谤，三曰举事审当，四曰喜为行善，五曰恭敬多让"。关于官吏的违法失职行为，秦律的规定大致有以下几种：一是犯令、废令，二是玩忽职守，三是为奸事，四是任人不善，五是论狱不直，六是纵囚，七是失刑。

四、秦朝的司法制度

（一）秦朝的司法机关

随着中央集权高度集中的封建国家的建立，秦从中央到地方建立了由朝廷、郡、县组成的三级行政组织体系。这三级行政组织体系也是秦朝的司法组织体系。

在中央，皇帝掌握最高的司法权，不仅对地方上报的重大案件有最终裁决权，而且还亲自审判案件。据《汉书·刑法志》记载，秦始皇"躬操文墨，昼断狱，夜理书"。据说，秦始皇每天处理的案件文书竹简有一百二十斤重。除了皇帝掌握最高司法权外，秦在朝廷还设立了专职的最高司法官廷尉，其职责主要是负责审理皇帝交办的案件，以及对地方上报案件的复审。

郡、县是秦的两级地方行政机构，其行政长官郡守、县令同时也是地方司法官。据《秦简·法律答问》记载，有人问郡是不是一级法庭，回答是，有诉讼者可以到郡去告诉。《秦简·语书》则明令县令严于执法，公正断案。除了地方最高行政长官掌握司法外，郡还设立了专职司法官吏"决曹掾"，县还设立有专职司法官吏"县丞、啬夫"，他们分别有权对郡县所辖的案件进行裁决。

（二）秦朝的司法制度

1. 诉讼形式和起诉的限制。秦的诉讼形式可分为官告和自告。前者指官吏主动纠举犯罪而提起的诉讼，后者是指被害人自己亲自到官府控告而引起的诉讼。

根据控者和被控者之间的关系及侵害的性质不同，将起诉分为公室告和非公室告。《法律答问》记载："公室告何也？非公室告何也？贼杀、伤、盗他人为公室告；子盗父母，父母擅杀、刑、髡其子及奴妾，不为公室告。"禁止以卑告尊，以奴告主。"子告父母，臣妾告主，非公室告，毋听"，"主擅杀、刑髡其子臣妾，是为非公室告，毋听；而行告，告罪者"。但这并不意味着非公室告的罪行不为罪，只是对地位卑贱者起诉权的限制或剥夺。如秦律规定："擅杀子，黥为城旦。"说明父母擅自杀死子女还是犯罪行为，只是不允许通过子女控告父母的形式进行诉讼。也就是说，国家对此类犯罪行为的追究只能通过官告的形式进行。

2. 在诉讼中注重证据的收集，提倡"不笞掠而得实情"。秦朝司法机关在接到报案后，都要派司法官员到现场调查、勘验。《封诊式·经死爰书》较为详细地记载了秦时对证据的收集，以及对证人讯问等方面要求。在对犯罪人的审讯方面，秦提倡"不笞掠而得实情"。据《封诊式·治狱》的记载："毋笞掠得实情为上，笞掠为下，有恐为败。"《封诊式·讯狱》还要求审讯犯人时"必先尽其言而书之，各展其辞"。说明秦统治者已充分认识到刑讯制度的危害，尽管法律没有明令禁止刑讯，但秦律并不提倡刑讯。相反，提倡的是不刑讯而得实情的诉讼制度，这就要求司法官吏必须深入调查取证，只有这样，才能做到"不笞掠而得实情。"

3. 乞鞫制度。秦时当事人要求司法机关对案件进行重新审理的行为叫做乞鞫。据《秦简·法律答问》记载，"以乞鞫及为人乞鞫者，狱已断乃听，且未断乃犹听也？狱断乃听之"。说明秦时对已审判案件，当事人或受委托的他人均可以提出重审的请求。在高度专制的封建社会，国家赋予当事人以乞鞫的权利，说明秦的诉讼制度已经相当进步和发达。

4. 监督制度。秦时在中央设立了专门的监察机关御史台，由九卿之一的御史大夫掌管，御史大夫的地位低于丞相而高过廷尉，掌管全国的监察大权。

第 三 章

两汉时期的法律制度

汉朝在历史上分为西汉和东汉两个历史时期，故简称为两汉。公元前 207 年爆发了陈胜、吴广领导的秦末农民起义，推翻了秦朝的统治。之后，又经过刘邦和项羽之间的楚汉战争，刘邦最终击败了项羽，登基称帝，建立了汉朝，定都长安（今西安），史称西汉。西汉末年，社会矛盾日益激化，外戚王莽篡夺王位，建立新朝。但王莽政权仅存在十七年，便被绿林、赤眉起义推翻。公元 25 年，豪强地主的代表刘秀窃取了农民起义的胜利果实，重新建立起汉朝政权，定都洛阳，史称东汉。

两汉有长达四百余年的历史。在这段历史上，封建经济、文化等方面都得到了发展，一度出现过"文景之治"等太平盛世的局面，在此基础上，封建中央集权制的政治法律制度得到了一定的发展。

第一节　两汉的立法概况

一、立法指导思想

（一）"约法省刑"、"与民休息"的思想

汉初的统治者多参加过秦末的农民起义，深知暴秦残酷的经济剥削和政治镇压是引发农民起义的直接原因，因此特别注意吸收秦二世灭亡的历史教训，认为要求得长治久安，必须实施能让老百姓休养生息的政策，以缓和当时的社会矛盾。自刘邦起，直至文帝、景帝，一直奉行"清静无为"的道家黄老学派的主张，实行轻徭薄赋、约法省刑、安定百姓、与民休息的社会政策。所谓的"黄老"是当时学者对黄帝与老子的简称。黄老最主要的观点就是"无为而治"，即主张人在自然面前不应该有私欲的作为。在政治上认为为政者应清静无为，少干预，少作为，尽量不要扰民。反映在制度上，则具体表现为"轻徭薄赋"、"约法省刑"。黄老之学得以在汉初成为一种统治思想，与其当时的历史条件是分不开的。这一政策也是汉初立法的一个根本指导思想。

（二）"德主刑辅"、"礼法并用"的指导思想

西汉初期，统治者在约法省刑、与民休息的社会政策下崇尚黄老之术，而黄老思

想的核心便是"清静无为"。因此，在立法方面，自汉高祖至汉武帝的七十年间，一直以"无为而治"为治国安邦的指导思想。统治者通过采纳黄老之学中"无为而治"的理论也确实得到了显著的效果。在那七十年间，政治稳定，经济发展，国力得到了增强。但随着时间的推移，这种"无为而治"的统治方式的弊端开始明显，已不能适应形势的发展。具体表现为：对内，一方面，由于统治者放松了对农民的控制，导致大量的农民为躲避赋税而脱户离籍，成为"亡人"，造成国家财政的紧张；另一方面，由于中央对地方的管束不严，导致地方割据，与中央分庭抗礼，危机国家的统一。对外，由于对崛起的漠北匈奴一味妥协退让，导致外患日益严重。内外交困迫使统治者不得不进行政策调整，儒家思想的核心之一为主张大一统，主张权力要集中在君主的手里，主张国家要有为，君主要有为，正好适应了当时的需要。儒学大师董仲舒提出的"罢黜百家，独尊儒术"的主张就水到渠成地得到了最高统治者的肯定，这样便使得儒家思想在思想文化领域里占据了统治地位，儒学也成了当时的"官学"，凡是与儒学相抵触的理论都要被取缔。

董仲舒以儒家所主张的德礼教化思想为基础，提出了"德主刑辅"、"礼法并用"的礼法指导思想，要求统治者采用以礼仪教化为主、以刑事惩罚为辅的手段，将礼仪教化和刑事镇压相结合来治理国家。这就是所谓的"礼刑相为表里"、"出礼入刑"。董仲舒指出："夫万民之从利也，如水之走下，不以教化堤防之，不能止也。是故教化立而奸邪皆止者，其堤防完也；教化废而奸邪并出，刑罚不能胜者，其堤防坏也。"[1]"德主刑辅"、"礼法并用"作为西汉中期以后正统的法制指导思想，极大地影响了汉朝乃至整个中国古代法律制度。自儒家思想独霸政治舞台以后，中国各代统治者都以此为原则，把儒家的"亲亲"、"尊尊"等一系列精神原则和道德规范直接纳入法律条文之中，使中国古代法律逐渐儒家化，从而形成了中国古代法律中道德规范和法律规范融为一体的基本特色，儒家思想也就成为中华法系的灵魂。

二、汉朝主要法律形式

两汉时期以律、令、科、比为基本的法律形式。

（一）律

律，是一种比较稳定的法律形式，主要调整重要和基本的法律关系。其内容比较广泛，涉及政治、经济和社会文化等方面，如汉代的《九章律》、《越宫律》、《朝律》、《田律》等。杜预曾说："律以正罪名，令以存事制。"[2]可知"律"是定罪量刑的基本依据，是法律中的主要形式。它不是针对某一事项颁布的，也不是随时修订的，所以具有相对稳定性和适用的普遍性。如《九章律》在两汉施行了四百多年的时间。

---

〔1〕《汉书·董仲舒传》。
〔2〕《太平御览》卷六三八引《律序》北京中华书局 1960 年影印本，中国人民大学图书馆藏。

（二）令

令，是皇帝针对特定事件或特定对象临时发布的诏令，它是汉律的重要渊源之一。皇帝作为专制独裁的君主，当然可以发布任何具有法律效力的诏令，所谓"言出法随"，皇帝的诏令就是最权威的法律，因此具有最高的法律效力。当"令"与"律"发生冲突时，"令"可以取代"律"的有关规定。由于"令"总是因人因事而发，且皇帝的喜怒哀乐不同且随意性较大，因此，"令"是一种非常灵活的法律形式。汉代诏令多且涉及面宽。据《汉书·刑法志》记载，从汉高祖到汉武帝时期，"令"即有三百五十九章之多，到汉成帝时已"百有余万言"了。又据《汉书·宣帝纪》如淳注："令有先后，故有令甲、令乙、令丙。"说明到汉宣帝时，因苦于诏令的浩繁，不得不对其加以分类整理，编辑为《令甲》、《令乙》、《令丙》三部。同时还有些单行的诏令颁行，如征税方面的《田令》，财产登记方面的《缗钱令》等。汉代的"令"所包括的内容也特别的广泛，涉及政治、经济、军事、文化、社会生活的各个方面，在当时的社会生活中起到了重要的指导作用。

（三）科

科，也称作课，根据《释名》记载："科，课也，课其不如法者罪责之也。"可见科与刑律有所不同，它是一种单行的刑事条例，又称作科条、事条。如《后汉书·桓谭传》注说："科谓事条。"它是针对特定犯罪处分而设，如汉代曾针对劫持人质勒索财物的情况而规定《持质科》，专事惩办这类犯罪。

（四）比

比，又称决事比，指可以比照断案的判案成例。当出现法律无明文规定的案件时，或比照最接近的律令条文，或比照同类典型判例处理。如汉高祖七年诏曰："廷尉不能决，谨具为奏，傅所当比律令以闻。"由于"比"这种法律形式具有灵活性与针对性，所以被广泛应用。西汉武帝时仅死罪决事比就有一万三千四百七十二事。比虽在当时数量繁多，但至今已基本散失，传世古籍中只有零星记载。

三、汉朝主要立法活动

早在楚汉战争时期，刘邦为争取安定民心，入咸阳后就宣布废秦苛刻法，与关中父老"约法三章"，即"杀人者死，伤人及盗抵罪"。约法三章可以看做是汉朝最早的立法活动。当然，这不是系统的立法，三章之法也不是法典，就是"伤人及盗抵罪"中如何"抵罪"，也没有具体规定。但是，这样简洁明了的约法使天下从苛法中解脱了出来，所以尽收天下民心，连秦人亦大喜，从而奠定了汉朝胜利的基础。但建立汉朝后，刘邦深感"三章之法不足以御奸"，于是命丞相萧何参照秦法，"取其宜于时者，作律九章"。《九章律》是在李悝《法经》的盗、贼、囚、捕、杂、具六篇的基础上，增加《户律》、《兴律》、《厩律》三篇，形成了九篇体例。《户律》主要是规定户籍、赋税和婚姻家庭关系的法律；《兴律》主要是规定征发徭役和城防守备之事；《厩律》规定的是牛马牲畜和驿站管理方面的内容。《九章律》是两汉的基本法律，通常讲的汉律主要是指《九章律》，对后世的律法有着深远的影响。明代制律时仍认为"历代之律，皆以汉九章为宗"。

西汉的立法活动除了萧何制定《九章律》外，还有叔孙通制定的《傍章律》十八篇，张汤制定的《越宫律》二十七篇，赵禹制定的《朝律》六篇。

《傍章律》的内容主要是关于朝廷礼仪方面的规定。高祖刘邦即位后，深感文臣武将缺乏应有的礼仪，所以他指令儒生叔孙通召集儒者，在简化先秦旧礼仪的基础上，吸收了儒家的礼仪制度，作成了《傍章律》，集中规定君臣朝请及宫廷各种礼仪，以作为对《九章律》的补充，与《九章律》并行。《越宫律》主要是有关宫廷警卫方面的法律。《朝律》规定了有关诸侯朝觐方面的内容。

《傍章律》十八篇、《越宫律》二十七篇、《朝律》六篇，再加上汉初的《九章律》九篇，共六十篇，构成了汉朝法律的主体部分。据史籍记载，其时"律令凡三百五十九章，大辟四百九十条，千八百八十二事，死罪决事比万三千四百七十二事"，已是"文书盈余几阁，典者不能遍睹"，所以汉代的法律到后期变得极为庞杂。

东汉王朝建立之初，为了缓和阶级矛盾，又效仿汉初的休养生息政策，采取"务用安静"的原则，在法律制度方面，"解王莽之繁密，还汉室之轻法"，力图恢复适应西汉的法律制度。在此期间，除了光武帝刘秀颁布释奴法令和弛刑诏书等法律改革的法令外，东汉基本上没有进行过其他大的立法活动。正如《魏书·刑法志》记载："后汉二百年间，律章无大增减。"关于弛刑诏书，东汉规定"惟置弛刑徒二千余人，分以屯田，修理城郭坞壁"，"令郡国弛刑输作军营"。可见，弛刑是令罪犯通过屯田、营造等劳役的方式来减轻对其刑罚的一种轻刑方式。应该说减刑措施对争取民心、缓和阶级矛盾起到了一定的积极作用。但由于东汉后期法令又日渐苛刻，统治者屡兴大狱，滥杀无辜，严重激化了阶级矛盾，终究导致了汉朝的覆灭。关于"释奴"，东汉光武帝曾多次诏令：沦为奴婢者皆免为民。安帝也曾下诏免除"没入官为奴婢者"的身份。这反映了历史的进步，而且在当时有着重要的现实意义。因为从秦朝开始，奴婢问题就日益成为一个严重的社会问题，大量奴婢的存在对社会生产极为不利，阶级矛盾也日益加剧。故释奴政策在一定程度上稳定了时局，促进了社会的发展。

在东汉的立法活动中，"章句"这种形式引人注意。章句，是儒者对法律的解释，汉代儒生将法律案例与经书一起传授，律学大师往往也就是儒学大师。章句作为法律学说，也就因师承流派不同而有所差别。《晋书·刑法志》言："（因汉律）错糅无常，后人生意，各为章句，叔孙宣、郭令卿、马融、郑玄诸儒章句十有余家，家数十万言。凡断罪所当用者。合二万六千二百七十二条，七百七十三万二千二百余言。言数益繁，览者益难，天子于是下诏，但用郑氏章句，不得杂用余家。"可见，章句不只是单纯的学说，而且是司法活动中可以援用的法律依据。

东汉时期，虽然律章没有多大的增减变化，但"比"的数目却不断增加，所以又进行数次删简。所以终汉之世，虽自武帝以来，法律几经删简，但其繁密状况未能改变。在四百多年的立法活动中，基本上沿着由简到繁、由繁到简再回复到由简到繁这样的轨迹运行。

第二节　两汉法律的主要内容

一、刑事法律制度

两汉的刑法在沿用秦朝及前代刑法制度的基础上，增加了不少适应封建经济发展和专制主义中央集权政治需要的内容。

（一）两汉主要罪名释解

1. 侵犯皇帝人身权利与尊严方面的罪名。

（1）矫制矫诏罪。指假称皇帝的制书、诏令来办事所构成的犯罪。矫后不影响制诏本意的为"不害"，对这种犯罪人要免官；矫后违背皇帝制诏本意的为"大害"，要处以腰斩。

（2）废格诏令罪。指拒不执行皇帝诏令意旨的行为。对此犯罪，刑罚也相当严厉。据史料记载，"废格沮事，弃纵市"[1]，即处以弃市。废格诏令罪与秦律废令罪是一脉相承的，内涵基本一致。但秦律中规定，对于犯了废令罪的，一般的处罚方式是"耐为侯"。耐为侯是一种劳役刑，相比汉律规定的"弃市"要轻得多，这说明了随着专制皇权的加强，对不执行皇帝命令的行为，惩处的力度大大加强了。

（3）不敬、大不敬罪。指对皇帝的蔑视和失礼的行为。据《晋书·刑法志》记载："亏礼废节，谓之不敬。"如侵犯皇帝的名号、宗庙、器物、牲畜等，都可以定为不敬罪。秦律中也有不敬罪，指"犯上弗知害"的行为，就是说冒犯了君威却"弗知害"，属于过失行为。而到了汉代，这一罪名的内涵大大膨胀了，它包括许多小罪名，如"失礼"罪、"醉歌堂下"罪、"戏殿上"罪、"不下公门"罪、"不朝不请"罪及"挟诏书"罪等。

（4）无籍入宫殿门罪。指没有取得"籍"便进入宫殿的行为。籍是出入宫门时的类似通行证的竹牒。根据《汉书·元帝纪》的解释："籍者，为二尺竹牒，记其年纪、名字、物色，县之宫门，案省相应，乃得入也。"

（5）诽谤、妖言罪、非所宜言和腹诽罪。这几种均为亵渎皇帝尊严的犯罪。在皇帝面前非议政治的为"诽谤"。"过误之语"为妖言。语言不当为"非所宜言"。语无

---

〔1〕《汉书·义纵传》。

微词而心有异议为"腹诽"[1]。对此四种犯罪，均可以处以大辟。由此不难看出汉时封建专制统治已发展到了登峰造极的程度。

2. 危害专制集权方面的罪名。

（1）左官罪。汉武帝时规定不准诸侯私自选任官吏，凡官吏违反法令私自到诸侯国任官的，就构成左官罪，并依《左官律》给予刑事处罚。

（2）阿党附益罪。汉律规定中央派往诸侯国的傅相与诸侯王结成一党，知道王侯的罪不向中央举告的，就构成阿党罪；中央朝臣与诸侯王交好，图谋不轨的，则构成附益罪。阿党附益诸侯王，意味着与诸侯王结党，共同对抗朝廷，严重威胁中央集权，犯此罪者皆处以重法。

（3）出界罪。汉律规定诸侯王擅自越出封国疆界的，构成出界罪。按照《出界律》，轻者耐为司寇，重者诛杀。其目的在于防止诸侯王彼此串通，危害朝廷。

（4）酎金罪。诸侯王在参与祭祀宗庙时，必须贡献上等醇酒与成色上乘的黄金，若以次充好，就构成酎金罪，按《酎金律》给予剥削免除封国的处罚。

3. 镇压敌对阶级反抗的各类犯罪。

（1）首匿与通行饮食罪。按照汉朝法律，凡首谋隐藏造反农民的，构成首匿罪，要处以弃市；凡为起义农民通风报信或充当向导、提供饮食的，构成通行饮食罪，都要给予严厉的处罚。

（2）篡囚罪。指劫狱、劫囚等项犯罪。按照汉律的规定，凡救死囚出狱者，一律判处弃市。

4. 惩治官吏渎职罪。

（1）沈命罪。官吏凡"群盗起不发觉，发觉而弗捕满品者"即构成沈命罪，要依《沈命法》"二千石以下至小吏主者皆（处）死"。

（2）见知故纵罪。治安官吏凡得知贼盗犯罪实情，而不及时举告者，要与犯罪者判处同样的处罚。如抓住贼盗而不及时严办时，就要按照《见知故纵法》判处弃市死刑。

上述两种单行法规实际上是想通过建构一个监控网络，使大家互相监督、相互检举、相互揭发，以防止破坏封建秩序的活动出现。

（二）两汉的刑罚制度

1. 刑罚的种类。

（1）死刑。汉朝死刑也称殊死。执行死刑的方法主要有三种：①枭首。斩首后悬竿示众。②腰斩。拦腰斩决。③弃市。在闹市处死，并暴尸三日。这几种刑罚的方式均显示了古代封建社会刑罚的残酷性。

---

〔1〕《史记·平准书》。

（2）徒刑。汉朝徒刑在沿袭秦朝的基础上有所发展，主要有：①髡钳城旦舂。去发戴铁钳服苦役五年。②完城旦舂。剃鬓须服苦役四年。③鬼薪白粲。为神庙打柴择米服役三年。④司寇。戍边御寇二年。⑤罚作、复作，或守边或作杂役一年。

（3）笞刑。文景帝改革刑制后，笞刑分两等，即笞一百与笞二百，分别替代劓刑与斩左趾。

（4）徙边。徙边是指将重刑犯强制迁徙到边远地区劳役，刑期不定，一般非特赦不得返回原籍。

（5）禁锢。汉朝禁止官吏结党，对有朋党行为的官吏及其亲属，实行终身不得为官的处罚。春秋时期即有此罚，但仅罚及罪吏。到了汉朝，禁锢范围扩大，不仅罚及罪吏，而且罚及贾人、赘婿乃至犯人的亲属，其在东汉时期表现尤为突出。

（6）赎刑。汉承秦制，规定了赎刑制度。凡犯罪可以宽贷者，汉律允许以钱、谷等赎刑。对于犯罪官吏，允许采取罚俸入赎的方法，但有明确期限，不得超期不纳赎金。

2. 刑罚适用原则。

（1）上请原则。随着汉朝封建特权意识的发展，当时出现了上请制度。所谓"上请"，是指一定范围内官僚、贵族及其子孙等犯罪，不交一般司法机关处理，而应奏请皇帝裁决的制度。这种上请制度正是儒家思想中"尊尊"原则的要求，也是"刑不上大夫"原则的具体体现。如汉高祖刘邦七年下诏："郎中有罪耐以上，请之。"即通过请示皇帝给有罪贵族官僚某些优待。其后，汉宣帝、平帝相继规定上请制度，凡六百石以上官吏及子孙犯罪，均可享受优待。到东汉时上请适用面越来越宽，以至不满六百石的官吏都可享受这种特权待遇。上请成为汉朝官贵的一项普遍特权，从徙边两年到死刑都可以适用。这就为官吏贵族犯罪提供了法律上的保障，使他们免受应有的惩罚。

（2）恤刑原则。汉朝统治者以"为政以仁"相标榜，强调贯彻儒家矜老恤幼的恤刑思想。据史料记载，凡老人幼童及连坐妇女，除犯大逆不道罪、诏书指明追捕的犯罪以外，一律不再拘捕监禁。汉律给老幼以优待的前提是他们的犯罪行为没有构成严重危害。若构成严重危害，如犯"大逆不道"等罪时，同样严惩不贷。

（3）亲亲得相首匿原则。汉代法律所规定的有血缘或姻亲关系的亲属之间，有罪应相互包庇隐瞒，不得向官府告发，对于此类容隐行为，法律在一般情况下也不追究其刑事责任的制度。这种亲亲得相首匿的制度是中国古代法律中因血缘关系而影响到定罪量刑的最突出的反映，它来源于儒家"父为子隐，子为父隐，直在其中"的理论，是中国古代法的伦理特色的典型表现。宣帝地节四年（公元前66年）诏令说："父子之亲，夫妻之道，天性也。虽有祸患，犹蒙死而存之。诚爱结于心，仁厚之至也，岂能违之哉！自今子首匿父母，妻匿夫，孙匿大父母，皆勿坐。其父母匿子，夫匿妻，大父母匿孙，罪殊死，皆上请廷尉以闻。"[1]　即是说，对卑幼亲属首匿尊长亲属的犯罪行为不再追究刑事责任。如尊长亲属首匿卑幼亲属，罪应处死者，一般也可以通过上请皇帝求得宽待。该规定正是对儒家所提倡的家族道德的一种维护。自此，亲亲得相首匿原则确立下来。它反映出汉朝法律开始儒家化，并且一直影响着后世封建立法。

3. 刑罚制度的改革。刑罚制度的改革始于汉文帝。公元前167年，汉文帝适应形势的需要，下诏废肉刑，进行刑制改革。肉刑是指黥、劓、刖、宫等残害人肢体的残酷刑罚。汉文帝废除肉刑起因于历史上有名的"缇萦上书"。齐太仓令淳于意有罪当刑，诏狱逮往长安。淳于意无子，只有五个女儿，其小女缇萦非常悲伤，乃随其父至长安，上书文帝说，妾父在齐为官很清廉，现今"坐法当刑"，我很悲伤，死者不可复生，刑者不可复续，即使今后欲改过自新也没有办法了，所以我愿没为官奴婢为父亲赎罪，使得自新。文帝看后很感动。约法省刑是其一贯主张，他认为"人有过，教未施而刑已加焉"是不对的，特别是肉刑，"刑至断肢体，刻肌肤，终身不息"，这是为政者"不德"造成的，所以应予废除。代之以其他刑罚，根据文帝的指令，丞相张苍、御史大夫冯敬提出了具体的改革方案：黥刑，改为髡钳城旦舂；劓刑，改为笞三百；斩左趾，改为笞五百；斩右趾，则弃市。这样，传统的刑罚制度发生了一定的变化，但新的问题出现了：由于笞刑过多过重，导致大部分人因被笞打而死。而把斩右趾者改为死刑，实是扩大了死刑的范围。所以《汉书·刑法志》云："外有轻刑之名，内实杀人。"故此，汉景帝时曾两次下诏减少笞数，第一次是将笞五百减为笞三百，笞三百减为笞二百；第二次将笞三百减为笞二百，笞二百减为笞一百。还规定：竹板长五尺，宽一寸，末梢薄半寸，并削平竹节；笞打的部位是臀部，笞打过程中不得换人。这样可减少笞刑对身体的伤害程度，并减少死亡。汉文帝刑制改革的另一项内容就是明确了刑期。以前的刑罚均为无期刑，到文帝时终于变为有期刑。此外，文帝还废除了收孥相坐律令及诽谤罪等，景帝还曾废除宫刑。总之，西汉文、景时期刑罚减省，废止肉刑，是一种历史的进步。它使刑罚从野蛮走向相对文明，在一定程度上保护了劳动力，促进了生产力的发展。

二、民事法律内容

（一）维护封建家长制

汉律严格维护封建家庭关系，强调以"父为子纲"、"夫为妻纲"作为处理家庭关系的准则，并把尊长亲属与卑幼亲属、丈夫与妻子间的关系确定为法律上的主从关系，用以维护父权与夫权。汉律明确规定"不孝"与"大逆"等罪。凡子女控告父母，属于不孝，居父母丧未满子女犯奸属于不孝。不孝罪一律判处死刑。据《汉书·功臣表》

---

〔1〕《汉书·宣帝纪》。

记载："元鼎元年，堂邑安侯陈季须坐母公主卒，未除服奸，当死。"这较汉朝一般通奸罪判处徙边要严厉许多。大逆罪重于不孝罪，是指子女殴打杀害父母、祖父母的犯罪。犯此罪者除本人腰斩外，其妻与子都处以弃市死刑。但父母殴打子孙却不负刑事责任。到东汉时期，章帝还制定了《轻侮法》。据《后汉书·章敏传》记载："建初中，有人侮辱人父者，而其子杀之，肃宗贳其死刑而降宥之，自后因以为比，遂定其议，以为轻侮法。"父亲被人侮辱，儿子杀死侮辱者，竟然受到宽宥，未被处刑，此后成为典型判例，名曰"轻侮法"。这是汉代统治者进一步彰显孝道的表现。

（二）维护封建婚姻关系

汉朝法律在婚姻关系上竭力维护夫权，保护包办婚姻制度。"夫为妻纲"是封建婚姻制度的基础。丈夫有随意打骂、奴役妻子的权利。但为"传继后世"，丈夫只能有一位正妻。汉朝法律确认一夫一妻制，但不禁止纳妾，娶妾成为一夫一妻制的补充。但妻子必须"从一而终"，如私自改嫁，或夫死未葬而嫁，或与人通奸者，都要被判处重刑，乃至死刑。由于将"一妻多妾"制法律化，故出现了"内多怨女，外多旷夫"的社会现象，即有钱人可以大量纳妾，皇帝"后宫三千"姑且不算，即使大臣、诸侯、富豪也往往"妻妾已百数"，而平民百姓则有不少无力娶妻者，男女分配严重不均。汉律中亦规定了法定休妻的理由，称为"七弃（七去），三不去"。所谓"七弃"，即指婚后妻子若有不孝、无子、淫乱、嫉妒、多言、恶疾和盗窃诸行为中一种者，丈夫即可以休弃之。从有关史料看，汉代妇女在丈夫死亡或被丈夫休弃后，可以改嫁他人，相对于封建社会后期所谓的"守节"制度，显然要开明得多。

（三）维护封建继承关系

汉朝法律注重维护封建继承关系，用以保持封建权位和财产继承的稳定性。汉朝规定嫡长子继承爵位，违法要受到法律的制裁。据《汉书·外戚恩泽侯表》记载：元延三年，嗣侯赵岑"坐父钦诈以长安女子王君侠子为嗣"，而被"免户二千九百四十四"。

按照汉朝法律规定，家庭财产继承实行诸子平分制，同时规定女子也有继承遗产的权利，而且当时已有"先令"这种遗嘱继承的形式。同时，遗腹子与常人享有同等的继承权。另据《后汉书·顺帝纪》，阳嘉四年，"初听中官的得以养子为后，世袭封爵"。中官就是宦官，因无生育能力，可以收养子，而养子可以承袭养父的爵位。这说明在当时已出现了收养制度。

第三节　两汉司法制度的发展

一、司法机构

汉承秦制，官制没有多大的变动，司法机构在秦代基础上有所发展。中央审判机构由皇帝、丞相、御史大夫和廷尉组成。当然，皇帝仍掌握最高审判权，对疑难、重大案件有最后裁决权。汉初，汉高祖曾发布诏令，当出现"有罪者久而不论，无罪者久而不决"的疑难案件时，应遵循由县及郡、由郡及廷尉、由廷尉奏请皇帝的逐级上报制度，由皇帝对该类案件作出最终评断。此外，汉代一些皇帝还亲自审案，如东汉光武帝刘秀"常临朝听讼，躬决疑事"[1]。凡皇帝过问的案件成为诏狱。一般诏狱都是关系国家的一些重大刑事案件，如高祖、高后时的韩信、黥布案，卫太子巫蛊案等都是奉皇帝之命的诏狱。丞相和御史大夫在西汉初年曾享有审判权，东汉时罢丞相，改御史大夫为司空，于是失掉了审判权。廷尉在两汉时期一直是中央的司法审判长官，是朝廷最高司法机关，其主要职责是审理刑狱，一方面要审理皇帝制诏移送的案子，另一方面审理地方上送审的疑难案件。廷尉设卿一人为长官，属官有正、左右监。汉武帝时曾赋予尚书以司法审判权，东汉时尚书台成为中枢机关，下设六曹，其中的"二千石"掌审判，从而分掉了廷尉的部分职权。

地方司法机关基本上是郡、县二级，郡守、县令兼理司法。郡设决曹掾，是专职的司法官吏，审理一般案件，最后由郡守裁决，若遇疑难案件，则应移送廷尉。县令是地方的基层司法机关的长官，负责"禁奸惩恶，理讼平贼"[2]，对一些轻微案件可予判决，而遇疑难案件则应移送郡守。县设令、长，大县为令，小县为长，下设丞、尉、斗食、佐史等属史，县以下实行乡亭制度，"大率十里一亭，亭有长；十亭一乡，乡有三老、有秩、啬夫、游徼循"[3]。乡亭协助县官管理地方事务，三老掌教化，啬夫职听讼，收赋税，游徼循，禁贼盗。东汉时期，汉灵帝曾在郡之上设立了州，长官叫牧，州牧便成了地方上一级的司法长官。州牧制度兴起后，地方上实际成为三级审判体制。

二、诉讼审判制度

（一）起诉制度

汉朝的起诉，又称为"告劾"，即告诉与举劾，故其起诉形式分为两种：①当事人或其亲属直接到官府控告，称为"告诉"，相当于现在的自诉；②政府官吏（主要是监察御史和司隶校尉等）代表国家纠举犯罪，称为"举劾"，相当于现在的公诉。汉朝严格规定告诉的程序，一般应按司法管辖逐级告劾，即由县至郡，由郡至中央廷尉，直至皇帝，严禁越诉，违者有罚。在蒙受冤狱时，也允许越级上告，称之为"诣阙上书"。阙，指宫阙，也是中央司法机关所在地。设立这种越级上告的诣阙上书制度的原因有三：首先，因为地方司法机关在实践中常有判案不公的现象，使得当事人蒙受不

---

〔1〕《晋书·刑法志》。
〔2〕《后汉书·百官志》。
〔3〕《汉书·百官公卿表》。

白之冤，若不允许受害人越级上告，其合法权利难以得到有效保障；其次，对部分案件地方司法官吏相互推诿，常造成百姓投诉无门，所受冤屈无法伸张，不得不越级上告；最后，因为被告人权高位重或者案件重大复杂，地方官吏不敢受理或能力有限，无法保证审判结果的公正、准确，直接交由中央司法机关更为合理。诣阙上书制度的确立，对于纠正地方司法不公、减少冤假错案、缓和社会矛盾、保证百姓权利等方面都有一定的积极意义。汉朝还规定治安官吏所负有的纠举犯罪的责任，如果"见知而故不举劾，各与同罪；失不举劾，各以赎论"。

西汉武帝时法律开始儒家化，在告诉方面出现严格限制卑幼告尊亲属的规定，若卑幼亲属状告尊长亲属，将以不孝罪论处死刑，在诉讼中贯彻"亲亲得相首匿"原则。同时严禁诬告，对诬告者实行反坐。

（二）审判制度

汉朝审讯被告，称为"鞠狱"。审判时把求得犯人口供作为定案的基本依据之一，与此同时，也重视物证、书证的取得及其证明效力。

汉承秦制，继续确认刑讯手段的合法性，对拒不交代罪行的犯人，法官在申报手续后，可以采取笞仗等刑讯手段，强迫犯人交代。对囚犯可罚立考讯，特别是汉武帝时期，因倡导"论心定罪"，而"心"属主观的范围，很难通过其他证据加以认定，所以口供成了最主要的铁证。为了获取口供，司法官吏常采取非人的手段加以严刑逼供，司法黑暗，犯人常因无法忍受残酷的司法拷讯而违心作证，故常有冤假错案的发生。"奸吏因缘为市，所欲活则傅生议，所欲陷则予死比，议者咸冤伤之。"[1]《史记·酷吏列传》所记十人，有九人出自武帝之时。从昭帝至平帝六朝期间，每年处死刑者平均千分之一。及至东汉，滥用刑讯更为普遍，"不堪痛楚，死者太半……掠考五毒，肌肉消烂"[2]，"体生虫蛆"。其他如烧斧挟腋、大针刺指、以土塞口等苦不堪言的非法刑讯，多有记载。另据汉律规定，在审讯取得口供后，为防止犯人翻供、须实行"复传"制度，即再次审讯犯人，以求定案有据。

经过审判的各项程序，事无可疑，法官即可依据律令条文规定作出判决，并向被告及其亲属宣读，称之为"读鞠"。宣读判决后如被告及其亲属表示不服判决时，可以申请上诉复审，称之为"乞鞠"，但申请复审必须在规定时间内进行，超过三个月的不再受理。不服判决应逐级上诉，一般禁止越级申诉。东汉顺帝时，有宁阳县主簿为其县令伸冤，六七年未得受理，于是上书至皇帝，结果以大逆罪论死。而像汉初汉文帝时的缇萦上书，在汉朝的历史长河中实属凤毛麟角。

---

〔1〕《后汉书·缪传》。
〔2〕《后汉书·陆续传》。

三、《春秋决狱》

《春秋》是孔子所著的一部鲁国编年史，扬善隐恶，挞伐叛逆，使乱臣贼子惧，特别是其中的《公羊传》更是宣传大一统思想，董仲舒的学说即是以其为理论基础的，它集中反映了儒家思想观念与是非标准。自西汉武帝确立"罢黜百家，独尊儒术"方针后，封建法律开始儒家化，反映到司法领域，便出现了《春秋决狱》。《春秋决狱》是董仲舒专门编纂的一本案例书，共收集编辑了二百三十二个案例，但该书现在已经亡佚，仅残留下六例。其特点是依据儒家经典《春秋》等著作中提倡的精神、原则审判案件，当然也要依据一定的成文法律来作出判决。这就是当时在汉代极为盛行的引经决狱，在司法实践中多是直接援引儒家经典和教义，使《春秋》经义具有极高的法律效力。《春秋决狱》实行"论心定罪"的原则，如犯罪人主观动机符合儒家"忠"、"孝"精神的，即使其行为构成社会危害，也可以减免刑事处罚。相反，犯罪人主观动机严重违背儒家提倡的精神，即使没有造成严重危害后果的，也要认定为犯罪，给予严惩。有学者认为这一审判原则从道德的立场出发，过分强调了犯罪者的主观动机而相对忽视了犯罪的客观事实，从而为酷吏任意出入人罪打开了方便之门。但也有学者认为，虽然以志善、志恶作为判定是否有罪的标准，过分强调了主观的成分，但从《春秋决狱》残留的审判案例来看，引经断狱却有轻判的倾向。因为儒家原本就提倡礼乐教化，伦理道德、仁人爱人，以经解律就必然赋之以儒家精神。面对有待改造的法律（从秦律继承下来的汉律），以经解律、引经断狱也不失为一种好的办法。对酷烈的法律加以缓解，应承认《春秋决狱》有其进步的意义。

四、录囚制度

所谓录囚，是指上级司法机关通过对囚徒的复核审录，对下级司法机关审判进行监督和检查，以便平反冤案、梳理滞狱的制度。录囚的具体内容是"县邑囚徒皆阅录视，参考辞状，实其真伪，有侵冤者，即时平理之"[1]，"录囚"一词最早见于《汉书·隽不疑传》。该传称隽不疑任青州刺史时，"每行县录囚徒还，其母辄问不疑：'有所平反，活几何人？'"。这说明录囚与平反冤狱有密切的关系。自西汉中期开始，即常有政府官员到监狱审录囚徒的记录。东汉以后，有时皇帝、太后也亲自审录，以示恤刑。故汉朝的录囚可以分为皇帝录囚、刺史录囚和郡守录囚。录囚对于长期滞案是提前审理，对于冤假错案是平反昭雪，因而从汉代开始一直受到封建国家的重视。通过录囚发现和纠正冤狱，各州部刺史出巡的一项主要工作即是录囚。这一制度有利于提高司法官吏明法慎刑的自觉性，对后世的司法实践产生了积极的影响。

---

〔1〕《后汉书·百官制》。

第四章

三国两晋南北朝的法律制度

三国两晋南北朝的历史是从公元220年至公元518年。这一时期，战乱不断，国家分裂，阶级矛盾和民族矛盾复杂尖锐，政权交替频繁。在这种历史背景下，统治者为在对峙和兼并中生存和发展，采取了一系列富国强兵的措施。在法律方面，各国统治者都比较重视法律对维护封建统治根本利益的作用，立法活动频繁。同时，在礼崩乐坏的背景下，律学也从儒家经义的桎梏中解脱出来，转向侧重于对律典的篇章体例和概念以及定罪量刑等专门法律问题的研究，法律制度在这一阶段得到发展，在法制史上也起到了承前启后的重要作用。

第一节 三国两晋南北朝的立法概况

一、三国时期的立法

三国时期，各个割据势力都打着匡正汉室的旗号，在一定程度上沿用了两汉的法律。但是，由于汉律篇目少，许多罪名都未作规定，而且律令繁杂，篇目之间相互重复或抵触的条文很多，许多律条与社会实际脱节。因此，魏蜀吴三国在对秦汉以来封建法律继承的同时，又做了新的补充和完善。

史载，诸葛亮、法正、刘巴等人共同创建了蜀国的法律，但现除散见的部分军令外，蜀科及其他的单行法规均已佚失。就吴国而言，大部分都是沿用汉朝的法律制度，没有什么重大的立法活动，由于偏安江左，势力单薄，所以对后世无甚影响。三国中，魏国的势力最强，其所制定的法律代表了三国时期的立法成就。早在曹操时期已经强调"制定之化，以礼为首，拨乱之政，以刑为先"，[1] 十分注重法律在治理国家中的重要作用。魏国制定了《新律》、《州郡令》、《尚书官令》及《军中令》等共计一百八十多篇，其中最重要的立法成就是魏明帝时制定的《新律》。魏明帝鉴于东汉末年遗留律例多至两万六千二百七十二条，法条七百七十多万余言，以致法律条文越多，触犯

---

[1] 《三国志·武帝纪》。

者更众，刑罚虽重，但作奸犯科的事仍无法禁止，于是命司空陈群等人，在对旧的法律修改补充的基础上制定了《新律》十八篇，于太和三年颁行。魏律的立法成就主要体现在以下几个方面：

1. 增加篇目。对旧有律、令、科、比进行整理，重新编入魏律，扩充为十八篇，除萧何汉律九章原有盗、贼、囚、捕、杂、户六篇篇名照旧外，改兴律为擅兴，改具律为刑名，删除厩律，增加劫掠、诈伪、毁亡、告劾、系讯、断狱等十篇，比之原有的篇目增加了一倍。

2. 改革体例。以刑名列于篇首，是魏律的创造。早在战国时期李悝制定《法经》时，曾创设具法置于法典之后，以总括前盗、贼、囚、捕、杂各篇所列罪行加减事项。然而，汉律却将具律置于杂律和户律之间，造成定罪量刑的原则规定既不在开头，又不在结尾的混乱局面。陈群等人在制定新律时，将具律改为刑名，置于律首，使法典体例趋于完善化，并为后世所沿用。

3. 调整删减篇目条文。据《律略论》："于正律九篇为增，于旁章科令为省矣。改汉旧律不行于魏者皆除之。"即新律对于汉九章来说有所增加，但相对汉律中的旁章科令来说则更为简略。魏律在修订的过程中，一方面积极借鉴秦汉的立法经验，但又不拘泥于秦汉旧律，而是从当时的政治经济的需要出发，增设新律目，削删一些不符合当时社会实际情况的旁章科令。另外，在编纂的过程中，特别注意克服汉律"盗律有贼伤之例，贼律有盗章之文"[1] 等"错杂无常"的弊端，被称为"文信而例通"，使法典的内容更加丰富，结构更加合理。

4. 创设了八议制度，使封建官僚的等级特权进一步制度化、法律化。所谓八议制度，就是皇亲国戚、官僚贵族犯罪给予优待的制度。这种制度被历代相沿，直至明清。

二、两晋的立法

曹魏末年，司马昭秉政，嫌魏律科纲严密，本注烦杂，故令贾充等人重新修订新律，前后经四年完成，于晋武帝泰始四年正月颁行全国。因《晋律》成于泰始年间，故又称"泰始律"。晋律完成后，著名律学家张斐、杜预为之作注，经晋武帝批准一体颁行，注解与律文具有同等法律效力。因此。后人把张、杜的注解与《晋律》视为一体，称之为"张杜律"。

《晋律》共二十篇，目次为：刑名、法例、盗、贼、诈伪、请赇、告劾、系讯、断狱、捕、杂、户、擅兴、毁亡、卫宫、水火、厩、关市、违制、诸侯，其在形式和内容上都比魏律有了新的发展。从体例上来看，《晋律》将魏律的《刑名》分为《刑名》、《法例》两篇，仍置于篇首，同时对篇章的设置进行了调整，使其更加合理完善。在内容方面，《晋律》纳礼入律。封建正统法律思想所主张的礼律合一在《晋律》中

---

〔1〕《三国志·武帝纪》。

得到充分体现，最突出的表现是第一次将以往属于"礼"的"五服制"引入法典，这就是所说的"准五服以制罪"，这一制度一直沿用到明清。

此外，晋出现了一种新的法律形式——故事。贾充等人编纂令时，删定当时制诏之条，撰为故事，与律令并行。故事，指前代之事例，为习惯法，晋始编纂为成文法。晋《故事》的主要内容是百官行事及处分的规程。

三、南北朝的立法

南朝社会尚清淡不重名法，律学衰竭，法制混乱。宋齐两代均未颁新律，仅是制定或废除一些令、科，以补充或修改晋律。梁陈两代虽制定了新律，但皆沿用晋制，没什么重大改革，法制出现停滞不前的局面。

北朝各封建王朝的统治者均为少数民族。进入中原后，尖锐的阶级矛盾和民族矛盾迫使他们进行改革，坚持走汉化之路。反映在法律方面，即继承汉魏晋以来的封建法律文化传统，诏用大批汉族律学家，进行了大规模的法典、律令的编纂及修订工作，形成了法制史上北朝的法制比南朝发达的局面。这些立法的文件主要有：北魏的《北魏律》、东魏的麟趾格、西魏的《大统式》、北齐的《北齐律》和北周的《北周律》，其中最有影响的是《北魏律》和《北齐律》。

（一）《北魏律》的制定

北魏是拓跋氏鲜卑贵族建立的政权，其在建元之前尚无文字和成文法，是以习惯法惩处犯罪和解决纠纷，故直接从原始部落中脱胎出来的北魏政权，其法律制度不可避免地带有较强的原始色彩。入主中原后，推行封建汉化政策，推行中原先进的法律文化与统治经验，最后修成《北魏律》二十篇（见于史书记载的篇目有十五篇）。其特点在于融会了汉代以来的儒学和律学，将更多的儒家规范纳入法律，如加重对不孝罪的处罚，创设存留养亲之法，规定直系卑亲可依法为尊亲属隐罪，等等。其体例和内容在魏晋的基础上均有新的发展。

（二）《北齐律》的制定

公元550年，高洋建立北齐。由于北齐君臣感到作为东魏通制的麟趾格犹未尽善，于是命群臣修律，前后历经十余年，全面总结历代立法经验，完成《北齐律》的修订工作。

《北齐律》共有十二篇。将晋律的刑名、法例两篇合并为名例一篇，盗律、贼律合并为盗贼律一篇，捕亡律、断狱律合并为捕断律一篇；又将户律、厩律、卫宫、毁亡的篇目改为户婚、厩牧、禁卫、毁损，删去请赇、告劾、系讯、水火、关市五篇；此外，如诈伪、杂律、擅兴、违制四篇一仍其旧。

《北齐律》是自晋律以来又一个重要的法典，它对历朝的法典进行了大刀阔斧地修改，其特点是法律内容明确清楚，条文简要。如贼、盗自战国以来一直为二律，北齐合为一律，又合捕律、断狱为捕断。因贼、盗同类，捕、断狱相连，所以这些合并都比较合理。在刑罚种类上，《北齐律》定死、流、耐、杖、笞为正刑，正式确立了封建五刑制，以后历代的刑罚基本没有超出这五刑的范围，仅是名称变动或刑罚轻重不同而已。在内容上，《北齐律》确定重罪十条，即后来的"十恶"，一直沿用到封建社会的晚期。在法律形式上，北齐律、令、格、式并行，奠定了封建法律四大形式的基础。因此，《北齐律》是一部承上启下的法典，在中国封建法典史上占有重要地位，成为《隋律》、《唐律》的蓝本。

第二节　三国两晋南北朝法律的重要变化

一、法律形式的进步

三国两晋南北朝法律形式发生了比较大的变化，主要表现在：

（一）法律形式的多样化

这个时期的法律形式除了律、令之外，还有科、比、故事、格、式等相互补充，形成严密的法网。

科，原始含义同课。科起源于汉初，而作为法律形式则始于曹魏。科有两种含义，一是对罪犯处以刑罚，"课（科）其不如法者罪责之"[1]；二是规定犯罪与刑罚的条文，又称科条、事条。汉科虽为刑事法规之一，形式上仍附于律，有补充法与施行细则之义，至南朝，梁、陈各有科三十卷。北朝律外也有科。隋唐以后，科存其意于格律之中，不再作为独立的法律形式。

格，源于科，北魏始以格代科，作为律的补充。北魏格所涉及的内容广泛，大凡服章制度，职官考勤、刑法科罪以及募赏、勋、赦，名目繁多。东魏制定《麟趾格》，把格上升为独立的法典，为北齐所沿用。

式，源于秦朝的"封诊式"和汉代的品式章程。在中国传统法律中，式是有关办事细则和公文程式的一种专门法律形式。西魏时期编定的《大统式》成为我国历史上最早出现的一种法律形式。南北朝时期格、式与律令并行，是秦汉以来封建法律的重要发展，其影响及于后世。唐宋法律均以律、令、格、式为主要法律形式，至明清时期，在司法实践中，办事细则等许多内容包括在各种则例中，式不再作为一种独立的法律形式。

故事，作为一种法律形式，产生于西晋时期。晋朝贾充等人编纂令时，删定当时制诏之条，与律令并行，依照不同官府分类汇编称为"故事"。故事即旧事，指前代之

---

〔1〕《释名》。

事例，为习惯法，晋始编纂为成文法。晋故事内容是百官行事及处分的规程。故事这种法律形式仅存在于魏晋之间，南朝或称"簿状"，梁时改称为科，隋唐以后并入式。

这一时期除了法律形式多样化外，对于各种法律形式之间也有了较为明确的界限。秦汉时期，律、令的概念较为笼统，"前主所是著为律，后主所是疏为令"[1]，到了西晋，杜预在《泰始律》中表明"律以正罪名，令以存事制"[2]，凡不宜入律者，"悉以为令……违令有罪则入律"[3]。即律是相对稳定的刑事性质的成文法典，是国家的基本法律。作为律的重要补充形式的令，大多是礼仪典章教化方面的临时规定，从而明确区分律、令的不同性质，建立了律、令相辅相成的两大法典体系。

此外，其他法律形式也有一定的界限，如晋的故事，由各个官府机构的办事规程汇总而编成。北齐的别条权格，虽"与律并行"，但它作为单行刑事法规，乃系"律无正条"而制，界限较为清楚。

（二）律典体例的设置日趋科学

魏律鉴于秦汉旧制篇少文荒，许多罪名无法包括进去，因而把篇目增加为十八章，同时，又在汉律的基础上进行了较大的修改，删削庞杂的汉律。为了便于在司法审判中检索罪行轻重类别以及科刑加减方法，将《具律》移在前面作为第一篇，并改称为《刑名》，使律典体例更为合理。

晋《泰始律》改魏律的《刑名》为《刑名》、《法例》两篇，突出定罪量刑的名目和适用原则，初步完善了篇章律条的文例，同时，根据实际情况增加和变更了魏律的篇目。

《北魏律》在篇目上又作出了更改，将《泰始律》的《捕律》与《毁亡律》合并为《捕亡律》，并从《泰始律》的《系讯律》中分出《斗律》。

《北齐律》在结构上合并篇目，确定为十二篇，其中将《刑名》、《法例》合为一篇，改为《名例律》，冠于律首，具有定罪制、正刑量、举纲目、立原则的重要意义。从改革《法经》的《具律》到确定《名例律》，北齐完成了法经法典总则的工作，提高了封建法典的科学性，为以后隋唐律的篇章结构提供了先例。

（三）法律条文简要得体

汉代律令繁多、科条无限的状况，带来了刑罚枉滥、人心不服的后果，不利于封建统治。所以曹魏之时便开始删削整理，律令总共保留一百八十多篇，同东汉末年律六十篇、令三百多篇、法比都目九百多卷、法律解释七百多万字相比，相对简略。晋律是我国封建法律由繁到简的新的里程碑。晋朝立法贯彻文例禁条务就直简的原则，以防一般人误触法网、动辄得咎，而把刑事镇压的锋芒指向少数真正危害封建统治秩

---

[1]《汉书》卷六十《杜周转》。
[2]《晋书·刑法志》。
[3]《晋书·刑法志》。

序的人，律、令共六十篇，两千九百二十六条，十二万余字，比之曹魏律，既宽简又详备。《北齐律》十二篇，九百多条，更以科条宽简、法律清楚而周密著称，是隋律、唐律完备化的直接基础。

二、法律内容的发展

（一）维护封建等级特权的"八议"入律与"官当"的出现

"八议"的制度渊源于《周礼》的"八辟"。周有"刑不上大夫"的原则，汉代有"先请"制度，但未形成完整的体系。魏明帝制定《新律》时，规定了八议制度。所谓八议，是指对八种权贵人物犯罪在审判上给予特殊照顾。"大者必议，小者必赦"，官府不得专断的制度。这八种人物是：亲（皇帝宗室亲戚）、故（皇帝的旧故）、贤（有封建德行的人）、能（有大才干的人）、功（对封建国家有大功勋者）、贵（大官僚贵族）、勤（为封建国家服务卓著勤劳的人）、宾（前朝的统治者及其后代）。这八类人犯罪，依法享有免刑或者减刑的特权。为了确保封建社会秩序，北齐制律时进一步完善八议制度，明确规定犯重罪十条者不适用八议，即将八议的适用严格限制在地主阶级根本利益所允许的范围以内，进一步完善和巩固了八议制度。

北魏和南陈的法律，还出现了"官当"制度，即允许以官品或爵位抵罪。《北魏律》规定：公、侯、伯、子、男五等爵位，每等可以抵三年徒刑。南陈律规定："五岁四岁刑，若有官，准当二年，余并居作。其三岁刑，若有官，准当二年，余一年赎。"这种官当制度，进一步赋予封建官僚以特权，使他们可以逃脱法律的制裁。到隋唐时官当制度臻于完备。随着专制主义中央集权的高度发展，明清时期官当制度才作为加强对封建官吏控制的对立物被取消。

（二）"重罪十条"的确立

"重罪十条"由《北齐律》确立。它将封建朝廷认为直接危害国家利益的最为严重的十种犯罪置于律首，并强调这十种犯罪是打击的主要对象。《北齐律》所规定的重罪十条分别是：①反逆（造反），②大逆（毁坏皇帝宗庙、山陵与宫殿），③叛（叛变），④降（投降），⑤恶逆（殴打谋杀尊亲属），⑥不道（凶残杀人），⑦不敬（盗用皇室器物及对皇帝不尊重），⑧不孝（不侍奉父母、不按礼制服丧），⑨不义（杀本府长官与授业老师），⑩内乱（亲属间的乱伦行为）。《北齐律》规定："其犯此十者，不在八议论赎之限。"重罪十条到隋唐发展成为"十恶"，并为宋、元、明、清历朝所沿用。

我国封建法律，在汉时就有了"不道"、"不敬"等罪名。据《唐律疏议》称，"汉制九章虽并湮没，其'不道'、'不敬'之目见存"。晋律沿之，张斐上"律表"解释："亏礼废节，谓之不敬"，"逆节绝理，谓之不道"。由此可见，汉晋之律关于"不道"、"不敬"的概念还比较笼统，不像以后那样明确、具体。到南北朝时期，进一步罗列罪名。《北魏律》规定："大逆不道腰斩，诛其同籍，年十四以下腐刑，女子没县官。"且将"害其亲者"视为大逆不道之重者，处劓刑；将"为蛊毒者"视为不道，"男女皆斩，而焚其家"。《南梁律》则规定："其谋反、降叛、大逆以上，皆斩；父子同产男，无少长，皆弃市。"

《北齐律》所规定的"重罪十条"所涉及的罪名都是严重危害封建国家利益与违背封建礼教的言行，其中近一半的罪名是因其违背了"礼教"原则而被列为打击的重点。它包罗了封建宗法制度的各个方面，体现了中华法系礼法结合的重要特征。

（三）服制定罪及留养制度的实行

服制，是古代用丧服规定亲属范围、等级，以明确亲属关系远近的制度。封建社会的父宗亲属范围包括高祖以下的男系后裔及其配偶的九个世代（自高祖指玄孙），通称"本宗九族"。在此范围内的直系和旁系亲属为有服亲属，死后按制为之丧服。服制按服丧期限和丧服粗细的不同分为五种：斩衰（三年），齐衰（齐衰三年、齐衰杖期、齐衰不杖期、齐衰五月、齐衰三月），大功（九月），小功（五月）、缌麻（三月）。在我国古代，服制不但是确定继承与赡养等权利义务关系的根据，同时也是亲属相犯时确定刑罚轻重的依据。《晋律》与《北齐律》中相继确定准五服治罪的制度，即亲属间的犯罪依据五等丧服所规定的亲等来定罪量刑。尊长侵犯卑幼，都比一般的人量刑要轻，关系越近量刑越轻。如果是卑幼侵犯尊长，都比一般的人量刑要重，关系越近量刑越重。例如《北朝律》规定子孙杀父祖处以车裂的极刑，而父祖杀子孙用刀刃者五岁刑，殴杀者四岁刑，卖子一岁刑。卖五服内尊长者处死，卖周亲、妻、子妇者流刑。这种以尊卑长幼为刑罚轻重等级反映了儒家伦理纲常对法律的渗透。

自汉魏以来的历代封建统治者，在儒家"亲亲"思想的影响下，都标榜以孝治天下，留养制度是重孝思想不断发展的产物。所谓留养，也称存留亲养，指犯人直系尊亲属年老或者疾病应侍而家无成丁，死罪非属重罪十条之列，允许上请，流刑可以免于发遣，徒刑可以缓刑，将犯人留下来照顾尊亲属，父母或祖父母死后，再与执行。东晋时曾有过留养的事例。咸和二年，句容令孔恢罪至弃市，晋成帝"以其父年老而有一子，以为恻然，可悯之"，乃下诏免其死罪。这在当时还只是个别的事例，尚未形成定制。北魏高祖十二年诏："犯死罪，若父母、祖父母年老，更无成人子孙又无期亲者，仰案后列奏以待报，著之令格。"后制定《北魏律》，是留养制度进一步规范化，不仅死罪可以具状上请留养，犯流也可以鞭笞代刑，免于流徙，以便留养其亲。

（四）刑罚制度有所改革

三国两晋南北朝上时期在汉代刑罚改革的基础上，对刑罚制度做了进一步调整，以身体刑、劳役刑为主的刑罚体系得到逐步完善，表现在如下几个方面：

1. 限制族刑，逐步缩小连坐的范围。连坐是指一人犯罪而株连亲属，使之连带受刑的制度。秦汉以来就有此类规定。尤其妇女因父亲犯族刑，要从坐受戮；而夫家犯族刑亦须"随姓之戮",使妇女"一人之身,内外受辟"。连坐制度直至曹魏高贵乡公时才有改革。《新律》颁布后,又据程咸上议、修改律令,规定妇女以出嫁为界确定族株范围,嫁前从坐父母之罪,嫁后从坐夫家之罪,开连坐不及出嫁女之先例。后世多循此制。《新律》对连坐范围也有所缩小,规定"大逆无道,腰斩,家属从坐,不及祖父母、孙"。

以后的《梁律》则进一步缩小范围,规定谋反、降叛、大逆等罪虽缘坐妇人,但"母妻姊妹及应从坐弃市者,妻子女妾同补奚官为奴婢"。创从坐妇女免除死刑、仅成官奴婢等贱民的先例。梁武帝大同元年诏:"自今犯罪,非大逆,父母、祖父母勿坐。"但《陈律》又"复父母缘坐之刑"。

《北魏律》连坐范围广泛,至孝文帝时方有缩小。延兴四年下诏:"作大逆干犯者,皆止其身。"尽管法律上有缩小的规定,但司法实践中却往往有扩大的趋势。

2. 从法律上取消宫刑。汉文帝除肉刑时,虽然宫刑也同时废止,但不久又恢复。北朝的北魏、东魏都有施用宫刑的记载。西魏文帝大统十三年诏:"自今应宫刑者,直没官,勿刑。"北齐后主天统五年也颁布诏令:"应宫刑者普免刑为官口。"至此,宫刑不复作为一种法定刑。

3. 酷刑日趋减少。由于战乱等原因,三国两晋南北朝时刑罚较为严酷,但就其发展趋势来看,酷刑的设置与使用在日益减少。晋律规定死刑三等:枭首、腰斩、弃市。髡、赎、杂抵罪、罚金称为"生刑",共十四等。北魏初建时,刑罚制度保留了一些原始酷刑,但其在发展中日益改进,至北齐时死刑为绞、斩、枭首、轘四等,生刑为流、徒、鞭、杖,为隋唐五刑制的完善打下了基础。

4. 定流刑为减死之刑。秦汉以降的死罪减等之刑——徙(迁)刑至此时已改为流刑。《隋书·刑法志》载,梁武帝天监三年,建康女子任提犯拐卖人口罪,子景慈证明其母确有此行。后景慈以"陷亲于极刑"之罪名流放交州。"至是复有流徙之罪。"北魏、北齐均据"降死从流"的原则,将流刑列为法定刑,作为死与徒的中间刑,从而填补了自汉文帝改革刑罚以来死、徒间的空白,为隋唐时期刑罚制度的完善奠定了基础。《北周律》又分流刑为五等,计:二千五百里、三千里、三千五百里、四千里、四千五百里。隋唐因之。如沈家本言:"开皇元年定律,流为五刑之一,实因于魏周,自唐以下,历代相沿莫之改也。"

第三节　三国两晋南北朝司法制度的演变

一、司法机构进一步扩大

三国两晋南北朝的司法机关基本上承袭汉制,但又有一定的发展。中央有审判机关、监察机关和司法行政机关。

在中央，审判机关基本上仍称为廷尉（三国时的孙吴称为大理，北周称为秋官大司寇）。到北齐，廷尉改为大理寺。同时，为了加强司法机关的镇压职能，各王朝采取了一系列措施，扩大了司法机关的组织规模。例如，曹魏明帝时设律博士，教授法律；晋朝于廷尉之下设正、监、平及律博士等职；北齐时，在大理寺之下，有正、监、平等属官，律博士增至四人，并新设置了明法掾二十四人，槛车督二人，掾、司直与明法各十人。

监察机关仍称为御史台，南齐、南梁称为南司或南台，北齐称为宪司，但是御史台已从少府独立出来，成为皇帝直接掌握的独立监察机关。掌吏治，察举非法，权力极大。据史载，"自皇太子以下，无所不纠"，甚至是可以"风闻言事"，对各级官吏进行弹奏，但御史中丞失纠则要罢官。除司法监督职能外，司法审判职能亦有明显加强。以南陈为例，每年三月，御史中丞、侍御史等有权"亲行京师诸狱及治署，理察囚徒冤枉"[1]。

司法行政机关称为尚书。但在三国两晋南北朝时期进一步提高了尚书台的地位，在其下面还设了负责司法行政兼理刑狱的机构。例如，曹魏以"三公曹"、"二千石曹"等司刑狱、盗贼，同时掌管囚账。晋司法行政组织分工更细，三公尚书主刑事，都官尚书主诉讼，比部尚书郎主法制。中央行政机构兼理司法事务，标志着中国封建制度逐步走上司法行政与审判分离而又相互牵制的道路，反映了封建司法机构不断完善和强化的趋势，这为隋唐时期刑部尚书执掌审判复核奠定了基础。

在地方，司法机构仍沿袭秦汉旧制，司法组织不分立。审判、检察和司法行政皆由地方长官兼理。州刺史、郡太守、县令皆理狱讼，决刑断，并察纠官吏政绩。

二、司法审判制度的变化

三国两晋南北朝时期的诉讼制度在继承秦汉司法制度的基础上，又设立了一些新的制度，主要体现在：

（一）限制诉讼权利

在诉讼制度上，三国两晋南北朝更加限制自诉的权利。表现在：

1. 诉讼必须确实，诬告反治其罪。曹魏有令规定敢妄相告以其罪罪之。高龄平事变时，大司农桓范留守京师，曾以司马懿欲反之事告曹爽，懿知大怒，问诬告人反，依法应治何罪。有司回答依律令反治其身，于是执桓范下狱。这和反坐法本质上属于同害刑，两晋南北朝皆存在。北魏规定："诸告事不实者，以其罪罪之。"

2. 禁止子孙控告父母和祖父母。北魏有子孙告父母、祖父母者处死的律条。《麟趾格》三公曹六十六条规定："母杀其父，子不得相告，告者死。"这是儒家孝的理论学

---

〔1〕《隋书》卷二十五《刑法志》。

说在法律上的反映。

3. 囚犯无诉讼权。曹魏禁止囚犯告人，否则加罪并牵连亲属。北齐天保八年立格："负罪不得告人事"。

（二）死刑复核制度的形成

三国两晋南北朝时，朝廷开始将死刑权收归中央。魏明帝曾规定：除谋反、杀人罪之外，其余死刑案件必须上奏皇帝。南朝宋武帝下诏："其罪应重辟者，皆如旧先须上报，有司严加听察，犯者以杀人论。"北魏太武帝时也有类似规定。其目的一方面是让皇帝对死刑给予最后的考虑，以示慎刑，另一方面也使皇帝牢固地掌握生杀大权。这一制度为后世各封建王朝所继承。

（三）"登闻鼓"直诉制度的建立

在封建社会中，诉讼方式有顺诉、越诉和直诉三种。顺序即依审判等级向所在一级的机关上诉；越诉即越过管辖的行政等级向上一级提出诉讼；直诉即直接上诉于最高司法组织，甚至皇帝本人。这一时期，法律上禁止越诉，越诉一般要加鞭笞，但特使巡行时例外。直诉则是允许的。西晋武帝时，在朝内设登闻鼓，吏民有冤，可播鼓直诉，此后历代相承。如北魏太武帝时，于宫阙左面悬鼓，人有冤则击之，由公车上奏其表。南梁也有"击鼓乞代父命"的记载。

（四）妇女用刑享有优待

魏明帝时，为免除对女犯用刑使其身体裸露，本应该适用鞭笞之刑的可以用罚金代替。《晋律》规定："女人当罚金杖罚者，皆令半之。"《梁律》加以沿用，且扩大对女子的照顾，规定："女人当鞭杖罚者，皆半之。"对于怀孕的妇女，三国两晋南北朝一直明文规定孕妇勿刑。北魏时规定："妇人当刑而孕，产后百日乃决。"这反映了刑罚制度的发展和文明程度的提高。

第 五 章

隋唐五代的法律制度

隋、唐两代，公元518～907年，是中国古代继秦汉之后实现再统一的时期。隋朝和唐朝的前期，由于统治者在经济、政治、法制等方面采取了一系列的正确措施，社会经济发展很快，国力强盛，唐朝前期还出现了"贞观之治"和"开元之治"，达到了封建社会的鼎盛时期。与此相适应，隋唐的法制建设也达到了一个新的高度，为后世留下了《唐律》、《唐六典》等具有重要历史地位的法律典籍。

继唐朝之后的五代十国，公元907～960年，中国又一次陷入分裂割据的局面，由于战乱以及政权更替频繁，这一时期的法制建设没有多大的建树。

第一节　隋朝的法制概况

隋朝建立于公元518年，历经隋文帝、隋炀帝两朝。隋朝的两任皇帝都曾重视立法工作，但在后期却存在严重的有法不依、随意破坏法制的现象。这成为隋朝两世灭亡的重要原因之一。

一、隋朝的立法活动

（一）《开皇律》的制定

开皇元年，隋文帝杨坚即位后，立即开始了制定基本法典的活动。高颎、杨素、裴政、苏威等十余人参加了律典的起草工作，同年十月完成并颁行天下。这部开皇元年的《开皇律》以《北齐律》为蓝本，吸收了魏晋南北朝以来历代的立法成就，奠定了隋律的基础。

至开皇三年，隋文帝认为已有的《开皇律》仍然过于严密，"人多陷罪"，于是命令苏威、牛弘等加以删改，只留五百条，共十二篇，即名例、卫禁、职制、户婚、厩库、擅兴、贼盗、斗讼、诈伪、杂律、捕亡、断狱。修订后的《开皇律》以"刑网简要、疏而不失"的特点而著称，其精神和体例均被唐律所继承，在中国古代立法史上具有承前启后的地位。

（二）《大业律》的制定

隋朝的第二任皇帝隋炀帝杨广即位后，认为《开皇律》已被晚年的隋文帝所破坏，而且隋文帝常常法外用刑，导致法制混乱，因而需要重新修律。为此，在大业二年十月，命苏威、牛弘等重新更定律令，次年四月完成，颁行天下，史称《大业律》，仍为五百条，但篇数则扩大到十八篇。《大业律》在内容及体例上与《开皇律》相比并没有重大突破。隋炀帝颁布《大业律》仅是做表面文章，根本不依此执行，加上之后亡国的结局，后世皆避而远之。因此，在历史上影响不大。

（三）其他法律形式

除《开皇律》和《大业律》外，隋朝的法律形式主要还有令、格、式。令是皇帝随时颁布的诏令，包括开皇二年颁行的《开皇令》三十卷，大业三年颁行的《大业令》三十卷。格是一种单行法规，由于史料的欠缺，其具体内容不详。式也是一种独立的法规形式，在隋文帝、隋炀帝统治时都曾分别制定颁行这种法律形式。

二、隋朝的法律内容

由于隋朝的律令早已散失，现已不能完整地了解当时法律的具体内容，但在隋唐史籍里保存有隋朝律令的材料，从中我们知道《开皇律》在以下几个方面有重大的发展。

（一）确立新的五刑制度

我国奴隶社会时已形成墨、劓、刖、宫、大辟的旧五刑制度，自汉文帝废除肉刑开始，以后历代屡有改革。隋律在前代改革的基础上，正式确立新的五刑，规定刑罚为笞、杖、徒、流、死刑五种，笞刑自十至五十，分五等，每等相差十下；杖刑自六十至一百，亦分五等，每等相差十杖；徒刑分五等，一至三年，每等相差半年；流刑分三等，自一千至两千，每等差五百里；死刑分二等，为绞、斩。新的五刑的确立，是中国古代刑罚制度发展史上的重大转折，标志着古代刑罚由野蛮向较为文明的方向转变。

（二）明确"十恶"罪名并载入律典

《开皇律》在《北齐律》"重罪十条"的基础上，明确规定了十种最严重的犯罪的罪名和罪状，称之为"十恶之条"，即谋反、谋大逆、谋叛、恶逆、不道、大不敬、不孝、不睦、不义、内乱。凡是犯有十恶重罪者，一般不得减免，即不适用八议、赎刑等。其直接目的是加强对危害专制皇权及宗法等级制度的行为的惩处，同时也反映了封建统治者对如何运用法律手段打击危害封建专制制度有了系统的认识。

（三）确立八议、请、减、赎、官当等制度，将贵族官僚的特权法律化

八议制度为曹魏《新律》首创，即对亲、故、贤、能、功、贵、勤、宾八种特殊

人物给予减免刑罚的规定。请是指对有一定爵位及官品的人员追究刑事责任须奏皇帝批准；减是指对一定级别的人员给予减一等处罚的优待；赎则是指各级官员一般性犯罪，可依法以交铜代替刑罚的执行；官当是指各级官员的一般性犯罪，可依法以官位折抵所处的徒刑或流刑。

上述《开皇律》的内容是总结秦汉以来的变革的重要成果，其内容几乎全部被唐律所吸收，因而《开皇律》是中国封建法制史上承前启后的重要律典。

三、隋朝的司法制度

（一）司法机关及其职权

隋朝中央常设的司法机关为大理寺、刑部、御史台三大机构。大理寺是当时中央最高审判机关，主要是审理中央百官的犯罪案件和京师地区徒、流刑以上重大案件，处理地方上报的各种疑难及死刑案件，但死刑案件须报皇帝批准或由皇帝裁决。刑部属中央司法行政机关，负责中央司法行政事务，兼大理寺审判的徒、流刑的复核工作。御史台为中央最高监察机关，主要职责是监察文武百官并纠举、弹劾其违法犯罪行为，监督大理寺、刑部等机关司法活动并参与重大案件的审判。

地方仍实行地方行政长官兼理司法的制度，地方行政长官负责各类案件的审判，不设专门的审判机关。

（二）诉讼制度

为保障中央司法权对地方的有效控制，隋文帝明确规定逐级上诉及直诉制度，地方"有枉屈县不理者，令以次经郡及州，至省仍不理，乃诣阙申诉。有所未惬，听挝登闻鼓，有司录状奏之"[1]。死刑终审权的控制，隋文帝也十分重视，多次强调死刑案件须上报复审，奏请皇帝核准。至开皇十五年，最终确立了"死罪者三奏而后决"的死刑复奏制度，隋文帝本人更经常亲自执行录囚制度，"每季亲录囚徒，常以秋分之前。省阅诸州申奏罪状"[2]，以便及时平反冤假错案。

四、隋朝后期法制的破坏

隋文帝统治前期，重视法制建设，推行政治、经济制度的改革，很快就建立起统一强大的政权。但自开皇九年统一全国以后，隋文帝专制独裁的权欲开始膨胀，任意破坏法律，无限扩大皇权。《隋书·刑法志》称他"恒令左右觇视内外，有过失则加以重罪"，"又患令史赃污，因私使人以钱帛遗之，得犯立斩"，"每于殿庭打人，一日之中，或至数四"。除了法外用刑外，隋文帝后期多次更改法律规定，加重定罪量刑的幅

---

〔1〕《隋书·刑法志》。

〔2〕《隋书·刑法志》。

度。如开皇十六年规定："是后盗边粮者，一升已上皆死，家口没官。"[1] 十七年规定，"诸司论属官，若有愆犯，听于律外斟酌决杖"[2]。

隋炀帝篡夺帝位后，为笼络人心，曾一度宣称要改革文帝后期法制混乱的局面，减轻刑罚。大业三年实行的《大业律》在刑罚和刑讯方面的确有所减轻。但由于社会矛盾日趋激烈，农民起义此起彼伏，为维护其统治，隋炀帝最终还是选择了严刑峻法。在《大业律》制定不久，就于律外"更立严刑，敕天下盗窃已上，罪无轻重，不待闻奏，皆斩"。大业九年，"又诏为盗者籍没其家"[3]。但严刑峻法、律外酷刑并没能平息动乱，反而激起更大的民怨和动荡，加速了隋朝的灭亡。隋文帝父子恣意破坏法制，导致政权迅速解体，是隋朝提供给后世的重要教训。

第二节　唐朝的立法概况

唐朝建于公元 618 年。唐朝统治者亲身经历了隋朝后期的暴政，并感受到农民起义带来的威胁，深刻认识到"水能载舟，亦能覆舟"的道理，从而选择了以仁德治天下的理念，在立法方面"务在宽简，取便于时"，力求改变隋末法令严苛的局面。唐中后期的立法活动沿袭唐初的立法思想，同时在部门立法及立法技术方面进行了新的创造。

一、唐律的制定和修订

（一）《武德律》的制定

公元 618 年（武德元年），李渊称帝建立唐朝，于武德元年五月命刘文静等人制定法律，完成《武德新格》五十三条，颁行天下。其后又命裴寂等以《开皇律》为基础制定唐王朝的基本律典，至武德七年完成，颁行天下。该律称《武德律》，仍为十二篇，五百条，在体例、篇目及刑罚等方面均与《开皇律》相同。《武德律》实际上只是《开皇律》的翻版。正如《旧唐书·刑法志》所述："惟正五十三条格，入于新律，余无所改。"

（二）《贞观律》的制定

唐太宗即位后，命长孙无忌、房玄龄等对《武德律》进行修订，从贞观元年（公元 627 年）开始到贞观十一年才告完成。这部新修订的律仍为十二篇，五百条，但在内容上已有很大的改变。据《旧唐书·刑法志》记载，《贞观律》比隋《开皇律》减大辟（死刑）者九十二条，减流入徒者七十一条，"凡削烦去蠹，变重为轻者，不可胜

---

〔1〕《隋书·刑法志》。
〔2〕《隋书·刑法志》。
〔3〕《隋书·刑法志》。

纪"体现了唐太宗刑尚宽减的主张。此后的唐律在内容及体例上基本无大的改变。因此《贞观律》被视为唐律的"定本"。

（三）《永徽律》及《律疏》的制定

唐高宗即位后，下诏修订律、令、格、式，于永徽二年完成《永徽律》十二篇五百条。据《旧唐书·刑法志》记载，《永徽律》只是对"旧制不便者，皆随删改"，在内容及体例上与《贞观律》基本一致。永徽三年为保证对律文有统一的解释，唐高宗决定组织人员为《律》作《疏》，即对律条及律注逐条进行解说，对可能出现的疑难问题作出解答。该项工作于次年完成，编成《疏》共三十卷，经高宗批准颁行。因《疏》与《律》合并一起颁行，《疏》被赋予与《律》同等的法律效力，《疏》成为审判的法律依据，故此时唐律被称为《疏律》，后世称之为《永徽律疏》、《唐律疏议》。

（四）《开元律》及《开元律疏》的刊定

唐开元二十二年（公元734年），唐玄宗命李林甫等人对法律进行全面修订整理，至开元二十五年完成律十二卷，律疏三十卷，经玄宗批准颁行天下，史称《开元律》和《开元律疏》。此次修律后，唐朝再没有进行正式的修律活动。因此，开元二十五年的修律，对唐律能够完整地保存到今天具有重要的意义。

二、《唐六典》的编纂

开元十年（公元734年），唐玄宗下诏要求按《周礼》描述的官制，以理典、教典、礼典、政典、刑典、事典的体例进行行政法大全的编纂。所谓《六典》是指有关行政内务、民政教化、礼乐祭祀、军政武备、刑狱治安、工艺管理六个方面的国家事务。然而，唐朝的政权机关设置和行政管理体制，与《周礼》等文献记载的情况已有很大的变化，唐玄宗要求按《周礼》的描述编纂唐朝的行政法令，显然是一件很困难的事情。因此《唐六典》经过十六年的努力，在完全改变最初设想的情况下才告完成。

最后成书的《唐六典》共三十卷，主要内容是关于中央级地方国家机关的设置、人员编制、各级官员的职责及其选拔、任免、考核、奖惩、俸禄、退休制度等方面的规定，其附注部分则说明各级国家机关及官职的渊源和历史沿革。《唐六典》是我国现存的第一部行政法大全，对我国古代行政法汇编起了示范作用，其后的元、明、清三朝都有效仿《唐六典》的汇编行政法的活动。

三、《大中刑律统类》的出现

唐初承袭隋朝旧制，其法律形式表现为律、令、格、式。唐初至唐玄宗各朝，在修律的同时，都曾制定令、格、式。由于调整同一社会关系的法律内容分别规定在律、令、格、式之中，查找极不方便，因而唐玄宗在开元二十五年完成法律的全面修订的同时，还将经过修订整理的律、令、格、式等汇编成"《格式律令事类》四十卷，以类相从，便于省览"[1]。

唐宣宗大中七年（公元 835 年），左卫率府仓曹参军张戣参照上述《格式律令事类》的形式，对当时的各类法律形式重新进行了编排，即"以刑律分类为门，而附以格敕"，编成《大中刑律统类》十二卷，唐宣宗"诏刑部颁行之"[2]。这部法典共一千二百五十条，分为一百二十一门，是当时法典编纂的一种新形式，对五代北宋时期制定"刑统"有直接的影响。

四、唐代的法律形式

唐代的法律形式主要仍为律、令、格、式四种。对它们的解释，《新唐书·刑法志》谓："令者，尊卑贵贱之等数，国家之制度也；格者，百官有司之所常行之事也；式者，其所常守之法也。凡邦国之政，必从事于此三者。其有所违及人之为恶而入于罪戾者，一断以律。"《唐六典》则说："凡律以正刑定罪，令以设范立制，格以禁违止邪，式以轨物程事。"

（一）律

律是自战国时期商鞅"改法为律"以来历代王朝法律的主要形式，是定罪量刑的刑事法规，同时包括民事及行政责任的规定，还包括诉讼程序方面的内容。一切违反法律规定的行为，均以律所规定的程序及后果承担法律责任。律是追究违法犯罪行为法律责任的综合性法典，而不是单纯的刑事法律。

（二）令

令是国家制度方面的法律规范，主要包括国家的体制、各级机关的组织以及各种制度方面的法律规定，其基本宗旨是明确上下级之间、尊卑贵贱之间的等级差别，目的是为国家机关的政务活动以及人民的日常生活提供行为准则，违反令的行为将会受到律的制裁。史籍记载，唐代曾编定《伍德令》三十卷，《贞观令》三十卷，《永徽令》三十卷，《开元令》三十卷，但均已失传。

（三）格

格是皇帝针对国家机关或官员发布的制敕，内容是关于国家机关及其官员的主要职责及行为的准则，目的是通过皇帝的指示解决国家机关在执法过程中遇到的疑难问题。但是各种制敕必须经过法定的"编录"活动，才能成为有法律约束力的、必须遵守的法律形式。史载唐太宗贞观十二年首次编定《贞观格》十八卷，唐高宗永徽三年编定有关中央机关"曹司常务"的《永徽留司格》十八卷，及地方州县施行的《散颁格》七卷，之后，武则天以及中宗、睿宗、玄宗时期都曾有编格的立法活动，但唐朝

---

〔1〕《旧唐书·刑法志》。
〔2〕《新唐书·刑法志》。

所编的格已佚失。

（四）式

式是国家机关活动的办事细则和公文程式。唐朝在制定律、令、格的时候，也进行编定式的立法活动。从唐高宗到唐玄宗期间，先后编定《伍德式》十四卷，《贞观式》三十三卷，《永徽式》十四卷，《垂拱式》二十卷，《神龙式》二十卷，《开元式》二十卷等。

（五）格后敕

格后敕，是皇帝颁布的制敕的法律汇编。它与格的相同之处在于都是对制敕的汇编，但格是经过大臣们对已有制敕进行删改整理后再重新确认其法律地位。而格后敕则只是对制敕进行简单的编辑整理，一般不对内容进行修改。

唐朝前期，皇帝制敕一般须经过"编录"上升为格，才具有普遍的法律效力，才能成为判案的法律依据。《唐律疏议·断狱》"辄引制敕断罪"条明确规定"诸制敕断罪，临时处分，不为永格者，不得引为后比。若辄引，致罪有出入者，以故失论"。这一规定表明唐初皇帝通过制敕立法的权力是受到限制的，是与唐初开明的君主作风相一致的。

唐玄宗开元十九年，开始将一些"格后制敕"编成《格后长行敕》六卷，"颁于天下"[1]。唐德宗贞元六年（公元785年）以后，正式开始将汇编格后敕作为主要的立法活动，格后敕取得了与律、令、格、式同等的法律地位，甚至被优先适用。格后敕在唐朝后期成为主要的法律形式。

第三节　唐朝法律的主要内容和特点

一、刑事法律

唐代的刑事法律规范主要集中于律典之中，有完整的体系。在其总则部分的《名例律》中，首列"五刑"，次定"十恶"大罪，再列出定罪量刑的基本原则。在分则各篇中，详细规定各种违法犯罪的罪名、罪状及应受的处罚。以下主要介绍《名例律》的内容。

（一）五刑制度

唐律沿用隋朝所确定的五刑制度。规定了笞、杖、徒、流、死五种法定的刑罚。

1. 笞刑。笞刑是五刑中最轻的一种，其方法是用大头二分、小头一分半、长三尺五寸的荆条击打受刑者的臀部和腿部。适用于对轻微犯罪的惩处，目的是使受刑者感

---

〔1〕《旧唐书·刑法志》。

到耻辱和接受教训，避免再犯。笞刑分五等，由十至五十下，每等相差十下，允许依法以铜一至五斤赎免刑罚。

2. 杖刑。杖刑是较笞刑重一级的刑罚，其方法是用一种比笞杖略粗的杖，击打受刑者的臀部、腿部和背部，也分为五等，由六十至一百下，每等相差十下，允许依法以铜六至十斤赎免。从刑具的规格、行刑部位、次数及收赎的数量要求来看，杖刑明显重于笞刑。

3. 徒刑。徒刑是在一定期限内剥夺罪犯人身由并强制其服劳役的刑罚。唐律规定徒刑分五等，自徒一至三年，每等相差半年，允许依法以铜二十至六十斤赎免。

4. 流刑。将罪犯押送到边远或荒芜地区并强制其服劳役的刑罚称流刑，是仅次于死刑的重刑。根据流放地区的远近，唐朝流刑分为三等，即流两千里、两千五百里、三千里，每等均服劳役一年。唐太宗贞观六年，增设加役流，即流三千里，劳役三年，作为对某些死刑的一种宽宥处理。加役流是三等流刑以外的一种特殊措施。流刑刑期届满，编入当地户籍恢复平民身份，一般不得回原籍。流刑允许依法以铜八十至一百斤赎免。

5. 死刑。死刑是剥夺罪犯生命的一种刑罚。唐律规定死刑分二等，即绞、斩。因绞刑可使死者保持尸体的完整，而斩刑会导致受刑者尸首分离，不能全尸，故斩刑为死刑之重者。绞、斩适用赎刑时皆纳铜一百二十斤。

上述法定五刑分为相互衔接的二十等，即笞、杖、徒刑五等，流刑三等，死刑二等。低一级的最高一等同高一级的最低一等相衔接，组成一个由轻而重，简单明了的刑罚体系，反映了古代刑罚设计的最高水平。

（二）十恶大罪

唐律继承隋《开皇律》的做法，将十种最严重的犯罪列在五刑之后，称之为十恶，置于整部律典的起始部分，反映了唐朝统治者对利用法律手段维护君主专制及封建伦理的高度重视。十恶大罪包括：谋反、谋大逆、谋叛、恶逆、大道、大不敬、不孝、不睦、不义、内乱。

十恶大罪每一种罪名的最高刑罚均为死刑，其中谋反、谋大逆、谋叛三种最严重的犯罪甚至株连亲属。其基本宗旨是维护君主的绝对权威，维护"三纲五常"的伦理道德。

（三）刑罚适用原则

1. 优待贵族官僚。唐律对贵族官僚的优待已形成一套完整的制度，其主要内容体现在《名例律》中对八议、请、减、赎、官当的规定。

（1）八议。唐朝对"亲、故、贤、能、功、贵、勤、宾"八议范围内的人，在犯罪处罚上予以优待。八议之人犯死罪时，各级机关不能直接处理，而必须将其所犯之罪及应议的情形，先奏明皇帝，由皇帝交付大臣集体商议，商议形成的意见再奏请皇帝决定。按照通例，一般死罪可以降为流罪，流罪以下自然减刑一等。但如犯十恶者，不适用上述优待。

（2）上请。上请是一种兼有程序及实体方面内容的法定优待方法。《名例律》规定："皇太子妃大功以上亲，应议者期以上亲及孙，若官爵五品以上，犯死罪者，上请。"即上述人员犯死罪，由有关官员列举所犯事实及符合上请规定的情形，指明应判死刑的等级，直接奏请皇帝裁决。如犯流罪以下减一等处罚。但如犯十恶、反逆缘坐、杀人、监守内奸、盗、略人、受财枉法等罪，不适用上请的规定及减刑的优待。可见上请适用的对象比八议广泛，但条件较严，范围较窄。

（3）减。指犯流罪以下，享有减刑一等的优待。《名例律》规定适用减刑的对象是"七品以上之官及官爵得请者之祖父母、父母、兄弟、姊妹、妻、子孙"。可见减刑规格低于上请（不适用于死罪），但享有减刑的对象比上请更宽泛。

（4）赎。指官员及其亲属犯流刑以下罪，可以用铜赎抵刑罚。《名律例》规定："诸应议、请、减及九品以上之官，若官品得减者之祖父母、父母、妻、子孙"，为可以适用赎刑的对象，前提条件是犯流刑以下罪。但也有限制，即优先适用官当之法。如犯流刑、反逆缘坐流、子孙犯过失（过失杀祖父母、父母）流、不孝流及会赦犹流等重罪，不适用减、赎的优待。

（5）官当。指官员犯某些罪被判徒刑、流刑者，可以用一定时期内撤免官职的方法来抵免刑罚。《名律例》"官当"条专门规定了适用官当的具体方法。

2. 划分公罪与私罪。唐律根据官员犯罪行为发生的情事及其主观状态，将犯罪划分为公罪与私罪两大类。所谓公罪，"谓缘公事致罪而无私曲者"。即官员在公务活动中触犯刑律构成犯罪，但主观上没有谋取私利以及不公正的故意，属公罪。所谓私罪，"谓私自犯及对制诈不以实，受请枉法之类"。即官员在非公务活动中实施犯罪行为以及对皇帝故意隐瞒、欺骗，不如实报告，受人请托，枉法裁判等，构成私罪。对公罪，法律规定在适用官当时有较多的优惠，处罚实际上会比私罪轻。其目的是保护各级官员的工作积极性，防止他们利用职权营私舞弊。

3. 老幼废疾减免刑罚。矜老怜幼是周秦以来一直实行的刑罚原则，唐律对此作了更为具体明确的规定。《名例律》规定诸年七十以上，十五以下及废疾（痴、哑、侏儒、折一肢、盲一目等），犯流罪以下，收赎，但如犯加役流、反逆缘坐流、会赦犹流者除外。"八十以上，十岁以下及笃疾（双目盲、两肢废及癫狂等）犯反逆、杀人等应死者，上请，盗及伤人者，亦收赎，余皆勿论，九十以上、七岁以下，虽有死罪，不加刑。"可见唐律是根据犯罪人的年龄、残疾程度以及罪行的性质，分别给予老年人、少年儿童、残疾人享受赎、上请以及不加刑的优待，以体现统治者恤刑的态度。

4. 自首减免刑罚。关于自首成立时，《名例律》规定，"诸犯罪未发而自首者，原其罪"。"原其罪"即免除刑罚。自首成立必须是犯罪未被发现之前，主动到官府投案交代问题。对于自首的各种不同情况，唐律作了若干具体规定：①"其轻罪虽发，因首重罪者，免其重罪"；②"因问所劾之事而别言余罪者"，其别言之罪亦按自首处理；③"自首不实及不尽者，以不实不尽之罪罪之"；等等。但自首减免刑罚的原则有例外，以下几种犯罪即使自首，也不能减免刑罚，如致人身体损伤，侵犯物权而无法原物偿还，犯罪案发后逃亡，偷越关卡，奸淫妇女和私自研习天文历法等。

5. 共同犯罪以造意为首。《名例律》规定："诸共犯罪者，以造意为首，随从者减一等。"明确指出二人以上共同犯罪区分首犯与从犯，其区分标准是犯罪意图的提出及犯罪的策划，对从犯比照首犯减一等处罚。但有例外情形，如"家人共犯，止坐尊长"，即家人共同犯罪，只处罚家长。"共监临主守为犯，虽造意，仍以监主为首。"某些性质最严重的共同犯罪，如谋反、谋大逆、谋叛、强盗等重罪，则不分首从论罪。

6. 同居相为隐。唐律在汉律"亲亲得相首匿"原则的基础上，确立了"同居相为隐"的刑法适用原则。规定凡同财共居者，大功以上亲属、外祖父母、外孙、孙媳妇、夫之兄弟及兄弟妻，都可以相互隐瞒犯罪，部曲、奴婢也可以为主人隐瞒犯罪，即使为犯罪人通风报信，也不负刑事责任。如小功以下亲属相为隐，则减一般人三等处罚。但谋反、谋大逆、谋叛者不适用此原则。

7. 涉外案件的处理。《名例律》规定："诸化外人，同类自相犯者，各依本俗，异类相犯者，以法律论。"即同一国籍的外国人之间的纠纷，要依据其本国法律处理；不同国籍的外国人之间的纠纷，则依唐律进行处理。这一涉外案件的处理原则，既照顾和尊重了外国及其他民族的法律传统与风俗习惯，也维护了唐帝国的国家主权和法律的尊严。

8. 类推的适用。唐律对于法无明文规定如何定罪量刑的问题，采取援引或比照相关律条适用法律类推的原则。《名例律》规定："诸断罪无正条，其应出罪者，则举重以明轻，其应入罪者，则举轻以明重。"例如，《贼盗律》规定："诸夜无故入人家者，笞四十；主人登时杀者，勿论"，若主人仅将无故夜入者折伤，虽法无明文之规定，但因此比杀死轻，自然应"举重以明轻"，不追究刑事责任。

二、民事法律

唐代并没有类似近现代大陆法国家的民法法典，但关于民事权利、侵权、违约责任、婚姻家庭方面的民事法律规范数量并不少。《唐律疏议》中的《户婚》、《杂律》、《厩库律》等律令中就有大量这方面的内容。

(一) 所有权的保护

1. 土地所有权的法律保护。土地是古代农业社会最重要的不动产。唐朝的土地所有权包括国有及私有两种形式。为保护土地所有权，唐律明确规定对各种侵犯土地所有权的制裁措施。如对"盗耕种公私田者"，按盗耕的田亩数处笞、杖刑直至徒一年半；如将公私田地冒认为己有并私自调换或出卖，按数量多少处笞刑、杖刑直至徒二年；各级官员倚仗权势侵占他人田地，处杖刑至徒二年半。

2. 动产所有权的保护。牲畜是农业社会最重要的动产之一。唐律规定："诸故杀官私牛马者，徒一年半"，故意或过失伤害他人牲畜，均应赔偿牲畜因受伤而损失的价值，即使牲畜在毁坏或吃官有或私有的东西时，也不能对其加以伤害。对即时杀伤牲畜者，比照故意杀伤罪减三等处罚，并赔偿牲畜主人因牲畜伤害而造成的损失，牲畜主人则赔偿被毁坏或被吃的东西。

3. 禁止非法占有遗失物和埋藏物。唐律称遗失物为"阑遗物"。法律规定拾得阑遗物，如满五日不送交官府，私自藏匿占有，则依法给予处罚。对埋藏物，唐律称之为"宿藏物"。如在他人土地内发现宿藏物，应告知土地主人，双方各得一半。如在自己或国有土地内发现宿藏物，则归发现人所有，但如发现的是古器钟鼎之类的宿藏物，就必须送交官府，由后者发给一定的报酬，如私自占有，应依法给予处罚。

（二）契约关系

唐朝是我国古代经济发展的鼎盛时期，商品交换比较发达，因而有合同关系的法律规范也较前代有所增加。唐律对买卖、借贷等合同关系都有相应的法律规定。

1. 买卖契约。关于土地的买卖。唐律规定要依法订立契约，并向当地官府申报、登记和验证。开元二十五年《田令》明确规定："凡买卖皆须经所部官司申牒，年终彼此除附，若无文牒辄买卖者，财没不追，地还本主。"[1] 说明土地买卖的有效成立，须有书面契约的"文牒"，并向官府申请、登记和验证。买卖奴婢、牲畜等重要的动产，也要按规定订立书面契约的"市券"，经官府登记许可。《杂律》规定，买卖奴婢或马、牛、驼、骡、驴已支付价款后，三日期满不订立契约者，买方笞三十，卖方减一等。如买卖双方已进行交易，市场主管官员不及时办理核准手续，则按延期天数予以处罚，每延期一天笞三十，每递增一天加一等，最高刑罚为杖一百。可见唐律规定重要动产的交易要选择书面合同形式，并经过登记核准。

2. 借贷契约。对借贷关系中的债权人及债务人的合法利益，唐律令均予保护。《杂律》规定："诸负债违契不偿"，按负债额及拖延的时间长短处笞、杖刑，同时责令债务人如数偿还。《杂令》规定民间借贷利率为：月利六分（6%）以下，并禁止复利，得息累计与本金相等，本利合计为原来的两倍时，停止计息。对债券的担保，法律规定如下方式：①允许债权人扣押债务人的财产，前提是债务人不能清偿到期债务，程序上要经官府批准；②如债务人无力偿还债务，允许"役身折酬"，即由男性亲属以劳役抵偿债务；③如债务人逃亡或死亡，由附属借贷契约的保人代为清偿。

（三）婚姻制度

1. 婚姻关系的成立。婚姻关系的成立，以"父母之命，媒妁之言"为原则，但也

―――――――――――
〔1〕《通典·食货二·田制下》。

有例外，如卑幼因公私之务在外娶妻成婚，也可以承认其事实婚姻为合法。通常，婚姻契约成立为婚姻关系成立的前置程序。婚姻契约的成立包括书面及口头的方式：一是女方家长以书面对男方缔结婚姻的书面请求表示同意，称为"报婚书"；二是女方对男方年龄、身体和身份等异常情况有所了解仍然同意订立婚约，称为"有私约"；三是女方接受男方作为聘礼的财物，称为"受聘财"。婚约契约成立后受法律保护，若女方悔婚，处杖六十，婚约仍然有效。"若男家自悔者，不坐，不追聘财。"[1] 但婚约关系的正式成立，仍然履行先秦两汉以来沿用的"六礼"程序。

2. 婚约关系成立的限制。唐律禁止特定人之间成立婚姻关系，包括：①同姓不婚；②非同姓但有血缘关系的尊卑亲属之间不得为婚；③不得娶逃亡妇女为妻妾；④监临官不得娶所监临女为妾；⑤良贱之间不得为婚。

3. 婚姻关系的解除。婚姻解除的形式主要有强制离婚和协议离婚两种。唐代的强制离婚，包括丈夫或夫家强制离婚和官府强制离婚两种。前者称为"出妻"、"休妻"或"弃妻"，唐律简称"出"，后者称"断离"。

（四）家庭制度

在家庭关系方面，唐律着重维护父权和夫权，对触犯父权及夫权的行为给予处罚。《唐律疏议·户婚》规定，凡祖父母、父母、子孙不得另立户籍或保有个人财产，违者徒三年。《斗讼律》规定，子孙违反教令及对祖父母、父母供养不足，徒两年。除法律另有规定外，子孙告发祖父母、父母的，处绞刑。在夫妻关系上，唐律规定妻在家庭中与夫的地位相比，"义同卑幼"。夫妻双方互相侵犯的，在法律上实行同罪异罚，如妻殴打、控告丈夫的行为属"十恶"中的"不睦"大罪，杀夫属"十恶"中的"恶逆"大罪，妻对去世丈夫"匿不举哀"等行为，属"十恶"中的"不义"大罪。可见凡妻对夫的殴打、告发、杀害、不敬等行为，均属唐律严惩的对象。相反，夫对妻实施同样的行为，通常可获减轻处罚甚至不认为是犯罪。

（五）继承制度

对家庭财产的继承，唐律令规定，家长所有的田宅及财物，由兄弟平均分配，但妻从家所得之财，不得分割。如兄弟中有死亡者，由其子继承父亲应得的份额；如兄弟都死亡，则由他们的儿子平均分配；如兄弟未娶妻，还可另外分得一分聘财，未婚的姊妹则可分得未婚兄弟聘财的一半作为妆奁；如守寡的妻妾无子，可继承其夫应得的份额。可见唐律以男性子孙为财产法定的第一顺序继承人，妻、女只有在特定情况下才可以分得一部分遗产。

三、经济法律

随着社会经济的发展，唐朝政权在土地、赋役、工商业等方面的立法也有所加强。

---

[1]《唐律疏议·户婚》。

（一）均田法

唐高祖武德七年统一全国后，即颁布计口授田的均田法，规定丁男（十八岁以上）和中男（二十一岁以上），各受永业田二十亩，口分田八十亩，老男（六十岁以上）、笃疾及废残者各四十亩，寡妻妾各三十亩，均为口分田，如是户主，加二十亩永业田。僧人、道士、女尼等也可分得一定的口分田。王公贵族和各级官员，可按官品爵位依法分配六十至一百亩的永业田，一至九品官员，还可分配一定数量的职分田和公廨田。按均田法规定，受田者死亡后，永业田可由子孙继承，口分田则由国家收回，因而口分田是不允许买卖的。《唐律疏议·户婚》规定："诸卖口分田者，一亩笞十，二十亩加一等，罪止杖一百，地还本主，财没不追。"同时，为了保证国家掌握足够的土地，法律规定除地广人稀的地区外，禁止"占田过限"，即禁止拥有超过均田法所规定的授田数额。但随着国家掌握的官地逐渐减少以及土地私有制的扩张，至唐中后期，均田法实际上名存实亡。

（二）赋役法

赋税和力役是封建国家主要的财政来源，历代统治者都十分重视赋役立法。唐代以均田制的实施及破坏为背景，先后颁布了租庸调法和两税法。

1. 租庸调法。租庸调法始于隋朝，唐高祖武德七年，在实施均田制时重新制定颁行。租，即每个受田的成丁男子每年纳租粟二石或稻三石；调，即随乡土所产，蚕乡每丁每年纳绫或绢二丈，棉三两，非蚕乡纳布二丈五尺，麻三斤；庸，即每丁每年服役二十日，如不服役，每日纳庸三尺或布三尺七寸五分。上述规定为正常年份的赋役负担，如遇国家有事或自然灾害导致减产失收，赋役负担可依法增减。

2. 两税法。唐朝中后期，均田制遭到严重破坏，大量失去土地以及未获足额授田的农民无力承担租庸调法下的赋役义务，国家财政收入大幅下降。为解决财政危机，唐德宗建中元年（780年），宰相杨炎主持制定两税法。两税法取消了原来租庸调法按人丁为依据征收赋役的做法，改为以户为单位，按土地、财产多少分别征收地税和户税两项。其具体内容包括：①"量出以制入"，统计国家各项财政开支总数，据此确定应收赋税总额，再分摊各地民户进行征收；②不论主户、客户，一律编入现住地户籍，根据资产多少确定户等并纳税；③税额按资产及田亩数确定，每年分夏、秋两季征收，过去的租庸调及一切原杂税一律废除；④户税按户等纳钱，地税按占田多少纳粟。两税法按土地及财产征税的做法，有利于税收的均衡负担，是符合当时实际的措施。执行的结果是朝廷的税收有明显的增加，对稳定唐王朝的统治起了一定的作用。

（三）工商业管理的立法

1. 产品质量管理。唐律规定销售手工业产品须符合质量、规格方面的要求，"诸造器用之物及绢布之属，有行滥、短狭而卖者，各杖六十"[1]。如出售质量低劣、尺寸短缺的产品而获暴利，要按照其获利的数额按盗窃罪处罚；市场及州县主管官员知情而不处理的，与销售及贩卖者同罪；如未能及时发现，减二等处罚。

2. 市场秩序管理。为了维护公平的市场交易秩序，唐代规定在市场使用的度量衡器具必须经官府检验加印。如在市场交易中使用私自制造的度量衡器具不准确，以及该不准确的度量衡导致称量的货物数量有出入，或者在市场使用的度量衡器具虽然准确，但未经官府检验加印，均属应受处罚的违法行为。违反公平交易原则的各种行为，诸如强买强卖、操控物价、价格欺诈等也为法律所禁止。市场官员评定物价不公平，根据其差额，按坐赃论处，如自己从中获利，则按盗窃罪追究刑事责任。

四、行政法律

唐律的行政法律，比以往各朝代更为详密，对于行政管理体制、机构设置、官员编制以及官员的选任考课等均有详细规定。

（一）行政体制

1. 三省六部制。三省即尚书省、中书省和门下省，六部包括吏、户、礼、兵、刑、工六部。唐朝以三省为中央最高政务机关，在皇帝的直接控制下掌管全国政务，其中尚书省为最高行政机关。六部是直属于尚书省的政务执行机关，分别掌管全国各方面的行政事务。

中央机关除三省六部外，还设置九寺五监，分别负责贯彻执行相关的政令。九寺包括太常寺、光禄寺、卫尉寺、宗正寺、太仆寺、大理寺、鸿胪寺、司农寺、太府寺，五监包括国子监、少府监、军器监、将作监、都水监。

2. 地方行政体制。唐朝地方行政机构实行州、县两级制，州设刺史，县设县令，均由中央任免，三年一任，一般不得连任。县下设乡、里、村等基层组织，城市设坊等居民组织。乡设乡长，里有里正，乡下居民分散地区设村，村设村正。里正与村正，负责劝课农桑、收纳赋税、摊派兵役、维护治安等事项。坊设坊正，负责坊内居民的生产、治安、税收等事项。

（二）官吏管理制度

1. 科举取士制度。唐朝沿用隋朝的科举制度，设立的考试科目主要有秀才、明经、进士、明法、明书、明算六科，其中以明经、进士两科最为热门。考试每年举行一次，称"岁举"，考生来源于国子监、地方州县各级学校推荐的"生徒"以及州县考试合格后推荐的"乡贡"。岁举或称常举，为科举考试的主要方式。但唐朝参加岁举考试通过后，只取得任官资格，要获得官位，还须参加吏部主持的考试，称"释褐试"（"释

---

[1] 《唐律疏议·杂律》。

褐"即脱去布衣，换上官服）。吏部考试选任文官的标准包括四个方面，即"择人之法有四：一曰身，体貌丰伟；二曰言，言辞辩正；三曰书，楷法遒美；四曰判，文理优长。四事皆可取，则先德行；德均以才，才均以劳。得者为留，不得者为放"[1]。可见吏部的第二次考试包括面试和笔试，外表、口头及书面表达能力是重要的用人标准。

科举考试的另外一种形式称"制举"，即由皇帝根据需要临时订立名目，下诏选举"非常之才"，考试制举者可立即获得升迁，无官者也可由吏部授予官职，但制举入仕并不受青睐。

2. 官吏考课制度。考课，是指按一定标准，对各级官员的品质、才能、勤劳、功过等进行考核，评定等级，作为升降赏罚的依据。每年年终以前，由各部或本州考核所属官员政绩，分别评定等次，送呈尚书省，由皇帝指定大臣进行考核，其结果作为奖惩升降的依据。关于考试的标准，《唐六典》卷二《吏部》考功郎中条规定为"四善二十七最"。"四善"即"德义有闻，清慎明著，公平可称，恪勤匪懈"。"二十七最"为不同部门官员的具体评定标准，如"献可替否，拾遗补阙，为近侍之最"；"铨衡人物，擢尽良才，为选司之最"；"扬清激浊，褒贬必当，为考核之最"；"推鞫得情，处断平允，为法官之最"；等等。

五、唐律的特点和地位

（一）唐律的主要特点

1. 依礼制律，礼法合一。唐律继承自西汉就开始的法律儒家化的运动，将儒家的纲常礼教、伦理道德作为立法的指导原则，并将这些原则直接引入律文，正式完成了礼和法的结合。所谓"一准乎礼"，就是后人对唐律这一特点的高度概括。表现在：①唐律的制定完全以儒家的纲常礼教为指导思想，违背封建礼教基本原则"三纲"的行为，在唐律中被规定为"十恶"重罪单独列出，充分体现唐律维护礼教的立法本质。②唐律定罪量刑的原则以纲常礼教为依据确立。如"八议"见于《周礼》的"八辟丽邦法"，"同居相为隐"源于孔子主张的父子相为隐，亲属相犯"准五服以治罪"，出自《仪礼》的丧服制度，等等。③对唐律的注释疏议大量引用儒家经典，充分说明法律与礼的一致性。

2. 科条简约，内容完备。唐代定型的基本律典只有十二篇五百条，充分体现了"简约"、"易知"的要求，反映了古代法典编纂技术的最高水平；同时以令、格、式与律相互配合，内容包括了社会生活的各个方面，涉及刑事、民事、经济、行政、诉讼等各个法律部门，共同构建了完备的法律体系。

3. 刑法持平，刑罚适中。唐律所规定的罪名与刑罚，无论与前代还是其后的宋元

---

〔1〕《新唐书·选举志下》。

明清相比，都是最为轻省的。唐律规定的法定五刑制度，笞、杖刑均为比较规范的独立刑，徒、流刑属有期限的劳役刑，死刑限定为相对较文明的绞、斩两等，这比前代以肉刑为主的旧五刑大为减轻。而唐朝之后的宋元明清时代，在新五刑基础上增加了凌迟、刺配、充军等刑罚，同样比唐朝严酷。因此唐代的刑罚在古代无疑是最为宽缓适中的。

（二）唐律的历史地位

唐律是我国到目前为止保存下来的最早、最完整的封建律典，它产生在我国封建社会的鼎盛时期，是中国封建社会前期法律的集大成者，对后世宋元明清各代的立法有深远的影响。唐律在中国法制史上起着承上启下的作用，占有非常重要的历史地位。

唐律对亚洲一些国家的封建律典也有很大影响，唐帝国是当时世界上最为强盛的国家之一，吸引了大量的外国人到中国学习，这些人员在学习中国文化的同时，也把唐律带回了本国。日本、朝鲜和越南的律典，基本上是模仿唐律制定的，由此在世界法系中形成了以唐朝为核心，覆盖东亚地区的、独具特色的中华法系。

第四节　唐朝司法制度的完备

唐朝继承和发展了秦汉以来的经验，建立了一套完备的司法制度。

一、司法机关

唐朝中央司法机关主要有大理寺、刑部和御史台。大理寺是中央最高审判机关，负责审理中央百官犯罪及京师徒刑以上案件，对刑部移送的地方死刑案件有重审权。刑部是中央司法行政机关及审判复核机关，除主管司法行政事务外，还参与重大案件的审判，对大理寺判决的徒、流案件及州县上报的徒刑以上案件有复核权。御史台是中央最高监察机关，下设台院、殿院、察院三院。台院负责监察中央百官，参与大理寺的审判，处理皇帝直接交办的案件；殿院负责纠察、监督中央百官违反礼仪的行为；察院则负责地方州县的监察工作。

上述三机关分工负责、互相监督制约，遇重大案件则由皇帝命大理寺卿、刑部尚书、御史中丞共同审理，谓之"三司推事"。对于地方之特别重大案件，如不便解送中央审理，则派监察御史、刑部员外郎和大理寺评事前往就地审理。

地方司法权仍然是由行政长官执掌，州一级为刺史，县为县令。在州一级专门设有司法参军、法曹参军负责受理刑事案件，司户参军受理民事案件。县一级设有司法佐、史，协助县令处理司法事务。唐代基层分设乡正、里正与村正，负责地方治安，并有权处理轻微的刑事案件与调解田土、婚姻等民事案件。

二、诉讼制度

（一）诉讼程序

唐律对诉讼程序的提起及程序的推进均有详细的规定。从维护封建专制皇权和封建纲常礼教的目的出发，唐律规定对谋反、谋大逆、谋叛等严重犯罪，任何人在任何情况下均必须主动告发，但对其他一般犯罪，具有某种特定身份的人的诉权受到限制或被剥夺。例如，卑幼及奴婢不得控告尊长或主人；在押犯人除允许告发谋反之类重罪及狱官虐待外，无告诉权；年八十岁以上老人，十岁以下幼儿以及笃疾者，除允许告发子孙不孝、被人侵害及谋反之类犯罪外，其他一律不得控告。对于无告诉权人提起告诉的案件，司法官员违法受理者，要被处以"减所理罪三等"的处罚。

上诉的提出必须自下而上逐级进行，不得违法越级上告。越诉及受理越诉各笞四十，应受理而不受理者笞五十，有重大冤屈不能按正常程序申诉者，可以向皇帝直接告诉。但因直诉而冲撞皇帝仪杖者，杖六十，告诉不实者，杖八十。

（二）审判制度

1. 刑讯制度。刑讯逼供仍然是一种合法获取口供的审讯方法。但唐律要求刑讯逼供应当是在不得已的情况下的最后选择。《唐律疏议·断狱》规定："诸应讯囚者，必先以情，审察辞理，反复考验，犹未能决，事须讯问者，立案同判，然后拷讯。"执行刑讯时应受法律规定的限制，如拷问不得超过三次，总数不得超过二百。对于享有议、请、减特权者，七十岁以上老人，十五岁以下儿童以及残疾人，怀孕及产后不满百日的妇女，皆不得进行拷问。对于违法实施刑讯者，要依法追究有关人员的责任。

2. 证据制度。唐律对被告人的供述与其他证据的关系也有切合实际的规定，《唐律疏议·断狱》指出："若赃状露验，理不可疑，虽不承引，即据状断之。"即只要证据确实充分，相互之间没有矛盾，即使被告人拒不认罪，也可以根据证据定罪量刑。而对于那些法律规定不得拷讯而拒不认罪的被告人，则必须"据众证定罪"，即至少有"三人以上明证其事"，方可依法定罪。对于证人资格，唐律规定"年八十以上，十岁以下及笃疾，皆不得令其为证"，即无完全责任能力的人不能充当证人。

3. 法官责任制度。按照法律规定，唐代司法人员在诉讼程序中负有下列主要义务：①回避的义务。司法官员与当事人有亲属关系、师生关系，均属法定回避的情形，应依法回避。②据状审讯，不得别求他罪的义务，即司法人员在控告的范围内审理案件，不得滥用审判权。③依法断案的义务。即司法人员在定罪判刑时，必须引用律、令、格、式正文的规定，说明判决的依据。

4. 刑罚执行制度。对判决的执行，因刑罚不同而有所区别，较轻的笞、杖刑在县执行；判徒刑者，在京师者男犯送将作监，女犯送少府监服劳役，在州县者，送当地官府服劳役；判流刑者要立即送到配所执行；对死刑判决的执行，须奏请皇帝审批。除谋反、谋大逆、谋叛、恶逆及部曲、奴婢杀死主人等死刑判决一复奏即可执行外，中央和京师所在地的死刑判决，须向皇帝"五复奏"，地方州县的死刑判决，须向皇帝"三复奏"，待皇帝批准下达三日后才能执行。

第五节　五代时期的法律制度

唐朝中后期相继出现了安史之乱、藩镇割据和宦官专权等严重局面，社会经济状况恶化，政治法制日趋腐败，阶级矛盾激化，最终爆发了全国规模的农民起义。在镇压农民起义的过程中，地方藩镇割据势力进一步扩张，最终取代了唐朝统一的局面，开始了五代十国的分裂时期。自公元907年朱温自立为帝至公元960年赵匡胤称帝建立宋朝帝国的五十多年间，北方中原地区先后建立后梁、后唐、后晋、后汉、后周五个割据政权，同时在南方以及北方山西一带，也分别建立了吴、吴越、前蜀、闽、南汉、荆南、楚、后蜀、南唐、北汉十个政权。自唐朝灭亡至宋朝建立这一段分裂割据的时期，历史上称之为五代十国。

一、立法活动及其主要特点

五代十国时期，以北方五代政权为代表，在唐朝法律的基础上进行了一些立法活动。包括：后梁开平四年（公元910年）十二月完成的《大梁新定律令格式》，后唐同光二年（公元924年）编撰的《同光刑律统类》，天成年间（公元926～929年）完成的《天成长定格》，清泰二年（公元935年）制定的《清泰编敕》，后晋天福四年（公元938年）完成的《天福杂敕》，后周显德五年（公元958年）编成的《大周刑统》。《大周刑统》直接效仿唐宣宗时的《大中刑律统类》，将后唐至后汉的编敕以及后周初年所定的制敕等加以修订，正式确立了刑统的法典地位，是古代法典体系的一大改革，直接影响到其后《宋刑统》的制定，是五代时期最为完整的一部法典。

五代的立法特点，受当时割据战乱、政局不稳情势影响，所制定的法典法规也比较简单粗糙，在形式上主要有两个特点：一是盛行"编敕"，自唐朝后朝以来，开始热衷于编制"格后敕"。五代时期，各个政权的统治不稳定，无暇编定律典，而皇帝的制敕可以随时因人因事立法，既可以改律，也可以废律，其立法程序简便，自然就成为皇帝立法的首选。制敕颁布得多，难免有重复矛盾之处，于是通过编敕使之系统化就成为一项经常性的工作。二是确立"刑统"的法典地位，以律为主，将有关敕、令、格、式汇集在一起，加以分门别类，编成一部法典，谓之"刑统"。这既是五代时期立法的特点，也是其立法的主要成就。这种立法方式巧妙地将后世君主的个人意志与前代君主的意志一道上升为国家的正式法律，满足了皇权无限扩张的需要，对后世宋元明清的立法活动有深远的影响。

二、法制内容的主要特点

五代时期是中国历史上又一分裂战乱时代，由于社会动荡，政权不稳，社会矛盾与阶级矛盾比较尖锐，各个割据政权都不约而同地选择了重刑政策，确立了严酷残暴的刑法制度，表现在：

（一）刑罚普遍加重

为了镇压各种反抗活动和危害军阀统治的行为，五代政权在刑罚方面推行加重的原则。如对于强盗罪，唐律主要是根据取财多少及伤人情况决定量刑的幅度，《唐律·贼盗律》"强盗"条规定，对于没有取得财物的强盗犯罪，仅徒刑二年，持杖者，处流三千里。但五代时期，对强盗犯罪一般不问后果及情节，一律判处死刑。如后周显德五年敕规定："今后应持杖行劫，不问有赃无赃，并处死。"[1]

（二）刑罚手段残酷

五代沿用隋唐的五刑制度，但又另增设刺面、决杖、配流，更有断舌、决口、断筋、折足等肉刑。死刑增设腰斩外，还有凌迟。其直接原因是五代统治者认为政权不稳，如不采用酷刑就无法巩固其统治。酷刑使五代的刑罚制度出现严重倒退，并造成了中国古代史上一个极为黑暗的时代。

---

〔1〕《宋刑统·贼盗律》。

第 六 章

宋辽金元的法律制度

宋朝建于公元 960 年，灭于公元 1279 年，前后共三百二十年的历史。宋朝又分为北宋与南宋。公元 960 年，后周大将赵匡胤发动陈桥兵变，夺取后周政权，建立了北宋王朝，赵匡胤即宋太祖。公元 1127 年北宋为金所灭。同年，宋高宗赵构仓皇南逃，定都临安，即今杭州，史称南宋。南宋于 1279 年为元所灭。

第一节 宋朝的立法概况

在中国两千多年的封建历史中，就法制成果来看，两宋是继唐之后成就最辉煌的时代，出现了一批对后世极有影响的思想家，如北宋的程颢、程颐两兄弟，宋明理学由他们倡导，到南宋由朱熹将其发展至顶峰，称为"程朱理学"。由于他们对儒学的发展，与中国封建社会后期统治阶级强化中央集权和加强思想控制的需要相一致，所以备受封建统治者的尊崇，尤其是其重刑主义和刑罚威胁主义思想，自宋以后便成为支配着我国封建刑事立法的指导思想，并对明、清两代影响甚大。同时，在批判理学方面，出现了以陈亮、叶适为代表的功利主义重商学派，他们反对理学，反对"存天理，灭人欲"，主张"义利并重"，反对"重本抑末"（即重农抑商），主张"通商惠工"，"以国家之力扶持商贾"。在政治改革方面，致力于变法改革，以期富国强兵的改革派政治家有范仲淹、王安石等。他们主张"立善法"、"以法绳天下"。与此相对立的保守派政治家有司马光等。改革派与保守派实力此消彼长，反映在司法制度上，使得作为中央司法机关之一的大理寺职能的确立反复多次。这些思想家、政治家们的斗争及其成果，对宋朝及后世的法律制度产生了深远的影响。宋朝的立法指导思想可以从以下几个方面来分析：

一、利用法律手段加强中央集权

由于五代时期国家深受藩镇割据之害，中央政府大权旁落，对国家的控制力大为减弱，所以宋太祖登基后，竭力用法律手段加强中央集权，防范地方权力的扩张，建国伊始便强调"王者禁人为非，莫先法令"[1]。他说的"事为之防，曲为之制"[2] 更被后世皇帝视为不可逾越的遗训。他把宰相的职权分散，以中书门下为最高行政机关，枢密院为最高军事机关，三司（盐铁司、度支司、户部司）为最高财政管理机关。三个机构共同行使宰相职权，对藩镇节度使"稍夺其权，制其钱谷，收其精兵"[3]，以防止地方专权，对抗中央。这些措施虽然加强了中央集权，但地方军政无能，导致抵御外侮的力量大大削弱。南宋思想家叶适在《兵总论二》中写道："养兵以自困，多兵以自祸，不用兵以自败，未有甚于本朝者也。"这样的特点与弊端，使得宋朝的社会矛盾一开始就比较激烈，也促使统治者倾向于用严刑峻法来治理国家。

二、"立法严，用法恕"

宋朝初年，太祖、太宗强调治国以"重典"的立法指导思想。"宋兴，承五季之乱，太祖、太宗颇用重典，以绳奸慝。"[4] 表现在刑罚上为适用流配、刺面、凌迟等酷刑。但同时，在司法上却以宽仁为治，皇帝亲自断案时，"务底明慎，而以忠厚为本"，"故立法之制严，而用法之情恕"[5]。也就是说，法律规定虽然严苛，但在适用法律时却主张从宽。

三、推行"以法为治"

与其他朝代相比，宋朝特别强调法制对治国安邦的作用。宋人陈亮曾就汉、唐、宋三朝法制进行比较："汉，任人者也；唐，人法并行也；本朝，任法者也。"[6] 法律被看做是"理国之准绳，御世之衔勒"[7]。宋仁宗说"法制立，然后万事有经，而治道可必"[8] 同时，统治者还特别重视要求官吏学法、懂法，并制定规范考核官吏的法律知识。北宋时，在科举考试中设书判拔萃科、明法科，"进士及诸科引试日，并以律文疏卷问义"[9]。并且太宗、神宗等皇帝要求官吏认真研习法律，地方官在任期满赴京续职时也要进行法律考试，"秩满至京，当令于法书内试问，如全不知者，量加殿罚"[10]。在执法者与法的关系上，王安石在《临川先生文集》里曾说："制而用之存乎法，推而行之存乎人。""吏不良，则有法而莫守。"欧阳修的《欧阳文忠公集》亦有

---

〔1〕《宋史·吕夷简传·附公子弼传》。
〔2〕李焘《续资治通鉴长编》卷一七。
〔3〕李焘《续资治通鉴长编》卷二。
〔4〕《宋史·刑法志》。
〔5〕《宋史·刑法志》。
〔6〕《陈亮集》卷一一，《人法》。
〔7〕《宋会要·选举志》。
〔8〕《续资治通鉴长编》卷一三四，庆历三年九月。
〔9〕《续资治通鉴长编》卷二十。
〔10〕《宋会要·选举志》。

言："治国用法，行法用人。"

四、民事专门法的发展

宋代由于朝廷对土地"不抑兼并"，使土地买卖盛行。统治者改变了传统的"重农抑商"政策，从而带动了商品经济的迅速发展。宋建立后，将全国户口分为主户和客户，佃户虽无产也编入客户，不再是地主的私人财产，而成为国家的编户齐民；商人也不再列入"市籍"，而成为国家的编户平民，被认为是"能为国致财者也"。佃户与商人都具有民事主体的地位。社会上，人们传统的义利观也由重义轻利转向义利并重。太宗曾召集大臣议"政丰之术"，并以"通商惠工"作为为政的要旨。宋神宗曾下诏曰："政事之先，理财为急。"在统治者的推动之下，一系列开放市场和禁止勒索商人的法律颁布实施，使得商业繁荣，民间私产增多，对于私有财产所有权的保护也日益重视。例如，对于民间发生的田土争端，官府不再视为"细故"，而是强调"治道以民事为急"[1]。《宋刑统》与《唐律疏议》相比，调整民事法律关系的条款明显增加，如《户婚律》中增设"户绝资产"门、"死商钱物"门、"典卖指当论竞物业"门、"婚田入务"门。同时，出现了一系列专门的民事立法，如《户绝条贯》、《遗嘱财产条法》、《元丰市舶法则》、《户绝田敕》、《户婚敕》等。

第二节　宋朝法律制度的主要内容和特点

一、《宋刑统》的制定

《宋刑统》是中国历史上第一部刊版印刷的封建律典，它是在宋太祖建隆四年（公元963年）制定颁布的，所以全称为《宋建隆重详定刑统》。从建隆四年二月，工部尚书窦仪提出修改当时适用的后周《显德刑统》（《大周刑统》）的建议，到当年八月刊版印刷颁行天下，前后仅半年时间。

《宋刑统》仿照唐末宣宗时的《大中刑律统类》、后唐的《同光刑律统类》和后周的《显德刑律统类》编订，共三十卷，十二篇，五百零二条。在具体编纂上，仍以传统的刑律为主，同时将有关的敕、令、格、式等条文，分类附于律文之后，使其成为一部具有概括性和综合性的法典。同时在十二篇的五百零二条文中又分为二百一十三门，将性质相同或相近的律条及有关的敕、令、格、式等条文作为一门。这是秦、汉、唐以来法典编制体例上的一大变化。就其律文内容来说，除"折杖法"外，基本上是唐律的翻版，篇目、条文数与唐律完全相同，甚至连律疏也一并照搬。

《宋刑统》自颁行后，虽经神宗、哲宗、高宗数次修订，但历朝皇帝均以其为祖宗

---

[1]《宋季三朝政要》卷一。

成法而恪守不怠，未进行过大的变动，成为"终宋之世，用之不改"的法典。

二、编敕和编例

由于《宋刑统》长期得不到修改，法律在很多方面有不合时宜之处，只能通过敕、例的方式进行修正。所以，经常性的编敕活动是宋朝立法的特点之一。律、敕并行，既保持了法律的稳定性，又发挥了灵活性。

（一）编敕

敕是皇帝针对特定的人或事随时发布的命令。这些临时颁布的敕称为"散敕"，并非一经发布即具有普遍的法律效力，而是"必经凤阁鸾台始名为敕"，即经由中书省（凤阁）制论，门下省（鸾台）封驳，再经皇帝颁布，才成为通行全国的敕。也就是说，编敕是指"散敕"经过专门机构的编修，删除矛盾繁复之处，通过一定程序加以公布，赋予其调整普遍社会关系的法律效力。"宋法制因唐律、令、格、式而随时损益则有编敕。"[1] 相对于律来说，编敕具有优先使用的效力。宋朝的编敕与编例数量特别繁多。宋朝自太祖时起便开始编敕，《建隆编敕》一百零六条与《宋刑统》并颁天下。太宗以后，陆续颁行《太平兴国编敕》十五卷，《淳化编敕》三十卷，《咸平编敕》十二卷，《大中祥符编敕》三十卷，《天圣编敕》十二卷，《庆历编敕》二十卷，《嘉佑编敕》三十卷。神宗时，还制定颁布了《元丰编敕令格式》有两千零六卷之多。自太祖建隆四年到南宋宗宝二年（公元1284年）的二百九十年间，先后修订法典二百四十种，其中编敕占总数的百分之八十以上。由此可见，编敕是宋朝最经常、最重要的立法活动。

（二）编例

例即成例，有两种情形，一是断例，即先前案件审理形成的判决，经过一定的程序编纂后，成为处理类似案件的一般规则。二是"指挥"，是指将皇帝"特旨"和尚书省等中央官署对下级机关的指令编类为例，可作为下级机关以后处理类似公事的依据。编例就是朝廷对一些有代表性的案件或"指挥"进行编纂，形成断例或事例。宋朝实行"引例断案"，指可以援引断例或事例作为处理案件的法律依据。例本是补法之不足，所谓"法所不载，然后用例"，但宋神宗以后，"御笔手诏"等特旨和"指挥"的地位渐高，出现了"吏一切以例从事，法当然而无例，则事皆泥而不行"的"引例破法"[2] 现象。

编敕与编例是一种立法活动。编敕使皇帝的临时诏令上升为法律，使皇权得到强化；而编例则是赋予断例以一般法律效力。由于二者具有灵活性，因而可以弥补律文

---

〔1〕《宋史·刑法志》。
〔2〕《宋史·刑法志》。

之不足，防止"法外遗奸"，并为明、清立法所借鉴。

第三节　宋朝司法制度的变化

一、司法机关

（一）中央司法机关

宋朝最终确定的司法机关有刑部、大理寺、御史台。大理寺为中央审判机构；刑部为复核机构；御史台是执掌"纠察官邪，肃正纲纪"职责的最高监察机关，也具有司法监督和审判重大疑难案件的职能，并主要管辖命官和司法官犯罪的案件。凡是违法失职的官吏在送大理寺审判以前，先由御史台侦讯。对于重大疑难案件，御史台派御史参与大理寺的审理，以便行使监察权。御史台还设有拘禁犯人的场所，称为台狱。宋太祖改变了唐代中央监狱设在大理寺的传统，于御史台设狱。大理寺不设狱的做法，对元、明、清各代产生了深远的影响。

大理寺作为审判机关，其职能范围的确定几经周折。宋太宗时曾于皇宫中设审刑院，大理寺权归审刑院，只"谳天下奏案而不治狱"，即只书面审查地方上奏案，不再审判。经刑部复核后的案件，须送至审刑院详议，再奏请皇帝批准。到神宗元丰改制时，任用王安石变法。为解决机构臃肿的问题，撤销审刑院，恢复大理寺主管审判的职能。但神宗去世后，以司马光为首的保守势力主政，元祐三年（公元1088年）再"罢大理寺狱"。宋哲宗亲政时，改革派势力又占上风，于是绍圣三年（公元1096年）"复置大理寺右治狱，官属视元丰员，仍增置司直一员"[1]也就是说，哲宗按照神宗时的做法，恢复了大理寺的职权。至此，经历百余年的斗争，中央司法机构的设置及职能分工才最终明确下来。

另外，皇族宗室人员犯法，在京师由大宗正司受理，在外地，由外宗正司受理，徒以上由皇帝下旨裁决。军人犯法也由专门机关审判。这些专门机关有：枢密院、殿前司、侍卫马步军司、经略安抚司、总管司、都监、监押等。

（二）地方司法机关

宋的地方司法机关，于京畿地区设提点开封府界诸县镇公事，执掌京畿地区内县、镇司法刑狱，南宋时称提点京畿刑狱。由于宋地方政权分为路、州、县三级，路设提点刑狱司，作为中央在地方各路的司法派出机构。提点刑狱司简称"提刑"，其日常职责是"凡管内州府十日一报因帐，有疑狱未决，即驰传往视之"，"所至审问囚徒，详

---

〔1〕《宋史·刑法志》。

复案牍，凡禁系淹延而不决，盗窃逋军而不获，皆劾以闻，及举刺官吏之事"[1]，且拥有对诸州大辟案的复核权，并对诸州监禁人犯及审案情况进行监督。"提刑"（提刑按察使）是一个监督州县司法工作的官职，后世的巡抚使即由"提刑"发展而来。州设司寇院（后改司理院），长官为司寇参军，专"掌狱讼勘鞫之事，不兼他职"判处徒、流刑的案件。县由知县或县令兼理司法，可判决杖以下刑罚。

二、诉讼审判制度

宋朝在告诉的方式、告诉的限制以及程序方面基本沿袭唐制。

（一）刑事诉讼

1. 起诉的方式。提起诉讼的方式有三种：一是由被害人自行起诉；二是被害人亲属或以外的知情者向官府告发；三是犯罪人自首。

2. 起诉的限制条件。

（1）告诉人的年龄：宋初时限制在八十岁以下，十岁以上，后将上限改为七十岁。

（2）身患重病或怀孕的妇女不得起诉。

（3）非利害关系人不得告诉。《宋会要·刑法》中说："讼不干己事，即决杖，枷项令众十日。"

（4）人命重案，须有死者亲属告诉。

3. 诉讼的格式要求。诉状须有在官府注册的"书铺"按一定格式统一书写。"不经书铺不受，状无保识不受，状过二百字不受，一状诉两事不受。"[2]

4. 直诉。直诉指不经正常的诉讼程序，直接向朝廷申诉冤屈的诉讼方法。由于中国古代有严禁越级上诉，否则受罚的制度，当事人只有在迫不得已、案情较重、有冤无处伸的情况下才采用这种手段。宋代清官包拯任开封知府时，改革了告状人不得进入官门、只能书状交与守门吏役的旧规，大门正开，让告状人得以直接上庭，"自道曲直"。另外，宋还延续历代相承的"登闻鼓院"、"登闻检院"的设置。登闻鼓，即于朝堂外挂一面大鼓，有欲申冤者，可击鼓上闻。登闻鼓是直诉的一种方式。

5. 纠诉。除被告人自己告诉以外，官府的纠诉在刑事诉讼中也有重要作用。宋朝时经常派使臣巡察各地纠举犯罪，同时还建立了监司互相察举制度，以彼此监督。

（二）民事诉讼

1. 要求民事诉讼的原告人必须是本案的利害关系人，法律禁止非直接利害关系人提起诉讼。亲属间的民事纠纷，可以互相起诉，甚至出现了卑亲属告尊亲属分产不平的案件。这是宋以前和以后的朝代都没有的，它是宋代商品经济繁荣的结果，也是新

---

〔1〕《宋史·刑法志》。
〔2〕 黄震《黄氏日钞》之《公移·词讼约束》。

的义利观在民事诉讼中的反映。

2. 民事诉讼须在法定期间提起。如"所有论竟田宅、婚姻、债负之类（原注：债负谓法许征理者），取十月一日以后，许官司受理，至正月三十日住接词状，三月三十日以前断遣须毕，如未毕，具停滞刑狱事由闻奏。如是交相侵夺及诸般词讼，但不干田农人户者，所在官司随时受理断遣，不拘上件月日之限"[1]。这就是农忙时期禁止民事诉讼的"务限法"。另外，对于土地房产纠纷，契约不明，钱主或业主已死的，超过二十年，官司不得受理。

3. 不得越诉。沿袭唐律"越诉及受者，各笞四十"。但敕令却有所放宽。徽宗以后，对于地方官非法科敛百姓，允许越诉。南宋时规定，凡是川、陕民冤抑者，可以"经宣抚处置司陈诉"。为保证商品经济的发展，打击地方官非法征税侵害商人的行为，规定"本司不觉察，许被扰人径诣尚书省越诉，即先将漕臣重置典宪"[2]。

三、刑罚的变化

（一）重罚"盗贼"与"重法地法"

"盗"分为窃盗与强盗，与以前的封建王朝相比，宋严惩"盗贼"的刑罚尤为突出。宋哲宗元符年间，侍御史陈次升对宋刑罚的评价是"祖宗仁政，加于天下者甚广，刑罚之重，改而从轻者至多，惟是强盗之法，特加重者"[3]。也就是说，对一般的刑事案件从轻处理，但是特别加重对"盗贼"的处罚。《宋刑统》规定，"持杖行劫同行劫贼内有不持杖者"，"不论有赃无赃并处死，其同行劫贼内有不持杖者亦与同罪"。太宗年间，眉州（今四川灌县眉山等地）发生王小波、李顺起义，使朝廷"骇然丧胆"。宋太宗下诏镇压"其贼党等，或敢恣凶顽，或辄行抗拒，即尽加杀戮，不得存留"。起义被镇压后，又下诏："川陕诸州民家先藏兵器者，限百日悉送官，匿不以闻者斩"。高宗曾下诏："贼父母、妻子，并行处斩。"

仁宗嘉祐七年（公元1062年），把京畿诸县划为"重法地"，以惩治"贼盗"之法惩治窝藏犯，并于常法外首立"窝藏重法"，将有关惩治"盗贼"的敕令进行编敕，形成适用于特定区域的刑事特别法。刑事特别法的出现，是中国刑法史上一大变化，对宋以后的封建刑罚具有重要影响。

宋的重法地，仁宗时有开封府诸县；英宗时重法地包括"开封府长垣、考城、东明县、并曹、濮、澶、滑州诸县"。神宗熙宁四年（公元1071年），修改《盗贼重法》，扩大了重法适用的地区，包括淮南东西、福建、河北东西、京东东西、陕西、永兴、京畿等十路，并提出了"重法之人"的概念与刑罚规定。规定凡触犯盗贼罪名的

---

〔1〕《宋刑统》卷一三，《户婚律·婚田入户》。
〔2〕《庆元条法事类》卷三六，《商税》。
〔3〕《宋史·刑法志》。

人为"重法之人"。对这类人的惩治，没有地区限制，一经捕获，不但诛杀本人，而且籍没其家以赏告密者，妻子编置千里外，逢赦亦不移不释。在重法地内任职的官吏"必择强健之吏，奉法（重法）除盗，视民如仇，一切以击断为称职"[1]。至哲宗时，重法地已占全国二十四路的百分之七十一，"贼盗重法"代替了《宋刑统》中的贼盗律，其处刑之严酷尤甚于神宗时期。神宗时对窝藏犯的处罚是杖配五百里或邻州，哲宗时是一并处死。

重法地的不断扩大，可以看出宋社会危机的不断加深。仁宗时，有识之士刘敞曾撰文，"衣食不足，盗之源也；政赋不均，盗之源也；教化不清，盗之源也"，"不务衣食，而务无盗贼，是止水而不塞源也；不务化盗，而务禁盗，是纵焚而救以升龠也"。严刑峻法加速了宋的灭亡。

（二）刑制的变化

与唐朝相比，可从三个方面来看宋朝刑制的变化。

1. 折杖法。宋初，太祖本着"务存仁恕"、行宽仁之治的思想，制订了折杖法，将流、徒、杖、笞等刑罚折算为相应的脊杖或臀杖，其本意是一洗五代时的"五刑之苛"，使"流罪得免远徙，徒罪得免役年，笞杖得减决数"。其具体折算方法是：笞杖刑一律折换成臀杖，依原刑等分别杖七下至杖二十下。徒刑折换成脊杖，依原刑等分别杖十三下至二十下，杖后释放。流刑折换成脊杖，依原刑等分别杖十七下至二十下，杖后就地配役一年。其中加役流则脊杖二十，就地配役三年。

折杖法对缓和社会矛盾曾起到一定的作用。但对反逆等重罪不适用。具体执行中也存在弊端。正如《宋史·刑法志》中所说："良民偶有过犯，致伤肢体，为终身之辱，而愚顽之徒，虽一时创痛，而终无愧耻。"

2. "刺配"刑的广泛适用，附加刑的施行。刺配起于后晋天福年间，是一种流刑兼刺面、决杖等附加刑的刑罚。宋太祖时，为减少死刑的适用，显示其仁政，对赦免死罪的人，合处决杖、流配、刺面三种代用刑。刺面，即将犯人所犯罪名用黑字纹于其面。该刑的实施，实际上是古代黥刑的复活，是法制文明的倒退。明朝人丘睿在其所著《大学衍义补》中说："宋人承五代为刺配之法，既杖其脊，又配其人，而刺其面，是一人之身，一事之犯，而兼受三刑也。"太宗以后，逐渐以刺配为常法。真宗祥福编敕中，涉刺面刑的共有四十六条；至仁宗庆历编敕时，多至一百七十条；神宗熙宁编敕时增加到二百余条；南宋孝宗淳熙编敕时，适用刺配之条目竟达到五百七十余条，以致"配法既多，犯者日众，刺配之人，所至充斥"[2]，"每郡牢城营，其额常溢，殆至十余万"[3]。宋以后，元有刺配，明有刺臂、充军等刑罚，皆受其影响而设。

〔1〕《续资治通鉴长编》卷三五七。
〔2〕《宋史·刑法令》。
〔3〕洪迈《容斋随笔》。

3. "凌迟"入律。凌迟即民间所谓"千刀万剐",是一种碎而割之,使被刑者慢慢死亡的刑罚。凌迟刑始于五代,《宋刑统》确定的死刑执行方法有绞斩两种,本来并无凌迟。宋以凌迟执行死刑始于仁宗时。宋仁宗天圣六年(公元 1028 年),荆湖地方杀人祭鬼,仁宗怒而下诏:"自今首谋若加功者,凌迟斩。"自此首开宋代使用凌迟刑的先例。据《宋史·刑法志》记载:"若凌迟、腰斩之法,熙宁以前未尝用于元凶巨蠹,而自是以口语狂悖致其罪者丽于极法矣。"也就是说,直至宋神宗时,凌迟刑才开始经常被适用。南宋《庆元条法事》将凌迟与绞斩并列,成为法定刑种。

凌迟之词义取自《荀子·宥坐》:"凌迟,言丘陵之势渐慢也。"清朝人沈家本在《刑法分考》中说:"凌迟之义,本言山之由渐而高,杀人者欲其死之徐而不速也。"凌迟刑的执行方法极为残忍。"凌迟者,其法乃寸而磔之,必至体无完肤,然后为之割其势,女则幽其闭,出其脏腑以毕其命,支分节解,菹其骨而后已。"[1]《宋史·刑法志》也说:"凌迟者先断其肢体,次绝其吭,为当时之极法也。"凌迟刑在中国古代的生命刑中是最为残酷的一种,自宋以后为明、清两代所因袭,直到清末才告废除。

宋朝的死刑执行方式除法定的绞、斩、凌迟外,还有族夷、腰斩、钉剐、磔、枭首、断腕等酷刑。

酷刑的法定化及非法定刑的滥用,标志着刑罚威胁主义的加强,而这与程朱理学在统治思想上占主导地位有关。理学家们主张"天理存则人欲亡,人欲胜则天理灭"[2],认为为了防范和打击因人欲而发生的犯罪,必须实行繁法、酷刑。理学的代表人物、南宋时大学问家朱熹本人就是一名酷吏,他曾劝谏皇帝要"深于用法"。"惩其一以戒百……使之无犯。"[3]

酷刑违背了人类刑罚文明发展的潮流,是封建刑制上的大倒退。宋以后元、明、清各代刑罚都较为严酷,这在一定程度上可归因于统治者崇尚理学。

四、宋朝的法制成果

(一)《洗冤集录》

宋朝科技的发展,使得法医学取得了长足的进步。南宋人宋慈在吸收前人经验的基础上,结合自己的实践,编成了《洗冤集录》一书。该书共五卷、五十三目,对我国古代法医学进行了全面总结。它是中国最早的比较完整的法医学专著,也是世界上第一部法医学专著。该书一出,即被钦命颁行全国,成为南宋官员办理命案的必读之书。该书传于后世,被奉为法医学的"金科玉律"。《洗冤集录》先由明代朝鲜使臣译成朝鲜文,后来,日本、法国、英国、德国、荷兰先后翻译出版,对世界法制文明做

---

〔1〕《读律佩觽》。
〔2〕《朱文公文集·语类》。
〔3〕《朱子语类·论治道》。

出了卓越贡献。

（二）《刑统赋》

该书为北宋左宣德郎律学博士傅霖所著。由于宋朝在执法过程中多援引敕、例，甚至存在"引例破法"的现象，所以《宋刑统》较少流传，并曾亡佚一时。清朝修订的《四库全书总目提要》未能将其收录其中，出现在《四库全书总目提要》中的是傅霖的《刑统赋》，它是后世研究《宋刑统》的主要依据。《四库全书总目提要》解释傅霖作《刑统赋》的原因是，《宋刑统》颁布后，"霖以其不便记诵，乃韵而赋之，并自为注"。金、元时期仍有人为此书作注，注本达十种之多。

将枯燥的法律条文编成通俗易懂、文字优美、读之押韵、便于记忆的律学读本，这在中国法制史上还是第一次，它是中国第一部以韵语赋体出现的富有文采的法律文献。

（三）《折狱龟鉴》和《棠阴比事》

《折狱龟鉴》为宋人郑克所著，是中国第一部汇集历史上有关决狱和司法检验的典型案例，并作出分析评价的论著，表达了作者"尚德缓刑"、"明慎用刑"的刑罚思想和对于昏官酷吏"深文峻法，务为苛刻"的痛恨。该书中还有一些前朝断案故事，是研究古代司法的重要参考资料。《棠阴比事》为宋人桂万荣所著，该书以《折狱龟鉴》为基础，"凡一百四十四条，皆古来剖析疑狱之事"。从执法、断狱、量刑、司法检验等方面，更为详尽而全面地总结了历代司法审判的经验与教训，所以该书一出版便受到当朝理宗皇帝的褒奖，并迅速广为流传，很早便被译为日文出版。

第四节　辽金的法制概况

一、辽的法制概况

当广大的中原地区封建文明发展到顶峰的时候，新崛起的北方少数民族契丹正处于奴隶制崩溃瓦解、封建制形成的过程中。随着与唐宋交流的增多，唐律及《宋刑统》在很大程度上影响了辽的立法。从一定程度上来说，辽的法制发展史是不断学习汉文化和唐宋法律制度的历史。

（一）辽的立法指导思想

公元916年，北方契丹贵族耶律阿保机自称皇帝，建元神册。由于民族杂居的情况较为普遍，汉人与契丹人的生活习惯不同，契丹人"鱼猎以食，车马为家"，而汉人"耕稼以食，城郭以居"，因而辽初的统治者决定对契丹人与汉人实行不同的政策，即"以国制待契丹，以汉制待汉人"，称为"蕃汉异治"。也就是说，对契丹人适用本民族的习惯法，一般犯罪"量轻重决之"，重大犯罪则"权宜立法"，临时处断；而对

"汉人则断以率律令"[1]，即适用唐律，并且设有"北面官"管理契丹人，"南面官"管理汉人，两种管制均由契丹贵族担任。至辽世宗时，政权组织结构大体上仿唐制，并逐渐完备。

辽国初建时，采取既吸收汉法，又"参酌国俗"的做法。太宗时，灭渤海国，"治渤海人，一依汉法"，扩大了汉法的适用范围。随着契丹人不断被汉文化同化，辽圣宗太平七年（公元1027年），制定《条制》，规定契丹人和汉人犯法"一等科之"，即对契丹人和汉人的违法行为适用同样的法律进行处罚。至咸雍六年（公元1070年），更本着"契丹汉人风俗不同，国法不可异施"的精神对法律进行了重修。

从"蕃汉异治"到"国法不可异施"的转变，反映出契丹族基本上完成了从奴隶制向封建制的转变。

（二）辽的立法概况

神册六年（公元921年），辽太祖耶律阿保机"乃诏大臣定治契丹及诸夷之法"。同年，耶律突吕不受诏撰写《决狱法》。《决狱法》是辽的第一部成文法。

辽兴宗重熙五年（公元1036年），参照唐律制定了《重熙新定条制》五百四十六条，这是辽的基本法典，确立了死、流、徒、杖四等刑罚。从其性质来说，《重熙新定条制》属于封建法典，在辽的法制史上具有重要地位，史称"庶成定法令，治民者不容高下其手"[2]。

咸雍六年（公元1070年），在重熙条制的基础上颁布了《咸雍重修条制》七百八十九条，使南北律渐趋统一，普遍适用于辽统制下的契丹人和汉人，后经多次重修增编，条文多达一千四百条。产生的弊病是"条约既繁，典者不能遍习，愚民莫知所避，犯法者众，吏得因缘为奸"。故辽道宗于大安五年（公元1089年）下令"复行旧法"，即改为重新适用重熙条制。

（三）辽的刑制

辽建国前，契丹部落中对犯大罪者处斩，其家属罚作皇室贵族的家务奴隶。另外，还有一些对贵族罪犯执行死刑的特别方法。如投崖，即贵族反叛，命其自己投崖而死；生瘗，即活埋，是处置反叛者的重刑；射鬼箭，即将罪犯用乱箭射死。对罪不至死的罪犯施以杖刑。杖刑的执行方法有以下几种：以木剑击背，木剑面平背隆；以铁骨朵击打，铁骨朵由八片虚合的熟铁制成，三尺长的柳木作柄；以沙袋击打，但不得过五百下。沙袋以熟皮缝制，盛沙半升，再加以木柄。另外，还有鞭烙，对于应伏罪而不伏罪的罪犯使用，烙三十者鞭三百，烙五十者鞭五百。

辽圣宗时开始参考唐律制定辽的刑律。兴宗时制定的《重熙条制》将死、流、杖、

---

[1]《辽史·刑法志》。
[2]《辽史·耶律庶成传论曰》。

徒四种刑罚确定为法定刑。死刑的执行方法有绞、斩、凌迟、族诛几种；流刑分为流放边城和境外绝域，并附加黥刺；杖刑的执行方法是用沙袋、木剑、铁骨朵击打；徒刑分为终身、五年、一年半三等。

（四）司法制度

契丹在部落联盟时代就设立决狱官，执行司法职能。决狱官由与联盟通婚的部落审密（萧）氏的胡母里担任，并由他的子孙世代继承。契丹建国后，辽太祖时制定《决狱法》，始设专职司法官，称为"夷离毕"。太宗时又为"夷离毕"院增设众多属官执掌司法，同时在分管契丹和汉人军政的北枢密院和南枢密院中，也设置兵刑房，主管司法。圣宗统和十二年（公元 994 年），又仿汉制设大理寺、尚书刑部、御史台等司法机关。契丹在不断向汉法律文化学习的过程中，逐步改变了对汉人和契丹人在司法上同罪异罚的做法，为消除民族隔阂做出了积极贡献。

辽建国后几部法典的变化，反映出契丹族封建法制文明的飞速发展，尤其重要的是，它为少数民族政权与汉民族在文明发展程度差异较大的情况下，如何处理与汉民族的关系提供了宝贵经验，其影响及于元朝的元典章与明清律例。

二、金的法制概况

女真族长期以来生活在黑龙江流域，于 11 世纪开始，逐渐崛起，先是臣属于辽，后反辽自立。公元 1115 年，女真完颜部首领完颜阿骨打称帝，建立大金国，定都会宁。

女真建国前一直以习惯、习惯法调整社会关系。《金史·世纪》记载，女真完颜部首领完颜函普为解决部落间的争斗，曾立约"凡有杀伤人者，征其家人口一、马十偶、牸牛十、黄金六两，与所杀伤之家，即两解，不得私斗"。随着社会生产的不断发展，女真的习惯法已不能很好地解决日益激化的社会矛盾，经不断变革，完颜部首领又创制"条教"，用以调整各部落之间的关系，但"条教"仍未超出习惯法的范畴，并且带有浓厚的神权法色彩。据《金史·谢里忽传》记载："国俗，有被杀者，必使巫觋以诅祝杀之者，乃系刃于杖端，与众至其家，歌而诅之，……既而以刃画地，劫取畜产财物而还。其家一经诅祝，家道辄败。"

（一）立法沿革——从继续沿用习惯法到制定成文法的转变

女真建国初期，由于"法制未定，兵革未息"，为安抚各部落，稳定统治，完颜阿骨打在即位时宣称"吾虽处大位，未易改旧俗也"。也就是说，仍用习惯法作为主要的统治手段。

金太宗天会三年（公元 1125 年）金灭辽并南下攻宋，天会四年（公元 1126 年）攻下北宋都城汴京，俘虏宋徽宗、钦宗父子，北宋灭亡。金吞并了辽的旧境和黄河以北的大片土地，受高度发展的封建主义政治、经济和文化教育的影响，全国政权迅速向封建制转化，并在此基础上制定了封建性质的法律。金熙宗皇统年间（公元 1141～1149 年），以"诏诸臣，以本朝旧制，兼采隋唐之制，参辽宋之法"，修编了《皇统制》，史称《皇统新制》。这是金国的第一部成文法典。

（二）金的立法概况

《皇统制》一千余条，主要采用唐、宋法律的内容，同时也有一些在女真传统上的创新，如"殴妻致死，非用器刃者不加刑"，"僧尼犯奸，及强盗不论得财不得财，并处死"等内容都是唐、宋律所没有的。

皇统九年，海陵王完颜亮夺取帝位后，制定了《续降制书》，与《皇统制》并行。完颜亮对法律任意修改，造成了法制的混乱，"是非混淆"，"吏不知适从，夤缘舞法"[1]。正隆六年（公元 1161 年），趁完颜亮大举攻宋之机，金太祖完颜阿骨打之孙完颜雍在东京自立为帝，即金世宗，年号大定。金世宗在历史上有"小尧舜"之称，大定五年（公元 1165 年）与南宋达成"隆兴和议"，使两国实现了长达四十年之久的和平局面。

金世宗即位后，十分重视立法工作，曾言"法者，公天下持平之器"[2]大定十七年（公元 1177 年）设立专门立法机构，命大理寺移剌愭等对以前制定的法律进行修订，以"伦其轻重，删繁正失"，"制有阙者以律文足之；制、律俱阙及疑而不能决者，则取旨画定"。修律历时五年，最后完成《大定重修制条》十二卷，一千一百九十条。这是金建国以来最大的一次立法活动。由于金世宗非常重视学习唐宋的律典，自登基后"尽行中国法"，因此这部法典吸收了很多唐宋律的内容，但仍存在"制律混淆"的弊端。

金世宗在位时，重用儒者，整肃吏治，十分重视对官吏进行儒学教育。至金章宗完颜璟统治时期，以儒学为本体的汉文化已为女真人所普遍接受，而章宗本人也是一位尊崇和推行儒学和汉文化的皇帝。在章宗治下，金的统治达到了极盛时期。章宗即位之始，鉴于"礼乐刑政因辽宋旧制，杂乱无贯"，遂于明昌元年（公元 1190 年）设"详定所"审定律令，本着"用今制条，参酌时宜，准律文修定，历采前代刑书宜于今者，以补遗阙，取刑统疏文以释之"[3] 的精神，修订成《明昌律义》。《明昌律义》以《宋刑统》的疏义为有法律效力的注释，是一部从精神到内容都基本汉化的法典。另外，又将"榷货"、"边部"、"权宜"等事汇集为《泰和敕令》，进一步完善了金的法律体系。

律义和敕条出台后，不断进行校订，并于泰和元年（公元 1201 年）完成新律十二篇，共三十卷，五百六十三条，定名为《泰和律义》。其篇目与唐律一样，并于律文后

---

〔1〕《金史·移剌愭传》。
〔2〕《金史·刑志》。
〔3〕《金史·刑志》。

"附注以明其事，疏义以释其疑"。《金史·刑法志》称其"实唐律也"。此外，还制定了《律令》十二卷，《新定敕条》三卷，《六部格式》三十卷，连同《泰和律义》统称《泰和律令敕条格式》，于泰和二年（公元1202年）颁行。《泰和律令敕条格式》是金朝最完备的法典，它标志着金法制封建化进程的完成。

（三）金的刑制

金的刑罚严苛。据《金史·酷吏传》记载，"金法严密，律文虽因前代而增损之，大抵多准重典"。金初的刑罚，依照女真旧的习惯法。其后，随着民族融合的进一步发展，逐渐参照唐宋刑制，建立刑罚体系。金的刑罚种类有死刑、徒刑、杖刑三种。死刑的执行方法除绞、斩外，另有族诛、凌迟、磔、醢等酷刑。徒刑由一至五年分为七等，并参照辽代刑制设无期徒刑。徒刑也附加决杖。"徒二年以下者杖六十，二年以上者杖七十，妇人犯者并决五十，著于敕条。"[1] 杖刑由二十至二百下。隋唐以来的流刑因为"非今所宜"，由徒四年以上附加决杖代之。由杖刑至死刑均可以铜赎罪，其作用是"既足以惩恶，又有补于官"[2]。

（四）金的司法制度

金仿唐宋建立自己的司法制度。司法机构在中央有刑部、大理寺、御史台，御史台下设登闻鼓院、登闻检院。中央司法机关的官员由女真、汉人、契丹人分任，并设有翻译不同民族语言的译史，以避免因语言不通而误判。

地方司法机关仿宋制，设路、州、府、县，地方行政长官兼理司法。章宗时路一级设提刑司，以后又改为按察使司，执掌司法监察。

在诉讼制度方面，刑事案件的起诉分为官吏纠举、当事人及家属告诉和投案自首三种形式。与一脉相承的汉族法典所确立的"同居相为隐"原则显著不同的是，金允许亲属之间的相互告发允许卑幼告尊长，奴婢告主人，但如控告失实，则要给予处罚。

第五节　元朝的法律制度

公元13世纪初，成吉思汗统一了蒙古各部落，建立了蒙古汗国，成吉思汗被各部落首领拥戴为全蒙古的大汗。当时，蒙古刚完成原始社会向奴隶制的过渡。蒙古国建立后，成吉思汗凭借强大的军事力量开始向外扩张，不久便灭了西夏。公元1234年，蒙古与南宋结盟灭金，继而转攻南宋，至1264年在占领中原大部分地区后将都城上都（蒙古多伦）南迁至中都燕京（今北京）。元世祖忽必烈至元八年，即公元1271年改国

---

〔1〕《金史·刑志》。
〔2〕《金史·食货》。

号为大元，建立了元朝，次年改中都之名为大都。公元 1279 年灭南宋，从此结束五代以来中原长达三百七十余年的分裂割据局面，实现了我国历史上空前的统一。

一、元朝的立法指导思想

(一)"附会汉法"

元朝建立前，成吉思汗时代就已出现了简单的成文法，蒙古语称为"扎撒"。但在实践中，蒙古部落的习惯法还占据着统治地位。

随着蒙古军事征服疆土面积的进一步扩大，在汉族地主及其他各族儒士，如元著名政治家、思想家、契丹贵族后裔耶律楚材等人的推动下，蒙古族的社会进程迅速向封建制过渡。为了满足统治以汉族为主的各族人民的需要，吸收辽金实行汉化的经验，元初采取"断理狱讼，循用金律"[1] 的办法。金律指的是金国的"泰和律"，也就是稍加修改的唐律，并在此基础上"以国朝之成法，援唐宋之故典，参辽金之遗制"[2] 形成元朝的法律。总的来说，元法律是蒙古习惯法与汉族法的混合物，并且强调维护蒙古族的特权，体现了蒙古统治者思想的保守性及认识水平的局限性。

(二)"因俗而治"

元仿辽初实行"因俗而治"的办法，将其统治下的人民分为四等，第一等为蒙古人，第二等为色目人，第三等为汉人，第四等为南人。在婚姻、犯罪等方面对蒙古族和汉族采取不同的标准处理，也就是实行蒙、汉异制，其出发点是维护蒙古族的特权地位和各民族的不平等。

二、元朝的立法概况

(一)"大扎撒"与《条画五章》

成吉思汗时采用畏兀儿字母作为本民族的文字，并将其一系列训令用这种文字写成法令颁布，蒙古语称之为"扎撒"。公元 1219 年，成吉思汗召集大会，重新确定了训言、扎撒和古来的体例，用蒙文记录，称为"大扎撒"，并设"断事官"蒙语称"扎鲁花赤"，处理触犯法令的行为。公元 1214 年，成吉思汗接受金降将郭宝玉的建议，颁行《条画五章》，规定凡出军不得妄杀，刑狱惟重罪处死，其余杂犯量情笞决等。

"大扎撒"与《条画五章》属于蒙古族最早的成文法，尚未形成系统的成文法典，蒙古族的部落习惯仍是调整社会关系的重要手段。

---

[1] 《元史·刑法志》。
[2] 郝经：《陵川集》卷三十二"立证议"。

（二）《至元新格》

世祖忽必烈中统三年（公元 1262 年），命大司农姚枢"讲定条格"，于至元元年（公元 1264 年）颁行《新立条格》，内容涉及官制、官吏待遇、服役苛敛、军政诉讼、刑狱等方面。至元八年（公元 1271 年），忽必烈在建国号为大元的同时，"禁行金《泰和律》"[1]，从此废止了"断理狱讼，循用金律"的做法。

至元二十八年，即公元 1291 年，元世祖命中书参知政事何荣祖"以公规、治民、御盗、理财等十事辑为一书，名曰《至元新格》，命刻版颁行，使百司遵守"[2]。这是元朝第一部成文法典。

（三）《风宪宏纲》

元成宗大德三年，曾命何荣祖"更定律令"，并于次年催促"律令，良法也，宜早完成之"。何荣祖选定三百八十条，即《大德律令》。但因在讨论时被元老重臣斥为"讹舛甚多"，因而没有颁行。元仁宗时，"以格例条画有关于风纪者，类集成书"[3]，称为《风宪宏纲》。这是一部关于整顿纲纪吏治的法典。

（四）《大元通制》

《大元通制》是元朝时一部重要的法典，它是元英宗时在《至元新格》、《风宪宏纲》的基础上制定的。英宗至治二年十一月，御史李瑞建议将"世祖以来所定制度著为令"。英宗三年（公元 1323 年）正月，命枢密副使完颜纳丹等对历朝条格、诏令、断例加以整理、汇编，制定出《大元通制》。这部法典共有二十篇、两千五百二十九条，内容包括名例、卫禁、职制、祭令、学规、军律、户婚、食货、大恶、奸非、盗贼、诈伪、诉讼、斗殴、杀伤、禁令、杂犯、捕亡、恤刑、平反等。其中条格一千一百五十一条，相当于唐宋金以来的令、格、式。断例七千一百七十一条，相当于唐宋金以来的律。诏制九十四条，相当于唐宋的编敕。令类五百七十七条。《大元通制》的制定，完成了自武宗至德以来"纂集世祖以来法制事例"的过程，是元朝定型化的代表性法典。

（五）《元典章》

《元典章》又称《大元圣政国朝典章》，与《大元通制》几乎同时出现。它不是元朝中央政府颁布的法典，而是当时地方政府所纂集的元初至元英宗至治二年共五十余年间有关政治、经济、军事、法律等圣旨条格的汇编。《元典章》分为《前集》与《新集》两部分。《前集》共六十卷，包括诏令、圣教、朝纲、台纲、吏部、户部、礼部、兵部、刑部、工部等十类，汇抄了元世祖中统以来至仁宗延祐七年（公元 1320

---

[1]《元史·世祖本纪》。
[2]《元史·世祖本纪》。
[3]《元史·刑法志》。

年）的文书。《新集》不分卷，分国典、朝纲、吏部、户部、礼部、兵部、刑部、工部八类，汇抄英宗至治二年（公元 1322 年）以前的文书。由于《元典章》至今仍传于世，为研究元朝的社会及其法律制度提供了十分系统而珍贵的史料。

（六）《至正条格》

元朝末年，由于《大元通制》颁行以来二十年间与日俱增的诏制、条格前后矛盾，不便检引，而使奸吏任意裁判，出入人罪，所以于至正六年（公元 1346 年）颁布《至正条格》，"故为之划一，俾使民知所避，吏知所守"[1]。其类目与《大元通制》相似，内容包括诏制一百五十条、条格一千七百条、断例一千零五十九条。《至正条格》是元朝的最后一部法典，由于颁布当年发生农民起义，实际上未及真正施行。

通过以上几部法典，可以看出元代在立法方面有以下几个特征：一是元的法律形式继承了两宋编敕的传统，不断地将历代皇帝的"条格"即敕令进行汇编。《大元通制》有条格一千一百五十一条，几乎占全律的一半；而《至正条格》中的条格占全律的一半还多，有一千七百条。二是断例在法典中占有重要位置。《大元通制》有断例七百一十七条，而《至正条格》竟达一千零五十一条。由于元朝的法律基本上是条格、断例的汇编，内容庞杂，形成"有理可循"而"无法可守"的局面。明太祖朱元璋评价元的法制时说"元时条格繁冗，所以其害不胜"。三是法典具有法律大全的性质，包含了行政、民事、经济、刑事等各个部门法。

三、元朝的法律内容及特点

元朝是在军事征服的基础上建立起来的国家，从社会形态上看，在入主中原之前刚刚完成了从原始社会向奴隶制社会的过渡。而此时，中原汉族的封建文明历经一千多年后，已达到了鼎盛时期。元朝虽然在征服江南实现统一的过程中，不断地加速其汉化，并在汉族地主及知识分子的帮助下执行了封建性质的政策，但其落后的生产方式及意识形态，不可避免地给整个中国社会带来消极的影响，阻碍了封建制文明的进一步发展，与前朝相比，在政治、法律制度方面都出现了大的倒退。体现在法律内容方面，有以下特点：

1. 实行民族歧视和民族压迫政策，公开宣布各民族人民在法律上处于不平等的地位。元世祖忽必烈在元朝初年便把其治下的中国境内人民分为四等，第一等是蒙古族人；第二等是色目人，包括西夏、回族人、西域人；第三等是汉人，指的是原金国统治下的汉人和契丹、女真人；第四等是南人，指的是南宋统治下的汉族和西南地区的各族人民。在民事争议及刑事诉讼中蒙古人都受法律的特殊保护，处于优于其他民族人民的优势地位。如规定"禁汉人聚众与蒙古人斗殴"[2]。但对于蒙古人殴打汉人的，

---

[1]《至正条格》序。
[2]《元史·世祖本纪》。

却规定汉人"不得还报"，只能"指立证见于所在官司赴诉"，否则就要"严行断罪"。蒙古族人"因争及乘醉殴死汉人者"，"断罚出征，并全征烧埋银"[1]；而汉人若在同等情形下打死蒙古人，却要被判死刑。

民族歧视和民族压迫政策，使民族矛盾与阶级矛盾不断激化，激起了人民的强烈反抗。元朝自建立至灭亡仅近百年时间，与元统治者推行民族不平等原则有直接的关系。

2. 确认和维护僧道的法定特权，形成与世俗势力并行的宗教司法制度，导致司法权的分散和审判中随意擅断的种种弊端。

元朝时的宗教主要有佛教、道教、答失蛮、也里可温等，其中以藏传佛教喇嘛教势力最大。元世祖至元初年，以西藏名僧八思巴为国师，此后代代相传直至元末。国师统领全国佛教，同时掌管藏族地区的政教事务。他的法旨效力极高，"与诏敕并行西土"，其下各级僧侣受法律特殊保护。据《元史·武宗本纪》记载，元初法律曾规定："殴西番僧者截其手，骂之者断其舌。"僧侣因享受特权而与蒙汉大地主在经济、政治利益上存在剧烈冲突，引起了贵族官僚的极大不满，以致元成宗大德年间曾下诏"自今僧官、僧人犯罪，御史台与内外宣政院同鞫，宣政院官徇情不公者，听御史台治之"[2]。

3. 确认蓄养奴隶的合法性。元建立后，虽然广大中原地区继续保持了原有的封建生产关系，但蒙古族的奴隶制却随着军事征服而成为与封建制共存的一种生产关系。元朝奴隶在法律上统称为奴、奴婢或驱口，主要是战争中的俘虏，也有一些是债务奴隶。元初时，由于"法制未定"，所以"奴有罪者，主得专杀"。后来虽然规定司法权归官，主人不得任意处置奴隶。但根据元律，如果主人杀死奴隶，只需处轻微杖刑；而奴隶杀死主人，则要具五刑或凌迟处死。同时，元朝统治者还将许多手工业者列入"匠籍"，强制他们在官营手工业中劳作，不得改业或离去，否则要受刑罚的处罚。这些"匠户"没有人身自由，实际上是"工奴"。奴隶的大量存在和手工业者沦为工奴，是生产关系的大倒退，对中原地区的生产力破坏极大，严重阻碍了经济的发展。

4. 实行"各依本俗法"的原则，尤其在行政与军队编制、婚姻、宗教、刑罚等方面都保留了蒙古族传统的习惯法。

法律立足于维护蒙古贵族的特权地位，实行分封采邑制，在官吏体制中坚持蒙古人为正官，以及军事长官的世袭制等。在婚姻制度方面，由于蒙古人与色目人盛行婚姻自由的思想，所以元律允许良贱通婚，也不禁止同姓为婚。这些都是蒙古族习惯法的反映。

---

〔1〕《元史·刑法志》。
〔2〕《元史·成宗本纪》。

四、元朝的司法制度

（一）中央司法机关

中央司法机关有大宗正府、刑部、宣政院、御史台。元初，由宗正府执掌中央审判权，直至元泰定帝年间（公元1324～1328年在位）才"以内事还之刑部，以外事还之路府州县"[1]，将审判权分别交由刑部与地方政府行使。但宗正府仍然存在并掌握一定的审判权。另外，管理宗教事务的宣政院也行使审判权。还有执掌宫廷执事的中政院、执掌道教的道教所、执掌军事大权的枢密院也分别行使一定范围的审判权。以上司法机关各自统领、互不隶属，严重影响司法权的统一行使和审判效力。元朝司法体制的混乱由此可见一斑。

1. 大宗政府。大宗政府主要对涉及蒙古王公贵族的案件进行审判，并掌管京师附近蒙古人和色目人的诉讼案件。设蒙古族断事官审理案件。据《元史·刑法志》所载，蒙古人犯法，"择蒙古官断之，行杖亦如之"。大宗政府长官享有特权，其行为不受御史台监察。

2. 刑部。刑部仿唐宋制而设，掌司法行政与审批，但职责范围比唐宋时的刑部宽，把原属于大理寺的一些职责亦交由刑部行使。《元史·百官志一》载："凡大辟之按覆，系囚之详谳，孥收产没之籍，捕获功赏之式，冤讼疑罪之辨，狱具之制度，法令之拟议，悉以任之。"

3. 宣政院。宣政院是管理宗教事务的机关，也是涉及宗教事务纠纷的最高审判机关，负责审理重大的僧侣案件和僧俗纠纷案件。元朝特别推崇喇嘛教，皇帝尊大喇嘛为国师，一般僧侣也具有强大的势力和地位，享受法定的免役特权，并不受世俗司法权的管辖。

4. 御史台。御史台是监察机关，中央设御史台，地方设行御史台，全国划分为二十二道监察区，又置提刑按察司（后改为肃政廉访司）。依至元五年（公元1268年）初设御史台，圣旨条画规定其职责是"弹劾中书省、枢密院、制国用使司等内外百官奸邪非违，肃清风俗，刷磨诸司案牍，并监察祭祀及出使之事"。地方各肃政廉访司官员，定期"录囚"和"统治"，如发现官吏有违法而罪行明白者，六品以下的由廉访司论罪，五品以上的申报御史台奏闻。监察官吏有犯赃行为，则加等治罪，虽不枉法亦除名。元朝对监察机关的重视超过历代，元统治者认为御史台"裨益国政，无大于此"。

（二）地方司法机关

地方司法机关分为行省、路、府（州）、县各级。各级均设一名由蒙古族人担任的

---

〔1〕《历代职官表》卷一。

"达鲁花赤"，作为管理政务司法的最高负责人，其权力凌驾于各路总管和府、州、县之上，直接鞠勘罪囚。府、州、县对杖罪以下自行断决，徒刑以上由路总管府决定，流罪以上由路的廉访使审复后方得结案。如发生军民间的重大案件，由地方官约同该军人所属的部队军官共同处理；僧俗间的争议则由地方官会同僧侣所属的宗教职事一起"会问"。

（三）元朝的刑制

元的刑罚继续沿用宋金以来的笞、杖、徒、流、死五刑制。其中笞杖的数目以七为基数，笞刑分为七、十七、二十七、三十七、四十七、五十七共六等；杖刑分为六十七、七十七、八十七、九十七、一百零七共五等；徒刑分一年、一年半、二年、二年半、三年共五等，并分别相应地附加杖六十七至一百零七；流刑不分里数，只列辽阳、湖广、迤北三地；死刑只有斩、凌迟两种而无绞刑。

（四）元朝的诉讼制度

元的诉讼制度基本沿袭宋制，如禁亲属相告，禁奴婢告主，不得越诉等，但发生了一个重要的变化，即诉讼代理制度的出现。被代理人有两类，一是年老和疾病者，二是退休或暂时离任官员。代理人只能由同居亲属或亲属家人出任，而且只限于男性。

总之，从元朝的法制状况来看，统治者虽以"附会汉法"为立法指导思想，但由于蒙古族所处社会关系的落后性与军事征服带来的民族优越感，导致了统治者思想的保守性和认识的局限性，限制了引进汉族先进政治、经济、法律文化的深度和广度。就推进法制汉化程度而言，元朝统治者不及北魏执政者，也没有达到金朝世宗、章宗的认识水平。

第七章

明朝的法律制度

明朝建立于公元 1368 年，灭亡于公元 1644 年，延续了二百七十多年，是中国封建社会后期重要的历史阶段。明朝社会生活最大的特点是出现了资本主义生产关系的萌芽，产生了发展商品经济和对外贸易的强烈要求，出现了批判封建专制制度的进步思想。但明朝统治者的基本政策却是着重维护封建君主专制制度和自然经济的生产方式，进一步加强思想文化领域的控制。明朝的法律制度在不同的方面体现着这两个特征。

第一节 明朝的立法概况

明朝主要的立法活动可以分为两个时期，一是开国时期朱元璋主持制定《大明律》、《大明令》、《大诰》等；二是中后期弘治、嘉靖、万历三朝制定的《问刑条例》、《明会典》等。

一、明朝开国时期的立法活动

明朝开国时期的立法活动集中在明太祖朱元璋统治的三十年当中，其最重要的成果是制定了一部中国封建社会后期的代表性法典——《大明律》。

（一）《大明律》的制定

《大明律》是明朝最重要的法典，是在明太祖朱元璋亲自主持下，历时三十余年完成的。早在吴元年（公元 1367 年）冬，朱元璋就命左丞相李善长等制定律令，两个月后完成律二百八十五条，令一百四十五条，一同颁布天下，史称"吴元年律"，为《大明律》雏形。

1368 年，朱元璋称帝，建立明朝。明太祖朱元璋接纳了李善长等人的建议，决定以唐律为基础制定明律。在经过充分的研究之后，始"诏刑部尚书刘惟谦详定《大明律》"，由太祖本人"亲加裁酌"，[1] 并于洪武七年完成，史称《洪武七年律》。该律在篇目上仍与唐律一致，分三十卷，十二篇，共六百零六条。

《洪武七年律》制定后，在明太祖的指示下几经修订，至洪武二十二年又制定新的《大明律》，共四百六十条，三十卷。该律在体例上将名例置于篇首，以下按中央六部排列，分为吏律、户律、礼律、兵律、刑律、工律，总共七篇，一改唐律的编排体例。这种按六部名称的编律形式，自始被固定下来，为明清两代沿用。

洪武二十二年《大明律》制定后，又根据皇太祖的建议对其中的七十多条进行了修订。洪武三十年，明太祖决定正式颁布实施这部律典，并要求子孙世代遵守，"群臣有稍议更改，即坐以变乱祖制之罪"。[2] 因此，洪武三十年《大明律》一直沿用至明朝灭亡都没有再进行修改。

《大明律》是中国封建社会后期一部重要的法典，共三十卷，四百六十条，其精神和内容均源于唐律，但在体例上有很大的变化，其律典篇首名例律以下，以吏律、户律、礼律、兵律、刑律、工律六个部分与中央政府的六部相对应，规定具体的犯罪及相应的刑罚。这种重大的改变是与明太祖废除丞相制，建立六部制度的体制改革密切相关的，其目的是借助国家基本律典将中央六部行政体制固定下来，从制度上消除相权对皇权的威胁，同时借助国家基本律典的威慑力，确保国家各级官员活动的合法性，确保国家的管理秩序不受损害。

（二）《大明令》的制定

《大明令》是洪武元年颁布的内容相对简单的法律形式，共一百四十五条，是与二百八十五条的无元年律同时颁布的，其中吏令二十条，户令二十四条，礼令十一条，兵令七十一条，工令两条。明太祖在就律令的颁布发行的诏书中指出："律令者，治天下之法也。令以教之于先，律以齐之于后。"可见令是关于行为的规范，而律则包含制裁的内容，违反令的行为，将会被依律加以制裁。《大明令》的相当一部分条文后来被吸收到洪武三十年颁布的《大明律》中，但《大明令》没有被废止，直到明朝中后期仍然有效。

（三）《大诰》的制定

《大诰》是一部充分体现朱元璋重典治国、重典治吏思想的刑事特别法。该法是在修订《大明律》的同时，于洪武十八年至洪武二十年间（公元 1385～1387 年），由明太祖朱元璋亲自编制而成的，包括《御制大诰》七十四条、《大诰续编》八十七条、《大诰三编》四十三条、《大诰武臣》三十二条，共二百三十六条，由典型案例、重刑法令和明太祖对臣民的"训诫"三个方面组成。其内容以惩治贪官污吏和豪强地主不

---

[1]《明史·刑法志》。
[2]《明史·刑法志》。

法犯罪行为为主。在刑罚方面，广泛适用族诛、凌迟、枭首等死刑执行方法，恢复了很多早已废除的残害身体的肉刑，如斩首、刖足、墨面文身、阉割为奴等。在法律适用方面，《大诰》中的判例并不受《大明律》的约束，而是随意定罪量刑，充分体现了专制皇权的人治本质。

为了在臣民中养成对法律的畏惧心理，朱元璋对《大诰》进行了大规模的宣传推广工作，要求天下臣民每户须有一本《大诰》，规定犯笞、杖、徒、流等罪，家有《大诰》一本，出示即可罪减一等，若无则加一等。科举考试中也列入《大诰》的内容。由此在全国形成了讲读《大诰》的风气。但《大诰》滥用律外酷刑，轻罪重罚的做法，毕竟与儒家的轻刑主张相抵触；同时，由于《大诰》很多内容被吸收到各种条例之中，因此明太祖死后，《大诰》很快就被冷落，在明朝中后期已没有什么影响。

二、明朝中后期的立法活动

(一)《问刑条例》的制定

明太祖在位的开国时期已有条例这种法律形式，如《真犯杂犯死罪条例》、《充军条例》等。当时的条例一般是由大臣议定，奏请皇帝批准实施。由于条例是针对特定问题的专门规定，其制定具有灵活便利的特点，可以补充律文的不足，能适应复杂多变的社会实际，因而条例的数量越来越多，其前后混杂、相互矛盾之处越来越严重，随着时间的推移，越来越需要对条例进行整理。另外，明太祖规定后世子孙对《大明律》不能更改，使其后的皇帝无法对《大明律》进行修订以适应时势要求，这在客观上促使明代中后期的立法只能在完善条例和提升条例的地位上做文章。

正式对条例进行整理编纂始于明孝宗弘治十一年（公元1500年）十二月，至弘治十三年二月完成《问刑条例》二百七十九条，报经皇帝批准，颁行天下，"永为常法"。《问刑条例》的推出在中国封建社会后期立法史上具有重要影响，它开创了明清时代"以例辅律"、"律例并行"的先河，其意义在于以灵活的方式，巧妙地打破了祖宗成法不可变的禁锢，使条例开始成为重要的法律形式。

以后嘉靖、万历朝多次对《问刑条例》进行修订，至万历年间已达三百八十二条。由于律与例相比处于基础的、领先的地位，即对具体案件的法律适用应先依律，在律无明文规定时才依例，因而律例并行的状况不方便检索。为此，实际工作部门产生了律例合编的要求，这一要求在明神宗万历十三年获得批准。万历十三年刊定的《问刑条例》被附于律后，合编在一起。《大明律》由此定名为《大明律附例》，形成律例合编并行的新体例，最终完成了律例由各自独立到统一合流的发展过程。

(二)《明会典》的制定

《明会典》是明朝建立以来各种典章制度的汇编。从其内容和作用来看，属国家的行政法汇编，其编纂目的是将长期积累的、表现为律、令、诰、例等法律形式的大量行政规范，以中央政府各部门的设置为纲，经过选择，按照一定的体例汇总在一起，以便完整地保留已经建立起来的重要典章制度，使后继者"世守之"。

首次编辑会典的工作完成于孝宗弘治十五年（公元 1502 年），名曰《大明会典》，共一百八十卷。之后武宗正德年间、世宗嘉靖年间、神宗万历年间都曾分别对会典进行修订。修订会典成为明朝中后期重要的立法活动。

第二节　明朝法律的主要内容及特点

一、刑事法律

（一）刑罚制度

明律基本上沿用隋唐时期确立的五刑制度，同时增设了一些新的刑种，又于基本律典规定的法定刑之外任意创设律外酷刑，以体现重典治国的意图，加强刑罚的威慑力。

1. 凌迟入律。凌迟是一种五代时期就已发明的处死犯人的方法，即用刀肢解人的身体，让人受尽痛苦慢慢死去。宋元时期司法实践中都有不同程度的运用。明朝继元之后将其列入律文，将其作为绞、斩之上的死刑刑种之一。明律明确规定对"谋反"、"谋大逆"、"恶逆"、"不道"等十三项罪名适用凌迟，加重对侵犯皇权等严重犯罪的处罚。

2. 充军刑。充军就是强迫犯人到边远地区充当军户或屯种，轻于死刑重于流刑的一种刑罚。按发配地区的远近，充军分为极边、烟瘴、边远、边卫、沿海、附近等，最远达四千里，近至一千里。按充军的性质，又可分为终身充军（即充当军士至本人死亡）和永远充军（即本人死亡后，子孙后代继承军籍，世代为军）。充军开始是作为死刑减轻的代用刑，先是适用于军官军人犯罪，后适用对象扩大到平民。明中后期的条例、诏令中适用充军刑的条款不断增多，至嘉靖二十九年，其适用范围已增加到二百一十三种犯罪行为，成为常设常用之刑。

3. 枷号。枷号是明朝在五刑之外增设的一种刑罚，其方法是在犯人颈项套枷，令其在监外示众受辱。枷号的执行期限有一至三个月或半年，甚至永远枷号。枷重一般为二三十斤，但在某些案件中也会被增加至一百多斤，将原本为耻辱刑的枷号变成一种致人死亡的酷刑。

4. 以役代刑的扩大。明朝拘禁罪犯服劳役的范围、内容、场所与前代相比有明显的扩大。《明会典》载："拘役囚人，国初，令罪人得以力役赎罪，死罪拘役终身，徒流照年限，笞杖计月日，满日疏放。或修造，或屯种，或煎盐炒铁，事例不一。"也就是说，允许以服劳役来赎罪抵刑的范围包括笞、杖、徒、流及一部分死刑的判决，服劳役的内容包括运米、运灰、运炭、运砖、运盐、炒铁、煎盐、盖房、种树、充膳夫、代农力役等十几种工役,服役的场所也比前朝大为扩大。以役代刑的制度,扩大了赎刑的适用,使无力以金钱赎罪的人能够以出卖劳动抵免刑罚,与单纯地执行身体刑相比,无疑是一种进步。

5. 律外酷刑。明朝初期广泛适用律外酷刑是其刑罚制度一个显著的特点。明初,太祖在《大诰》中列举的律外酷刑包括族诛、凌迟、枭首、墨面文身、挑筋去指、断手、刖足、阉割为奴、枷项游历等三十多种。另外,将针对大臣的廷杖制度化也是明朝刑罚的一个特点。廷杖是由皇帝亲自决定在朝堂上对冒犯皇权的大臣施杖刑。明朝规定由锦衣卫行刑,东厂监刑。几乎每一代皇帝都有施行廷杖的经历,明一代被廷杖而死的大臣不在少数,反映了明代极端君主专制主义的特征。

(二)新罪名的出现

明律对新罪名的创造主要体现在以下三方面:

1. "奸党"罪的创设。《大明律·吏律》对奸党罪采用了列举的方法加以规定,其行为表现包括:奸邪进谗言左使杀人;犯罪律该处死,其大臣小官巧言谏免,暗邀人心;在朝官员交结朋党,紊乱朝政;刑部及大小衙门官吏不执法律,听从上司指使出入人罪。每一种行为的刑罚都是处斩刑。"奸党"罪的入律使明朝的皇帝可以随意将大臣以法律的名义置于死地,是封建君主专制主义走向极端的表现。

2. "交结近侍官员"罪与"上言大臣德政"罪。前者是指"诸衙门官吏,若与内官及近侍人员互相交结,漏泄事情,夤缘作弊,而符同奏启者";后者是指"诸衙门官吏及士庶人等,上言宰执大臣义政才德",将被视为"奸党"。《大明律·吏律》强调对"上言宰执大臣美政才德者","务要鞫问,穷究来历明白";并规定幕后主使者以及知情的大臣,均视为"奸党"一并治罪,"犯人处斩,妻子为奴,财产入官"。

3. 设立《受赃》卷,突出打击官吏犯罪。唐律关于官吏犯罪规定在《职制》篇中,未设专篇。《大明律·刑律》篇下专设《受赃》卷,集中规定官吏受财、坐赃致罪事后受财等十一条与官吏贪污受贿有关的罪名及刑罚,充分体现了明太祖重惩贪官污吏的要求。

(三)刑罚适用原则的变化

明律继承了唐律大部分的刑罚适用原则,同时又有所发展。

1. 将适用类推的决定权收归中央。《大明律》"断罪无正条"规定:"凡律令该载不尽事理,若断罪无正条者,引律比附,应加应减,定拟罪名,转达刑部,议定奏闻。"与唐律"举重以明轻,举轻以明重"的类推原则相比,司法官员"引律比附"提出定罪意见时,应当将罪名及从重从轻的处罚意见上报刑部,由刑部讨论后奏请皇帝决定,各级司法官员无权决定类推定罪的适用,如擅自决定类推定罪,"致罪有出入者,以故失论"。这表明明律将法律类推的权力集中在中央。

2. 涉外案件遵循属地主义原则。《大明律·刑律》"化外人有犯"条规定："凡化外人犯罪者，并依律拟断。"即外国人犯罪的案件，均依明律判决。可见明律对涉外案件完全摒弃唐律的"有限"属人主义原则，实行完全的属地主义原则。

（四）刑罚重点的变化

对于刑罚打击的重点，明律在唐律的基础上有所改变，清朝的薛允升在比较唐明律内容的基础上得出一个结论，即"大抵事关典礼及风俗教化等事，唐律均较明律为重，贼盗及有关帑项钱粮等事，明律又较唐律为重"。这就是明律相对唐律而言的"轻其所轻，重其所重"原则，其具体表现在：

1. 加强对危害封建统治、封建君主的犯罪的处罚。如《大明律》对"谋反"及"大逆"犯罪，规定"但共谋者，不分首从，皆凌迟处死，祖父、父、子、孙、兄弟及同居之人，不分异姓，及伯叔父、兄弟之子，不限籍之同异，年十六以上，不论笃疾、废疾，皆斩"。与唐律相比，对本犯的处刑更重（唐律最重为斩刑而无凌迟刑），株连的范围更广（唐律对本犯亲属缘坐处死刑仅限父子）。

2. 加强对侵犯财产权利犯罪的处罚。如《大明律》"强盗"条规定："凡强盗已行，而不得财产者，皆杖一百，流三千里。但得财者，不分首从，皆斩。"而唐律规定强盗罪计赃论罪，至十匹以上及伤人者绞，不得财徒二年。可见，明律对强盗罪不但在判处死刑的等级上比唐律高，而且使用死刑的前提条件也比唐律宽松。

3. 放松对违反礼教犯罪的处罚。在加重对危害专制统治以及侵犯财产权利犯罪处罚的同时，明律对一些触犯封建礼教的犯罪，处罚方面比唐律有所减轻。如子孙控告祖父母、父母，《大明律》"干名犯义"条规定，"如实有其罪处杖一百，徒三年，如属诬告，处绞刑"。而唐律则处绞刑，诬告处斩刑。又如《大明律》"居丧嫁娶"条规定："凡居父母及夫丧，而身自嫁娶者，杖一百。"而《唐律》相同的条文则规定："诸居父母及夫丧而嫁娶者，徒三年。"明律明显比唐律轻很多。

二、民事法律

（一）确立财产所有权先占取得的原则

明律令仍然对官私财产所有权提供法律保护，其变化较大之处是对财产所有权的先占取得的确认。

1. 不动产的先占取得。明初经历战乱后，形成了大批荒芜的土地，明朝统治者没有将这些土地宣布为国有，而是规定先占取得。明太祖在建国之初即下诏："兵兴以来，所在流徙，所弃田，许诸人开垦业之，即田归主，有司于附近拨给耕种，不听争。唯坟墓、房舍还故主，不听占。"[1] 此后又多次发布鼓励垦荒、听为永业的诏令。这些

---

〔1〕《农政全书》卷三。

诏令的基本精神是将荒芜的土地视为无主土地，只要先占人投入人力物力开垦，就可取得土地所有权。其目的是鼓励耕作，尽快恢复农业生产，同时反映了统治者对土地私有的积极作用有了新的认识，懂得运用土地私有积极的一面去调动农民生产的积极性。

2. 动产的先占取得。按明律的规定，对动产的所有权也可以通过有条件的先占方式取得。如《大明律·户律》规定："凡得遗失之物，限五日内送官，官物还官。私物召人识认，于内一半给予得物人充赏，一半给还失物人。如三十日内无人识认者，全给。"即拾得遗失物，除官物外，拾得人可依法定程序获得遗失物一半或全部的所有权。对于埋藏物，《大明律·户律》规定："若于官私地内，掘得埋藏无主之物者，并听收用。若有古器、钟鼎、符印异常之物，限三十日内送官。"可见除文物之类的东西外，发掘人是可以通过先占依法获得无主埋藏物的所有权的。

（二）加强对契约当事人合法权益的保护

明律在民事方面的重点是维护纲常礼教，但仍然对几种重要的契约关系如借贷、买卖、典当等作出较具体的规定，以保护契约当事人的合法权益。

1. 借贷关系。借贷关系是明朝债法调整的重点之一。法律规定借贷利息月息不过三分，"年月虽多，不过一本一利"。如违法获取过高利息，"笞四十，以余利计赃，重者坐赃论罪，止杖一百"。如债务人欠债不还，分别情况处笞、杖刑，并由官府"追本利给主"，但债权人不得私下强夺财物、人口抵债，"若豪势之人，不告官司，以私债强夺人孳畜产业者，杖八十"[1]。

2. 买卖关系。明代对不动产如土地房屋的买卖有较为详细的规定。首先，法律要求买卖田宅必须订立契约。明初朱元璋颁布的《教民榜文》规定："田地产业变卖者，许其明文立契，以便出卖。"其次，法律强调田宅买卖必须接受政府监督，产权转移必须经"税契"和"过割"两个程序。税契是指土地房屋的买卖典当在按交易价格纳税后，由官府在契券上加盖官印，作为交易合法有效的证明。过割是指办理变更土地所有权人及纳税人的登记手续，如典卖田宅不经税契和过割手续，均依法给予处罚。

3. 典卖制度。明律对典卖制度有较为详细的规定，首先是明确区分典和卖。《明律集解·户律·田宅·典卖田宅》指出："盖以田宅质人，而取其财，曰典。以田宅与人，而易其财，曰卖。典可赎，而卖不可赎也。"法律还规定田宅出典须经立契、验税、过割等程序，一物不得两典，典期届满，出卖人备价取赎，典权人不得托故不肯放赎；如出典人无力回赎，可另立绝卖契纸，或别卖他人，归还原典价。

（三）婚姻家庭方面进一步贯彻纲常礼教的精神

在婚姻关系的成立方面，明律仍然维护家长的主婚权。《大明令·户令》规定：

---

[1] 《大明律·户律》。

"凡嫁娶皆由祖父母、父母主婚。祖父母、父母俱无者，从余亲主婚。"同时，法律明确不得为婚的情形，包括唐律已有规定的同姓不婚、亲属不婚、良贱不婚等均在明律中得到重申。但明律禁止通婚的亲属范围比唐宋时有所扩大，如禁止"中表婚"，即姑舅之表兄弟姊妹以及两姨之表兄姊妹之间不得为婚；严禁"兄亡收嫂，弟亡收弟妇"的"收继婚"。明初统治者认为中表婚和收继婚为"胡俗"，是元朝蒙古人带入中原的不良习俗，因此必须予以严禁。

在家庭关系方面，明律仍然强调对夫权、父权的维护。夫妻之间，妻处于从属地位，双方在法律上是不平等的，表现在：女子婚后即加入夫家，冠以夫姓，以示其身份已属夫家，妻必须服从夫的教令，夫有权对妻子给予惩戒，甚至杀死。如《大明律》规定："其夫殴妻，非折伤，勿论。"赋予丈夫随意打骂妻子的权利。又规定："凡妇人犯罪，除犯奸及死罪收禁外，其余杂犯，责付本夫收管"，"凡妻妾与人奸通，而于奸所亲获奸夫奸妇，登时杀死者，勿论"。[1]

在父母子女关系方面，明律强调对父权的维护，家庭中男性家长处于主导地位，拥有教令权，即教育、命令、责罚子女的权利。祖父母、父母即使非理殴杀孙子女、子女，仅杖一百，故杀者亦仅杖六十，徒一年。对家庭财产亦由家长支配控制，卑幼子孙不得擅自动用，更不能别立户籍，分割财产。

（四）继承制度方面，保护男性直系亲属的继承权

在继承制度方面，明律注重维护封建的嫡长子继承制度，法律规定以嫡长子为宗祧继承人，即由嫡长子继承祭祀祖先的权利，对官位爵位的继承一般也由嫡长子继承。在财产继承方面则实行"诸子均分"的法定继承制度。《大明令·户令》规定："其分析家财田产，不问妻、妾、婢生，止依子数均分，奸生之子，依子数量与半分；如别无子，立应继之人为嗣，与奸生子均分，无应继之人，方许承绍全分。"即嫡子、庶子、婢生子有平等的财产继承权，奸生子也有继承权，但继承份额为嫡子的二分之一，"如别无子"而立嗣，奸生子可与嗣子"均分"遗产，如"无应继之人"，则奸生子可继承全部遗产。妇女则完全没有财产继承权，如果改嫁，"夫家财产及原有妆奁，并听前夫之家为主"。[2]即改嫁的妇女不但可能丧失丈夫的全部遗产，而且还可能丧失先前带入夫家的嫁妆。

三、经济法律

（一）赋役制度的改革

明朝初年，为保证政府的财政收入，对全国大部分地区的户籍、土地情况进行了

---

〔1〕《大明律·刑律》。
〔2〕《大明令·户令》。

清查，编造了记载户籍的"黄册"和记载土地状况的"鱼鳞图册"，作为征收赋税的依据。对土地所有者按土地面积、土质等级征收田赋，一般按收获量的十分之一征收。田赋征收实物，称"本色"，包括粮食、丝、麻、棉等农作物；折为钱、银等货币形式者，称"折色"。对人户则征发"职役"，对十六至六十岁的男丁征发"均徭"；出劳动力者称为"力差"，出钱、物代替力役者称"银差"，还有为官府提供种种劳役的"杂泛"。税收的基础形式仍然是按土、户、丁征收钱物和征发差役。

明中叶后，由于赋役沉重，百姓逃亡，原有的赋役制度渐渐失效，严重影响了财政收入。为此，自嘉靖十年起，推行"一条鞭法"的赋役改革，将各种赋役尽可能归并为几项货币税，以征收货币代替征收实物和征发差役。其主要内容是以土地为主要征税对象，以征收白银代替实物的征收；以县为单位统计差役、杂役所需人力、物力的总额，平摊到全县土地税中，作为土地税一起征收白银；另外将各种"均徭"改为按人丁数征收白银，称为"丁银"，由官府自行征收解运代替原来的"民收民解"。

"一条鞭法"是中国古代赋税制度的一次重大改革，它以货币税代替实物税，结束了历代以来以征收实物为主的国家税收方式，废除了古老的直接役使农民人身的徭役制度，使人身依附关系有所松弛；以资产计税为主代替过去以人头税为主的税收制度，有利于税赋的合理负担。"一条鞭法"的推行反映了明代商品经济发展的要求，反过来对商品经济的发展也有积极作用。

（二）官营专卖制度

明朝对盐、茶、矾等生活必需品沿用宋元以来的专卖制度。明初将沿海产盐地区的居民拣点为"灶户"，世代承袭为国家产盐，所产之盐上缴国家盐场。盐商向官府购买盐引，凭盐引到指定盐场提取官盐，再贩运至指定的地区销售。明初还实行"开中法"，规定盐商向边境运送粮食和军需物资换取盐引，如无盐引而贩盐构成私盐罪，处杖一百，徒三年。明中叶后，灶户因盐价太低而纷纷逃亡，盐产日减而官府照旧出售盐引，导致盐商手中积压大量盐引。为解决盐引积压的问题，明中朝（公元1617年）创立"纲法"，具体做法是将存有积压盐引的盐商编入"纲册"，列入"纲册"的盐商才有资格购买盐引，然后凭盐引直接向灶户买盐，经盐场检验缴纳盐税后视为"官盐"，就可销售到指定地区。"纲法"的实施使一批盐商获得了世袭垄断运销官盐的特权。

明朝对茶叶运销也实行专卖，规定四川、汉中地区所产茶叶全部划为"官茶"，官府征购后运至西北边境换取游牧民族的马匹。江南地区产茶划为"商茶"，允许茶商凭"茶引"经销，如无茶引贩茶构成私茶罪，与私盐罪同等处罚。另外，明律对明矾同样实行专卖制度，私贩明矾视为与私贩盐、茶相同的犯罪行为，应受相同的处罚。明朝对盐、茶、矾实行官营专卖制度，目的是为政府增加财政收入，但却限制了商品经济的发展。

（三）货币立法

由于商品经济的发展，有关纸币的立法首次出现在明朝律典之中。《大明律·户律》"仓库门钞法条"规定，印造宝钞，与铜钱并用，作为民间贸易和茶盐商税的支付手段。宝钞为明朝时纸币的称谓，由户部印造，钞以贯为单位，与铜钱具有同等的信用价值。如拒收宝钞，处杖刑；使用伪钞，亦处杖刑。至于伪造宝钞，则不分首从及窝主，若知情行使者，皆斩，财富入官。明中叶后，由于宝钞贬值，银和铜钱在流通领域逐步取代了宝钞。

铜钱是与宝钞同时使用的货币，由工部宝源局等铸造，钱以文为单位，拒绝使用者，杖六十，私铸铜钱者，处绞刑。民间"废铜"一律缴售官府，由政府控制使用。但明孝宗以后，由于白银供应增加以及白银本身的优越性，逐渐走向银本位，铜钱退居辅助地位。

（四）禁止和限制海外贸易

明朝对民间海外贸易采取严格管制，直至严禁的政策。洪武元年（公元1368年）即发布第一个禁海令，禁止民间海外贸易。《大明律·兵律》规定："凡将马牛、军需、铁货、铜钱、缎匹、绸绢、丝绵私出外境货卖及下海者，杖一百。挑担驮载之人，减一等。货物船车并入官，于内以十分为率，三分付告人充赏，若将人口、军器出境下海者，绞。因而走泄事情者，斩。"经过永乐、宣德直到嘉靖初期，由于海禁有所松弛，海上民间贸易迅速发展，对封建自然经济产生极大冲击，不利于封建专制制度的巩固，因此从嘉靖三年起又屡颁禁海条例。在嘉靖二十九年颁行的《问刑条例》中进一步规定："官民人等擅造二桅以上违式大船，将带违禁货物下海，前往番国买卖，潜通海贼，同谋结聚，及为向导，劫掠良民者，正犯处以极刑，全家发边卫充军。若止将大船雇与下海之人，分取番货，及虽不曾造大船，但纠通下海之人，接买番货者，俱问发边卫充军。其探听下海之人，番货到来，私下收买贩卖，若苏木、胡椒至一千斤以上者，亦问发边卫充军，番货入官。"从中可见《问刑条例》对民间海外贸易的处罚重于《大明律》。严禁海外贸易造成原依赖海外贸易为生的沿海居民生活陷入困境，很多人不得不铤而走险，加入海盗、武装走私的行列。明中后期，东海沿海地区长期不稳定，海禁政策是重要原因之一。

但明朝并非完全禁止对外贸易，而是以"朝贡"的形式接受外国的贸易要求，即海外诸国与明贸易必须以朝贡为先决条件，在朝贡之余可以将捎带的货物与中方进行贸易。为防止外商假借朝贡之名走私，明政府创立了勘合制度，即外国朝贡人员必须持有中国政府发给的"勘合文簿"，入境时经查验核对无误后方许登岸。朝贡贸易的次数、船只、人数均受明朝法令的限制，其中贡物由朝贡人员献给皇帝以示臣服和敬意，皇帝则给予几倍、几十倍的"回赐"，以示大明皇帝对属国的优待和照顾。其余货物则在政府的监督之下，在市舶提举司（简称市舶司）[1] 所在地或京师会馆"与民贸易"。朝贡贸易实质上是受到严格控制的、非等价交换的政治性贸易，主要目的是要宣示明朝的宗主国地位，它对明朝社会经济的积极作用非常有限。

四、行政法律

（一）中央及地方行政体制

为强化君主专制主义中央集权的政治制度，明朝在中央及地方行政体制方面有较大的变化。

1. 内阁制度的确立。明朝中央行政体制的最大特点是在制度上废除中国历史上延续了一千多年的丞相制度，并逐渐形成独具一格的内阁制度。明初，仍沿用宋元时期的一省制，设中书省统辖六部，总揽全国行政事务，置左、右相国，均为正一品。洪武十三年（公元1380年），明太祖借口丞相胡惟庸谋反，下诏撤销中书省，将其辖下的六部提升为直接对皇帝负责的行政机关，以中书省的分权实现皇帝专制集权的目的。洪武二十八年，明太祖进一步规定："国家罢丞相，设府、部、院、寺以分理庶务，立法至为详善。以后嗣君，其毋得议置丞相。臣下有奏请设立者，论以极刑。"[2] 这就在制度上彻底宣判了丞相制度死刑。

皇帝直接领导六部，事务急剧增加，以致明太祖很快就意识到"人主以一身统御天下，不可无辅臣"。[3] 于是在洪武十五年设殿阁大学士，协助皇帝处理政务。初期的大学士一般从翰林院等机关中选调，仅负责草拟诏旨，备皇帝顾问，不得参与国家大事。因此，由大学士组成的内阁只是秘书性质的机构。到明宣宗时期，皇帝开始从六部等中央机关中选任大臣入阁兼大学士衔，内阁职权渐重，到嘉靖以后，内阁成员"朝位班次，俱列六部之上"。[4] 内阁实际上成为高于六部的决策机构，它掌握的权力大致包括：主持科举考试，督促六部等中央机关执行职务，讨论决定国家大政方针，以"票拟"[5] 的方式向皇帝提供决策方面的意见等。但由于内阁毕竟不是法定的最高行政机关，对六部等机关也没有直接的领导关系。因此，明中后期建立的内阁，其实际权力远不如过去的丞相，又由于明后期的皇帝多将批示的工作交由身边亲信的太监去做，所以明后期多数情况下是宦官代表皇帝控制着内阁。

内阁制是在明朝废丞相制度后逐渐发展起来的，但内阁并非国家法定的、正式的

---

〔1〕 市舶司是明政府设置于沿海个别城市主管朝贡贸易的机构，永乐元年曾在浙江、福建、广东设市舶提举司。至嘉靖元年，福建、浙江市舶司被撤，仅存广东市舶司。

〔2〕《明史·职官志》。

〔3〕《明太祖实录》卷一三三。

〔4〕《明史·职官志》。

〔5〕"票拟"始于宣德年间，其做法是内外奏章经皇帝阅后，发内阁检阅提出意见，再进呈皇帝，供其批答时参考。一般情况下皇帝都会同意内阁的票拟，故明代已有人认为票拟权使内阁实际上拥有了过去丞相的职权。

行政机关，大学士也并非最高行政长官。明朝法定的中央机关为五府、六部、都察院、通政司、大理寺等。五府即前、后、左、右、中五军都督府，由明初的大都督府分设而成，主管军事。六部即吏、户、礼、兵、刑、工六部，废丞相制后成为最高行政机关。都察院是明初的御史台经扩大后重组而成的，主要负责监察。通政使司是明朝的创造，设立于洪武十年。朱元璋认为"政犹水也，欲其常通，故以'通政'名官"[1]设通政使为主官，负责接受内外臣民奏章，经审阅后转达皇帝，皇帝的批示也由通政使下达，其直接目的是剥夺中书省查阅奏章的权力。

2. 地方行政体制。明朝地方分省、府（州）、县三级，省级政权设承宣布政使司、提刑按察使司、都指挥使司，分别负责行政、司法监察和军事。三司同为一省长官，分工负责，互不统属，有利于中央对地方的控制。但由于"三司"制度使省一级政权没有可以全面负责的机构，在面对紧急情况如北方少数民族入侵、重大自然灾害时产生效率低下，互相推诿等问题。于是明代有所谓巡抚、总督临时之设，即以巡抚或总督总揽一省或数省军政事务，授予便宜行事之权。明末为应付农民起义和满族入侵，更是遍设督抚，使原有的省级政权成为听命于督抚的机关。发展到清朝时，地方督抚制度正式成立。

省以下的行政建制分府县两级，其长官为知府、知县，此外还有州，分为直隶州和属州，直隶州直属省管理，地位低于府而高于县，属州隶属于府，长官为知州。县以下基层组织，城内设访，城郊设乡，乡内设里，以一百一十户为一里，设里长，里下为甲，设甲长，主要负责地方民政、教化和赋役。

（二）官吏选拔任免制度

官吏选拔的途径主要有科举、学校、荐举、荫叙和捐纳等。其中科举及学校是任官的主要途径。明朝的科举考试分乡试（省试）、会试（京试）和殿试（廷议）三级。乡试及格者为举人，举人取得参加会试的资格，会试及格者参加殿试，殿试后分出三甲，一甲三名赐进士及第，二甲若干名赐进士出身，三甲若干名赐同进士出身，均可直接担任官职。明朝中央各部门的重要职务，多由有进士资格的人员担任，科举极受重视。但明朝科举考试的内容专以"四书"、"五经"为题，考生只能按正统的理学观点答题，不允许有自己独立的见解，形式上则必须采用八股文，极大地妨碍了思想的自由，反映出极端君主专制主义对思想控制的进一步加强。

在明代，学校也是任官的重要途径。学校有两种：一为国学，即国子监，一为府、州、县学。入府、州、县学者谓之生员，生员为国学的来源，生员不能直接为官。入国学者通称监生，监生如不参加科举考试而入仕，必须完成学业以获得出身，分配到指定衙门实习，然后参加吏部主持的铨选，及格者被授予官职。荐举是指因推荐而授

---

[1]《明史·职官志》。

予官职，主要实行于朱元璋统治时期，是科举未完备时选举人才的重要措施。荫叙是指父兄为官有功或殉职，其子侄可因此而被授予官职。捐纳是指通过向国家捐献金钱或财物，从而得到实职或虚衔。上述三种任官途径为士大夫所轻视，称为"杂流"。

在官员的任用方面，正常情况下须遵守一定的规则，如回避制度，即地方官不得由本地人担任，特定部门之间或内部任职的官员有一定的亲属关系，官职低者须回避。对官员的考核主要有考满、考察、稽查三种形式。考满是指通过考查官员在一定任期内完成本职工作的情况，决定是否给予加级、进俸或升职的制度。考察是指在特定时间就官员的德行和能力进行考察，以决定其去留的制度。按被考察对象的不同而分为"京察"和"外察"两种。京察指对京官的考察，每六年进行一次；外察是指对外官的考察。考察的内容有八项，包括贪、酷、浮躁、不及、老、病、疲、不谨，即查验官员是否有上述八种情况，如有，其后果包括撤职、降级调动、退休、离任等。稽查是指根据上传下达的奏章或来往文簿对百官进行定期检查监督的制度。明神宗时内阁首辅张居正推行的"考成法"[1]，就是稽查制度的一种具体形式。三种考察方式的区别在于，考满着重于官员任职期间的成绩，考察注重官员的品德及表现，稽查的重点则在具体事情的完成与否。三种方式构成一套完备的考核制度，但在实际执行中营私舞弊的现象也是存在的。

（三）行政监察制度

明朝的行政监察制度随着君主专制主义的发展而空前完备。明初扩大监察机构，改御史台为都察院，设左、右都御史为长官，下设左、右副都御史，左、右佥都御史等，负责监督、纠劾各级官员的违法犯罪活动，同时有权参与吏部负责的各级官员的考核任免工作，有权会同刑部、大理寺一起审理重大事件。宣德十年，又增设十三道监察御史一百一十人，专门负责地方的监察工作。每年轮换出京至各省巡查的御史，直接代表皇帝，官位虽低（正七品），但职权极重，凡"大事奏裁，小事立断"[2]。监察御史出使巡按地方的制度，加强了中央对地方的控制。

明朝的监察机关除都察院外，还创立了负有独立检察权的六科给事中。六科即吏、户、礼、兵、刑、工科，各科设都给事中一人，左、右给事中各一人，主要负责监督六部的政务活动。凡六部奏请皇帝施行之事，须先经给事中审查，认为不当可以驳回。六部奉旨执行之事，也要在给事中处登记，以便检查实际执行情况。六科给事中的设置，目的是钳制地位得到提高的六部，同时分化都察院的监督权，给事中和御史之间也可以互相纠举，以便于皇帝居中操纵。

---

〔1〕 考成法于神宗万历元年开始推行，是一种针对具有事务完成情况的经常性检查、监督制度，张居正死后被废而不用。

〔2〕《明史·职官志》。

第三节　明朝的司法制度

一、司法机关

(一) 中央司法机关

明朝中央司法机关是刑部、大理寺和都察院，统称"三法司"。另外，具有明代特色的"厂卫"组织也被授予特别司法权，可视为非正式的司法机关。刑部在明代为中央审判机关，设尚书、侍郎等官职，"掌天下刑名及徒隶、勾覆、关禁之政令"[1]。内设十三清吏司，分别受理地方上诉案件，审核各省上报的重要案件和审理京师、直隶的上报案件。

大理寺在明朝转变为复核机关，设大理寺卿，左、右少卿，左、右寺丞等官，对刑部、都察院等机关审理的案件有复核权，凡未经大理寺评议复核的案件，不能交付执行。

都察院为最高监察机关，设左(右)都御史、监察御史等官，有权监督刑部、大理寺行使司法权，有权参与重大案件的审理，对地方司法权的行使也有监察、纠正之权，一般是由皇帝授权，以钦差监察御史的身份外出检查，平反冤假错案。

此外，明朝的锦衣卫、"东厂"等组织也掌握特别的司法权。锦衣卫是皇帝的警卫亲军，下辖南北镇抚司，掌巡察、缉捕、理诏狱之职。南镇抚司兼理本卫刑名等事，北镇抚司专理诏狱。宪宗成化十四年给北镇抚司颁发印信，规定镇抚所理诏狱，必须直接向皇帝报告，本卫指挥使不得干预，因而使北镇抚司成为特别刑事法庭。东厂是永乐十八年(公元1420年)由明成祖设立于北京东安门外，故名"东厂"。其职责是专门为皇帝刺探谋逆、妖言、大奸恶等言行，同时也有权参与审判，其首领由宦官头目之一的司礼太监兼任，称督主。一般情况下，东厂将刺探的案件审讯明白后送正式的司法机关如刑部、都察院治罪。由于东厂是承皇命办案，司法机关只能附和其审讯结论，因此东厂实际上成为皇帝架空法定司法机关的机构。由于东厂权势日重，以致在明宪宗、明武宗时，还曾先后设立西厂、内行厂，以便相互制衡。

(二) 地方司法机关

明代地方司法机构，在省一级专设提刑按察使司，为省级司法机关。按察司设提刑按察使，"掌一省刑名按劾之事"[2]，并为府县一审案件上诉机关。按察使有权判决徒刑以下案件，徒刑以上案件须报中央刑部。

---

[1]《明史·职官志》。
[2]《明史·刑法志》。

在府（州）、县二级仍然是行政与司法合一，由知府、知县等地方行政长官亲理司法审判事务。

县以下有里甲组织，凡是一般的争议，包括婚姻、继承、财产纠纷以及轻微的治安案件等，必须先由里长、老人调停处理，"若不由里老处分，而径诉县官，此之谓越诉也"[1]。明朝前期调处一般纠纷的基层组织称作申明亭，"凡民间应有词状，许耆老里长准受于本亭剖理"[2]。申明亭为调解处理民间户婚、田宅、斗殴之类争议的具有司法性质的基层组织。

二、诉讼制度

（一）诉讼程序

明朝对诉讼的规定与前代相同，对卑幼、奴婢、在押囚犯、老幼笃疾及妇女的诉权，也有各种限制。对匿名控告规定不得受理，对诬告则从重处罚。起诉、上诉必须逐级进行，禁止越诉。凡有重大冤屈司法机关不理者，可以通过"邀车驾"或挝"登闻鼓"的方式，直诉于皇帝。但申诉不实，或冲撞皇帝仪杖者，要受到刑事处罚，以限制诉权被滥用。轻微的刑民案件须先经民间调解处理，否则构成越诉。明代前期推行申明亭调解处理制度，由"民间高年老人公正可任事者"会同里长、甲长于申明亭内调处本乡轻微的刑民纠纷，对调处决定不服始可告官。明中叶以后，申明亭调解处理制度逐渐废弛，又推行乡约制度，规定每里为一约，设约长为负责人，每半个月集合本里宣讲圣谕，调处本里发生的纠纷，当事人同意和解，则汇入专设的"和簿"，不同意和解可向官府起诉。乡约制度除调解民间纠纷外，还兼有宣传法制的任务。这种强制性的诉前调解处理程序，是明朝司法的一大特色。

（二）审判制度

1. 扩大集体审判制以保证皇帝对审判权的控制。明朝中央以刑部为审判机关，但其他机关或组织也有审判权或有权参与审判。由中央一级行政、司法机关的人员组成审判法庭进行集体审判或复审，而不是由某一机关专司审判，是中国历代王朝一致的做法。明朝对这种集体审判制进一步加以扩展，形成了多种集体审判的模式，包括：

（1）三司会审。即遇有大狱重囚，由刑部、大理寺、都察院联合会同审理，报皇帝裁决。

（2）圆审。即地方上报的重大疑难案件，罪犯经过二审后仍不服判决者，由六部尚书、大理寺卿、左都御史、通政使九卿联合审判，报皇帝裁决。

（3）朝审。明代对于秋后处决的死刑案件，建立朝审制度加以审核。始于英宗天

---

〔1〕《续文献通考·职役考》。
〔2〕《大明律集解附例》卷二六。

顺三年（公元 1459 年），于每年霜降以后，由三法司会同九卿、锦衣卫堂上官及公、侯、伯等组成审判庭，共同审理案件。死罪和冤案奏闻皇帝，其余案件依律判决。这实为清代秋审制度的前身。

（4）热审。始于永乐二年，一般是每年小满后十余日，由司礼监传旨下刑部，会同都察院、锦衣卫提审在押囚徒，外地则由巡按御史会同当地各掌印官主审，目的是解决久押不决的问题。

（5）大审。始于成化十七年，在京师者由司礼太监与三法司堂上官主持，在地方则由各直隶、布政司与巡按御史主持，每五年一次，目的在于理枉伸冤，所以又称"录囚"。

2. 厂卫组织介入审判，进一步加强对审判权的控制。明朝的皇帝普遍对外臣怀有不信任的态度，惟恐大权旁落。史载明成祖"防微杜渐无所不用其极，初令锦衣卫官校暗行缉访谋逆、妖言、大奸大恶等事，犹恐外官徇情，随设东厂，令内臣提督之，彼此并行，内外相制"[1]。从此，明朝皇帝的警卫亲军锦衣卫及其家奴宦官开始有组织地干预司法，控制审判。厂卫组织被赋予凌驾于国家司法机关之上的侦查缉捕、办理诏狱、监督、参与审判、法外施刑等特权，不受任何法定程序的约束。明代中后期宦官专权时期，中央司法机关皆听命于厂卫，审判权实际上被宦官所控制，为明代审判制度的又一显著特点。《明史》的作者对此有以下的总结："刑法有创之自明，不衷古制者，廷杖、东西厂、锦衣卫、镇抚司狱是已，是数者，杀人至惨，而不丽于法，踵而行之，至末造而极。举朝野命，一听之武夫、宦竖之手，良可叹也。"[2]

---

〔1〕《明宗宪实录》卷二二五。
〔2〕《明史·刑法志》。

第八章

清朝的法律制度

清朝是中国封建社会的最后一个王朝，该王朝的前身是公元 1615 年由满族贵族努尔哈赤创建的后金政权，公元 1636 年皇太极改国号为清。清朝对全国的统治，从公元 1644 年清军入关算起，到公元 1911 年辛亥革命止，共二百六十八年。

在清朝这段历史时期，封建经济得到长足发展，出现了"康乾盛世"，在此基础上，政治法律方面得到了进一步发展。

清代的法律制度，以鸦片战争分界分为两个阶段，第一阶段属于中华法系，第二阶段属于半殖民地半封建性质的法律制度。

第一节 清朝的立法概况

一、"详译明律，参以国制"指导思想的形成

清朝入关之初，满族人不过数十万。作为一个人口稀少、文化落后、政治法律制度不健全的少数民族，如何去统治一个幅员辽阔、历史悠久、人口众多的汉民族，这是摆在清朝统治者面前的一个严峻问题。为了巩固清朝的统治，在中原地区站稳脚跟，清初统治者明智地采取了"以汉治汉"的策略，即快速吸收汉族先进的文化，将自己融入汉文化的体系之中，采用汉族传统的儒家理论和历代相传的政治体制，在全国实行传统的封建统治。在法律制度上，清初统治者在原有的"参汉酌金"思想基础上提出了"详译明律，参以国制"的法制指导方针。据《清史稿》记载，摄政王多尔衮刚入关时，面对当时的犯罪情况，就曾宣布"即令问刑衙门准依明律治罪"。在大清王朝局势基本稳定以后，清统治者开始了全面的立法工作，多尔衮采纳了一些满、汉大臣的建议，提出了以"详译明律，参酌时宜"为修律方针。令旨曰："法司会同廷臣详译明律，参酌时宜，集议允当，以便裁定成书，颁行天下。"[1] 所谓"详译"，即指对明律进行详细的推导演绎；所谓"时宜"，即指清朝本身的特点。这种因时制宜的继承，

---

〔1〕《顺治实录》卷七。

既使法统不致中断，又能结合时代的需要，无疑是一种明智之举。

"详译明律，参以国制"指导思想的内涵，在于要全面理解吸收以明律为代表的汉族前代传统法律文化、法律制度，同时根据清朝的实际情况、实际需要，制定出一套既能体现儒家传统法律文化基本精神，又适合清朝政治实践的法律体系与法律制度。清朝的法制建设，正是在"详译明律，参以国制"思想指导之下完善、发展起来的。历经顺治、康熙、雍正、乾隆百余年的时间，清律趋于完备和定型，真正体现清王朝特点，并融满汉文化于一体。

二、清入关以后的主要立法

（一）《大清律集解附例》的制定

顺治二年，清世祖顺治皇帝下令调集各衙门中"熟睹律令"者，集于内院，以明律为蓝本，集中修订本朝律例，并就此项工作降谕："修律官参酌满汉条例分别轻重差等，汇成一编进览。"顺治三年，经过不到一年的"广集廷议"，多次"增损裁量"的《大清律集解附例》编纂完成。在增加一些小注以后，《大清律集解附例》作为清朝第一部通行于全国的综合性法典，于顺治四年三月正式"颁行中外"。同年十二月，《大清律集解附例》满文文本也正式颁发。

由于制定仓促，《大清律集解附例》基本上是明律的翻版，分名例律、吏律、户律、礼律、兵律、刑律、工律等七篇，共三十门，仅删去明律中关于钞法的三条，从"徒流迁徙地方"条多分出"边远充军"一条，新增"隐匿满洲逃亡新旧家人"移动两条，律文共计四百五十九条（明律四百六十条）。甚至《大明律》中"允依《大诰》减等"之类的词句都转抄不误。由于抄袭明律太多，许多地方与清代的社会现实相脱离，所以满汉官员都没能认真地加以贯彻执行，以致在当时出现了"律例久颁，未见遵行"的局面。后世学者对该律给予了较低的评价。但从客观上讲，《大清律集解附例》的制定和颁行，为当时政局未稳的清朝社会提供了一个可循的法律标准，并为日后的立法奠定了一定的基础。

（二）《大清律例》的制定与颁行

《大清律集解附例》颁行后，由于其本身无法适应日益变化的清朝社会现实，故有必要重新审视修订新律。康熙九年、十八年、二十八年，分别完成了对律文的"校正"、剔除和归并工作，将《刑部现行则例》附入大清律内，并命尚书图纳、张玉书等人作为修律总裁，对大清律及定例进行了注解工作，于每篇正文后增加总注，以疏解律义。自康熙三十四年至四十六年十多年间，曾反复对大清律进行审核修订，呈交康熙浏览，但终未颁发。虽然康熙朝未能推出一部新法典，但六十余年的修订工作，为后来大清律的颁行奠定了坚实的基础。至雍正王朝，雍正除"整顿朝纲"外，也对立法给予了较大的关注。雍正元年即任命大学士朱轼等修律，历时三年完成修订工作，于雍正五年正式颁行，仍命名为《大清律集解附例》（但在乾隆刊本中简称为《大清律集解》）。此番修律，主要是将律文删、并、改、增，归纳为四百三十六条；每条律文后加上了康熙年间拟而未发的总注；将附例八百二十四条分作原例、增例、钦定例三类。乾隆继位后，即开始修订律例，命三泰等人为律令总裁官，对原有律例进行逐条考证，重加编辑，于乾隆五年（公元1740年）完成，颁行天下。此即为清朝的传世基本法典《大清律例》。

《大清律例》是中国历史上最后一部封建成文法典，也是中国传统封建法典的集大成者。《大清律例》的制定，以《大明律》为蓝本，仍采用律、例合编的体例：律文四百三十六条，分为名例律、吏律、户律、礼律、兵律、刑律、工律七篇；例文一千零四十九条，分别附于七篇律文之后。《大清律例》与明律、例相比，其主要的变化在于例而不在律。清律至此可称定型，正式以"律例"并称，名实相符。乾隆律在名称上取消了"集解附例"的字样。本来所谓"集解"是明中叶后各家对律的疏解汇集，查顺治律中本无"集解"，竟以此为名，当是修律诸臣老吏套用《大清律集解附例》的名称；雍正律沿用旧名，增加了类似集解、但支蔓敷宣的总注，乾隆律删掉总注，为律正名。[1]

自乾隆五年修订完成以后，《大清律例》一直被作为"祖宗成宪"而代代遵循，律文也再未作修订，只有附例不断续撰。初"定限三年一次编辑"，后又改为"五年编辑一次"。每次编辑，虽有删并，但是例越修越多，到同治年间，已经发展到一千八百九十二条的规模。因此，《大清律例》又是一部规模宏大的法典。

（三）《大清会典》与清代行政法

为了规范国家机关的组织活动，加强行政管理，提高官吏的统治效能，自康熙朝开始，清政府仿效"明会典"陆续编定清朝会典，记述各朝主要国家机关的职掌、事例、活动规则与有关制度，计有《康熙会典》、《雍正会典》、《嘉庆会典》、《光绪会典》，合称"五朝会典"也统称《大清会典》。

自乾隆二十七年编纂《乾隆会典》开始，清会典的编纂一直遵循"以典为纲，以则例为目"的原则，典、例分别编辑遂成固定体例。会典所载，一般为国家基本体制，少有变动；具体的变更，在增修则例中完成。《大清会典》循"以官举职，以职举政"的思路，详细记述了国家机构的设置、职权范围以及办事程序。在每一机关之下，开列其机构建制、官员职数、品秩、职掌、权限，并考其沿革及历年事例。《大清会典》采辑"以各衙门开造文册（档案）为凭"，又兼采历朝实录、官书、政书、律例，取其皇帝的谕旨及臣工题奏获准的议案，因此《会典》具有国家法律汇编的性质。如果从《会典》规范了国家机关的职能角度来看，也可视其为清代的行政法典。

---

〔1〕 参见郑秦主编：《中国法制史教程》，法律出版社1998年版，第251页。

除《大清会典》外，清朝重要的行政法规还有各部、院的"则例"。"则例"是针对政府各部门的职责、办事规程而制定的基本规则，是各机关正常运转的基本依据。清朝的则例自康熙王朝开始制定，主要有《刑部现行则例》、《钦定吏部则例》、《钦定户部则例》、《钦定礼部则例》、《钦定中枢政考》、《理藩院则例》等。"则例"作为清朝重要法律形式之一，对于国家行政管理起着重要作用。

（四）关于少数民族管理的专门法规

清王朝是一个统一的多民族国家，加之清统治者本身以外族身份入主中原，使得民族问题在清代更为突出。而清朝之所以能成功地统治中国二百六十多年，得益于有一套成功的民族政策，其中之一就是注重各少数民族地区的法制建设。在法律适用上，除制定全国统一的基本法典外，清朝还制定了一系列在各少数民族聚居区适用的专门法规，如《蒙古律例》、《回律》、《番律》、《苗律》、《西宁青海番夷成例》等。

以《蒙古律例》为例。蒙古族是我国西北地区最强大的少数民族，清朝统治者历来十分重视与蒙古之间的关系，为加强与蒙古之间的结盟和往来，早在太宗崇德时期便颁发了《蒙古律书》。其后，顺治、康熙、雍正屡有修订，至乾隆六年正式颁发《蒙古律例》。《蒙古律例》是蒙古等少数民族的基本法，规定蒙古地区的盟、旗制度，以及朝觐、设官、袭爵、职守、法律、军政、边境卡哨等制度。

清王朝通过颁行这些民族法规，为团结少数民族、维护国家主权统一提供了法律依据。同时，各民族法规兼顾少数民族地区的特点，赋予了少数民族一定的民族自治权，客观上促进了少数民族地区社会制度的发展和进步，也为治理多民族国家积累了丰富的经验。

第二节　清朝法律的主要内容和特点

一、维护皇权统一与中央集权制度

作为封建国家的基本法典，维护皇权、维护中央集权制度是清律的核心。依清律的规定，对危害国家统治基础的谋反、谋大逆等重罪，处罚最重。谋反、谋大逆、谋叛等侵犯皇权、危及封建统治基础的重罪，向来是统治阶级惩治的重点。而清朝对上述重罪打击范围之宽、量刑之重又都超过了明代。首先，《大清律例》扩大了谋反、谋大逆、谋叛的定罪范围，如对于"上书奏事犯讳者"、"奏疏不当者"，经常被加上"殊属丧心病狂"、"妄议朝政"等罪名，按谋大逆治罪。其次，加重对谋反、谋大逆、谋叛等罪的量刑。凡谋反、谋大逆，无论主谋还是共谋者，本人不分首从皆凌迟处死，父子、祖孙、兄弟及同居之人，不分同姓异姓，不限籍之异同，年十六以上皆处斩刑，男年十五以下及母、女、妻、妾、姐、妹均给付功臣之家为奴，财产入官，即使子孙确不知情，年十一以上，亦要阉割发往新疆为奴。至于定为"奸党"罪者，同明律一样，一律处斩。

为保证皇帝高度集权的统治，清律继承了明律中禁止内外官员相互交结的规定，违者从重处罚，还禁止交结内侍，禁止京官与家资富厚之人交结，犯者或斩，或革职。清朝统治者还吸取前代的经验教训，严禁宦官专权，干涉朝政，规定如宦官结纳官员、擅奏外事者凌迟处死。凡有上述行为者可定为奸党罪。奸党罪始创于明朝，是朝廷为防止百官臣僚朋比结党、消除对皇权的威胁而设立的一个特殊罪名。而《大清律例》全部承袭了该罪的条款，同时在定例和其他附属立法中作了许多补充。

严惩官吏犯罪、整饬吏治也是清律的重要内容。《大清律例刑律·受赃》具体规定了对"官吏受财"、"坐赃致罪"、"事后受财"、"官吏听许财物"、"在官求索借贷人财物"、"因公科敛"、"风宪官吏犯赃"等行为的处罚。在"官吏受财"条中，增加"枉法不枉法赃皆绞"的规定，比明律处罚更重。另外，对于"贡举非其人"、"制书有违"等职务犯罪规定了详细的处罚条款。

二、实行政治、思想高压统治

清朝是一个高度集权、专制的封建王朝。通过清律的种种规定，清政府对全国实行严格的政治、思想高压统治。一方面，《大清律例》全部继承了传统封建法典中的"十恶"制度，对于危害皇权、危害国家统治基础及封建伦理道德的十种严重犯罪实施最严厉的处罚。关于"十恶"的基本内容，清律基本仿照明律，但对于一些犯罪的实际处罚，在范围与程度上实际重于明律。很显然，清律继承了明律"重其重罪"的基本特点。

清统治者认为："弭盗安民，乃为治之首务。"在这种思想指导之下，清朝律例对于强盗、窃盗等危害社会治安的犯罪也严加惩处。对于强盗行为，清律规定同明律一样，但得财者不分首从皆斩；已行而不得财者，皆杖一百，流三千里。对于窃盗，凡已行而不得财者，笞五十，得赃一百二十两以上，处绞监候。这一处罚较明律为重。清律且规定，犯窃盗者，初犯刺字；三犯者不论赃数处绞监候。

在专制制度之下，清律不仅严厉打击危害国家的各种行为，还以严酷的刑罚惩治"异端"思想，推行文化专制政策。清朝初年屡屡兴起的文字狱，即是以打击明末清初兴起的启蒙民主思潮和反清民族意识为中心的。由于清代律例中没有惩治文字狱的正式条文，所以清统治者在处理文字狱时，往往按"大逆"重罪比附定案，牵连极广，处罚特重。据不完全统计，康雍乾三朝时期，文字狱多达一百多起，有的以莫须有的罪名诛杀无辜，有的造成株连多人的大狱。如康熙朝著名的庄氏明史案：浙江人庄廷钱私修刻印明史，被人告发，因其不奉清朝正朔，而书南明年号，称努尔哈赤为建州都督。案发时庄氏本人已死，仍开棺戮尸，株及家属，及作序者、刻印者、买书者、未察觉之地方官等七十余人，全部处死。雍正朝有名的查嗣庭"维民所止"案：江西考官查嗣庭以"维民所止"为四书题，被认为是咒"雍正去头"而论罪处死。乾隆朝胡中藻诗案：胡中藻诗中有"一把心肠论浊清"等句，都被认为是讥讽朝政，论罪处死。许多文字狱案都是牵强附会、猜忌、罗织而成，结果使广大知识分子缄口不言，学术空气沉寂。

三、维护满族特权地位

在清朝统治的二百多年间，满人（旗人）是征服者、统治者。维护满人在政治、经济、司法上的特权，也是清朝法律的重要内容和主要特色。在政治上，清朝律例保证满人控制主要国家职位，满人世代作高官；在经济上，法律保障满人（旗人）特殊的经济地位，并给予旗地旗产以特殊的法律保护。所谓旗地旗产是指在清初入关时，旗人大量圈占近京土地作为"旗地"，又驱赶北京内城官民至外城，强占其房宅作为"旗产"。在司法上，除宗室贵族可以享受"八议"等特权优待外，一般满人犯法亦由专门设置的司法机关审理。如宗室、贵族的诉讼，由宗人府处理；内务府所管辖满人诉讼，由内务府慎刑司审理；在外省的满人诉讼，由满洲将军和都统审理，流刑以上案件上报朝廷；盛京地区的满人诉讼，归盛京将军及各部府尹会同审理。《大清律例》专列"犯罪免发遣"条："凡旗人犯罪，笞杖各照数鞭责，军流徒免发遣，分别枷号。徒一年者枷号二十日，每等递加五日；流二千里者枷号五十日，每等亦递加五日；充军附近者枷号七十日，近边、沿海、外边者八十日，极边烟瘴者九十日。"杂犯死罪也可以折枷，惟真死罪者不能折枷。这种换刑的规定，使旗人可以免于离乡发配及苦役。

四、维护封建家族统治与封建等级制度

维护传统的封建伦理道德及家族统治，确立封建的社会关系与等级制度，一直是中国古代法律制度的中心内容之一。清律全面继承了前代法律中的一些"伦理性"法律制度和法律规范，如"十恶"中的"恶逆"、"不孝"等重罪罪名，"亲属相容隐"制度、"存留养亲"制度等，而且将这些反映传统伦理道德的规范、制度发展到一个新的高度。如《大清律例》仿照明律，将标志亲属关系亲疏远近的"丧服图"列于全律之首，说明了清律对于伦理关系的重视程度；同时，清律还将"亲属相容隐"的范围扩到妻妾之间，甚至无服亲属相容隐亦可减轻处罚。

清律对于父权、族权的承认与维护也比前代更进一步。清代广泛承认祖父母、父母对子孙的惩教权、送惩权。父母、祖父母可以将"不孝"子孙呈送官府究办，而且官府依律应"即照所控办理，不必审讯"。在承认父权的同时，清朝律例还承认保护族长对家庭成员的控制权、惩罚权及管理权。

清律在全面维护封建伦理制度道德，确认父权、族权在家族中的统治地位的同时，也全面继承了前代法典中关于贵族、良贱不平等的法律规定。一方面，清律系统地承袭了封建法典中维护贵族、官僚特权的"八议"制度，保障官僚贵族在政治、经济、

司法上的种种特权及优势地位；另一方面，强制维护奴婢役使制度，确认"贱民"、"贱籍"的低贱社会地位，维护良、贱之间不平等的社会关系。如对"压良从贱"行为，法律规定处流三千里的重刑；对"奴婢骂家长"，处以绞刑；奴婢殴打主人，按"恶逆"论处。这些明显重于前代的有关律令。

五、确认封建生产关系，限制资本主义萌芽的发展

作为封建国家的基本法典，清律通过对于侵犯公私财产犯罪的处罚，保护封建国家及封建地主阶级的所有权，全面确认带有人身依附关系的封建生产关系，维护自给自足的封建自然经济结构。同时，清朝还通过律例规定的严刑峻法，限制资本主义生产关系的萌芽。主要表现在：

1. 颁布"禁海令"、"迁海令"，实行禁海政策，以重刑禁止沿海对外贸易。清朝颁行禁海令很大程度上是因为清初南明郑成功从荷兰殖民者中收复台湾后，以台湾作为据点对抗清政府，并联络了福建、浙江及广东等地的反清势力，对清廷存在威胁，故清政府屡颁禁令，禁止船舶下海，阻断海上贸易和交通。而清廷颁行禁海令和迁海令的时期，正是西方各国海上贸易蓬勃发展的时期，清政府为了求得海疆的太平，固步自封，使中国失去了一次和世界经济同步发展的大好机会，其严重后果是导致了后来鸦片战争的爆发和清王朝的覆灭。

2. 采用法律手段，限制民间工矿业的发展。受传统的盐铁专卖政策的影响，清朝把矿业紧紧地掌握在官府手中，不愿与民间商人分利，并控制其规模，在矿业政策上表现出相当的保守性。《大清律例》、《户部则例》对矿业有许多限制性规定。如《康熙定例》规定，采矿权只能由矿产所在地本州县民享有，"如有别州县民入伙越境采取，聚至三十人以上，为首者发近边充军"[1]。

3. 继续推行"重农抑商"的政策，压制私人商业的发展。具体表现为：一是广设钞关，重征商税；二是以严刑峻罚推行禁榷制度，对盐、茶、矾等高利润的民生物资实行官府垄断经营。这些内容在《大清律例》中均有所反映。通过抑制商业的发展，扼杀了资本主义在中国的萌芽和发展。

第三节　清朝司法制度的发展

一、清朝的司法机关

（一）中央"三法司"

清代承袭明代三法司体制，设刑部、大理寺、都察院三机关，号称"三法司"。但

---

〔1〕《大清律例·仓库·钱法》附例。

在三机关中，刑部的权力最重。《清史稿》称："外省刑案，统由刑部复核，不会法者，院、寺无由过问，应会法者，亦由刑部主稿；在京讼狱，无论奏咨，俱由刑部审理，而部权特重。"

1. 刑部。刑部为清代中央最高审判机关，其权力远甚于明代。依《大清会典》，刑部职掌应是"掌天下刑罚之政令"，主要是与复审和刑罚执行有关的行政工作。但事实上，刑部几乎独揽了最高司法权力。刑部的实际权限，具体说来有三个方面：一是在皇帝的统率下行使全国最高审判权，包括核拟死刑案件上报皇帝最后批准，批结全国充军流放案件，审理发生在京师的笞杖以上现审案件及中央官吏犯罪案件。二是司法行政职权，如造办"黄册"（人命盗贼重案囚犯统计册及秋审等事宜的统计册等）、狱政管理、赃款罚没之管理等。三是立法方面的职权，主要是负责律例馆工作，主持修订律例，平时积累例案，开馆时纂修定拟。

刑部因其工作量大，相应的编制也大。刑部以尚书、侍郎为正副长官，同其他中央各部院一样，均为满汉复职，即设满汉二尚书、满汉左右侍郎。刑部之下分设十七清吏司，以分管各省司法事务，如河南司、江苏司等。除十七清吏司外，刑部还设有司务厅、秋审处、提牢厅、律例馆等附属机构。各司、厅、处分设郎中主持，又有员外郎、主事等帮办。此外，还有相当数量的部吏，办理一些文案缮写工作。

2. 大理寺。大理寺是负责案件复核的"慎刑"机构。依清朝规定，大理寺的主要职责是复核死刑案件，平反冤狱，同时参与秋审、热审等会审。如发现刑部定罪量刑有误，可提出封驳。

大理寺长官为大理寺卿，副职为少卿，其下设左、右两寺，各有寺丞、平事等官。大理寺作为自古以来的司法机关，其地位在清代进一步下降，已成为一个陪衬机构。由于大理寺作用不大，似可有可无，以致在清末戊戌变法时一度被作为骈枝机构裁撤，并入刑部。

3. 都察院。都察院是清代全国最高监察机关，负责督查百官风纪、纠弹不法，同时负有监督刑部、大理寺之责，如刑部、大理寺发生严重错误，可提出纠弹，亦可参与重大案件的会审。但总的说来，清代的御史监察作用和影响，都远逊于明代。明代特兴的"代天子出巡"的巡按御史制度，清顺治十七年即被取消。清代实行"台谏合一"，将六科合于都察院内，御史、科臣多看皇帝眼色行事，少有犯颜强谏或弹劾权臣之举。雍正后推行密奏制度，每个大臣都有权密奏他人，但又得提防他人密奏，在一定程度上取代了都察院"天子耳目"的作用。

清代都察院设左都御史、左副都御史为主管官员（右都御史和右副都御史专为外省总督、巡抚兼衔），下分十五道和六科。十五道御史分别监察各省和中央机关，及办理各省司法刑名案件；六科给事中分别设监督吏、户、礼、兵、刑、工六部等机关。科道各有给事中、监察御史若干名。

（二）地方司法机关

清代仍实行行省制度，除蒙、藏等边疆地区外，设有十八个行省，大体如今天的区划。清末光绪年间又增设新疆、台湾和东北三省，共计二十三省。在清朝，地方司法分州县、府、省按察司、总督（巡抚）四级。

州县为第一审级，有权决定笞杖刑，徒以上案件上报。一般而言，有关田土、户婚、斗殴诸般"细故"，均由州县自理，但偷盗重案，州县初审后，应将人犯并案卷一并解赴上级机关审理。作为基层长官的知州、知县，以行政兼理司法，因而也是一方司法长官。在知州、知县之下设吏目、典史等专职属吏，管地方缉捕和监狱，辅助处理司法事务，但不得擅理词讼。

府为第二审级，负责复审州县上报的刑事案件，提出拟罪意见，上报省按察司。

省按察司为第三审级，负责复审各地方上报之徒刑以上案件，并审理军流、死刑案的人犯。对于"审供无异"者，上报督抚，如发现有疑漏，则可驳回重审，或改发其他州县、府更审。此外，省按察司还负责一省的狱政，并有监督考核全省官员政绩风纪之责。

总督（巡抚）为第四审级，有权批复徒刑案件，复核军流案件，如无异议，定案并咨报刑部。对死刑案则须复审，并上报中央。死刑的最后决定权操纵在中央、皇帝手中。作为中央派驻地方的总督、巡抚，是地方最高一级行政长官，同时也掌握地方最高司法权。

二、清代会审制度和发展

在明代会审制度的基础上，清朝进一步完善了重案会审制度，形成了九卿会审、秋审、朝审、热审等比较规范的会审体制。

九卿会审。依清朝规定，凡全国性重大案件，特别是每年判决的斩监候、绞监候案件，由六部尚书、大理寺卿、都察院左都御史、通政司通政使等九个重要官员组成会审机构会同审理，并将审理结果报请皇帝裁决。这种重要的会审制度称为"九卿会审"。九卿会审是从明代的"九卿圆审"发展而来的。

秋审。秋审是清朝最重要的死刑复审制度，因在每年秋天举行而得名。秋审审理的对象是全国上报的斩、绞监候案件，每年八月在天安门金水桥西，由九卿、詹事、科道以及军机大臣、内阁大学士等重要官员会同审理。秋审被看成是"国家大典"，清统治者较为重视，还专门制定了《秋审条款》，作为进行秋审大典的基本规范。当然，全国上千秋审案件一天"审"完，不过是刑部司员、部吏按诏册"逐一唱名"而已。虽流于形式，但秋审制度总的来说还是一种慎刑制度，最大限度地控制死刑适用，在相当程度上减少了枉滥错杀。

朝审。朝审是对刑部判决的重案及京师附近绞、斩监案件进行的复审，其审判组织、方式与秋审大体相同，于每年霜降后十日举行。朝审的程序与秋审基本相同。

经过秋审、朝审的案件，一般作如下处理：①情实，即罪情属实，量刑适当，一般在冬至以前执行死刑；②缓决，案情虽属实，但危害性较小，先暂时关押，等待下一年会审，若经过三次复审定为缓决则可免死；③可矜，罪行虽属实，但情有可原，予以减等发落；④留养承祀，罪行属实，但祖父母、父母无人奉养或为家中独子，免死，改为杖责、枷号示众，然后释放。

热审。热审是对发生在京师的笞杖刑案件进行重审的制度，于每年小满后十日至立秋前一日，由大理寺官员会同各道御史及刑部承办司共同进行，快速决放在监笞杖刑案犯，以防在暑热天气瘐毙狱囚。

第四节　清末法律制度的变革

一、清末"预备立宪"

1900 年以后，清王朝面临着更为严重的存亡危机，因此不得不"改弦更张"，实行"新政"，并于 1905 年正式打出"仿行宪政"的旗号，派遣五大臣赴日本等国考察宪政，设立考察政治馆（后改为"宪政编查馆"）。1906 年 9 月发布"预备立宪谕"，并进行官制改革。1908 年颁布《钦定宪法大纲》，1909 年各省设立咨议局，1910 年成立资政院。在辛亥革命武昌起义爆发后，清政府又匆匆发布《重大信条十九条》。但这些并未能挽回颓局，随着清王朝的覆灭，"预备立宪"也告垮台。

在上述长达数年的"预备立宪"活动中，其最为重要者为两个方面：一是设立咨议局与资政院，二是颁布《钦定宪法大纲》和《重大信条十九条》。

（一）咨议局与资政院

咨议局是清末"预备立宪"过程中清政府设立的地方咨询机构，于 1909 年开始在各省设立。根据《各省咨议局章程》，咨议局的职权主要包括五项：一是决议本省应兴、应革事项。二是议决本省财政预算与决算、公债。三是制定、修改本省单行法规、章程。四是接受本省民众陈情、建议。五是对本省行政机构实施有限的监察权，对于本省行政事件如有疑问，可呈请督抚批答；对于违背法律的督抚，呈请资政院核办；对于纳贿或违法的官绅，可呈候督抚查办。咨议局实际上始终在督抚的监督、控制之下，并不具有资本主义制度下地方议会的性质，在当时历史条件下远没有发挥其应有的作用。

资政院是清朝政府在清末"预备立宪"过程中设立的中央咨询机关，于 1910 年设立。根据《资政院院章》，资政院的职权主要包括三项：一是立法权。包括制定各项法典，以及对各项法律的修改。二是财政议决权。包括议决国家财政的预算、决算及政府公债。三是对行政机构的监督权。对于内阁会议及行政各部的行为如有疑问，可要求其说明；对于违背法律的军机大臣或各部行政大臣，有权提请皇帝处理。从资政院的职权可以看出，资政院已具备西方宪政体制下议会的部分职能。但在实践中，由于清政府内部官吏多方掣肘，资政院多数成了承旨办事的御用机构，根本没有起到其应有的作用。

（二）《钦定宪法大纲》和《重大信条十九条》

《钦定宪法大纲》是清朝政府于 1908 年 8 月 27 日颁布的宪法文件，由"宪政编查馆"编定，共二十三条，分正文"君上大权"和附录"臣民权利义务"两个部分。第一部分"君上大权"共十四条，确定了皇帝拥有的广泛权力，主要包括：一是皇帝行使对帝国的最高统治权，皇帝的神圣尊严不可侵犯，"万世一系，永永尊戴"；二是皇帝作为行政、立法、司法各项权力之上的权力，分别行使最高行政权、召集和解散议会之权等。实际上，这些规定仅仅是将封建皇帝已经拥有的独裁权力加以法律化而已。在该《大纲》的附录部分，仿照西方宪法的条款，也罗列了一些臣民的权利、义务，但对于每项臣民权利，均以"在法律范围内"作为限制语，并规定皇帝"得以诏令限制臣民之自由"[1]。《钦定宪法大纲》无论在结构形式还是在条文内容上，都充分体现了对封建皇权的保护，统治者企图用政治欺骗的方式，为自己的独裁统治披上合法的外衣。但适得其反，该大纲一经公布，立即遭到了社会各界强烈的反对，就连统治集团内部的改良派也深感失望。清朝的统治进一步陷入重重危机中。

《重大信条十九条》是清政府于辛亥革命爆发后为应付时局而炮制的一个宪法文件。1911 年 10 月 10 日武昌起义爆发，革命的风暴席卷大半个中国，清王朝统治已成了风中残烛，但统治者仍抱有一丝幻想，企图继续用政治欺骗的手段度过危机，遂下令资政院迅速起草适应时局的宪法。资政院奉命，火速完成了（仅用三天时间）《重大信条十九条》对皇帝的权力做出了一定的限制，加强了议会的权力。但它只成为了清政府预备立宪政治骗局的落幕曲，在《重大信条十九条》公布后不到两个月，中华民国南京临时政府就在南京正式成立。1912 年 2 月 12 日，宣统皇帝宣布退位，中国数千年的封建统治宣告终结。

二、清末刑法典的修订

清末变法修律活动中，刑法领域中的明显变革成果是《大清现行刑律》与《大清新刑律》的制定，特别是《大清新刑律》的制定，集中体现了清末变法修律过程中的各种矛盾和主要成果。

（一）《大清现行刑律》

清政府于 1910 年 5 月 15 日颁布了《大清现行刑律》，其目的是把它作为《大清新

---

〔1〕 参见《大清法规大全·宪政部》卷四，台北考证出版社 1972 年版，第 210 页。

刑律》制定完成之前的一部过渡性的法典，因而对相传已久的《大清律例》并没有做根本性的修改，其基本内容也是秉承旧律旧例而来。

《大清现行刑律》共三十六卷，二百八十九条，另有附例一千三百二十七条，并在律例之后附有《禁烟条例》十二条和《秋审条例》一百六十五条。与《大清律例》相比较，《大清现行刑律》主要在以下几个方面进行了修订：一是删除总目，使法典在体例结构上合理化。《大清律例》继承明律的体例，以吏、户、礼、兵、刑、工六部分篇，结构不尽合理。而预备立宪开始后，实施官制改革，原六部体制也有改变，法典的体例当然也应作相应变化。除保留"名例"作为总则以外，将各条按其性质分隶三十门。二是修改刑种，将已实际实施的新的刑种纳入法典之中。《大清律例》原有笞、杖、徒、流、死五刑，外加充军等刑。但从1903年删改律例之后，在刑种上已有一些变化，包括改"充军"为"安置"，改"笞"、"杖"为"罚金"，改"徒"、"流"为"工艺"等。三是废除了一些残酷的刑罚种类，如删除了凌迟、枭首、戮尸、刺字等刑罚及缘坐制度。四是增加了一些新的罪名，如妨害国交罪、妨害选举罪、私铸银圆罪、破坏交通罪等。五是简化例文。《大清律例》以例补律，律文数量虽然固定未变，但条例数量却猛增。由于历年增修，当时条例数已近两千条。条例的内容既有相互重复，也有因事而设、不再具有普遍意义者，更有相互冲突者。故删繁就简，整理修订，以减少其冗杂、累赘。

总体来看，《大清现行刑律》只是对《大清律例》在形式上做了简单的局部调整，其基本原则、基本制度和主要精神，均是《大清律例》的直接延续。故多数学者认为其不能算作一部新式的专门刑法典。

（二）《大清新刑律》

《大清新刑律》是清政府于1911年1月25日公布的一部专门刑法典，也是中国历史上第一部近现代意义上的专门刑法典。但公布后不久清王朝即告覆亡，故《大清新刑律》并未正式施行。

《大清新刑律》分为总则和分则两编，共五十三章，四百一十一条，另附有《暂行章程》五条。《总则》包括十七章：法例，不为罪，未遂罪，累犯罪，俱发罪，共犯罪，刑名，宥减，自首，酌减，加减刑，缓刑，假释，恩赦，时效，时例，文例。《分则》以罪名分章，共计三十六章。

《大清新刑律》确立了新的刑罚体系。刑罚分主刑和从刑两种。主刑共五种：①死刑，仅保留了绞刑一种。②无期徒刑。③有期徒刑，分五等：一等，十五年以下，十年以上；二等，未满十年，五年以上；三等，未满五年，三年以上；四等，未满三年，一年以上；五等，未满一年，两个月以上。④拘役。⑤罚金。从刑两种：①褫夺公权。公权的内容包括：为官员、选举人、学堂监督、职员、教习、律师的资格；入军籍的资格等。②没收财产。这种新的刑罚体系，与以往凌迟、枭首等残酷野蛮的刑罚相比，已经文明了许多，是社会进步的一种体现。

《大清新刑律》大量地采用了西方资产阶级的刑法原则和近现代刑法学的通用术语。如采用了罪刑法定主义原则，删除了旧律中的比附制度；采用了法律面前人人平等的原则，取消了沿用数千年的"八议"制度，取消了因官秩、良贱、服制不同而在刑律适用上的不平等；采用了刑法学通用的术语，如缓刑、假释、正当防卫、紧急避险等，并引进了对幼年犯惩治教育制度。

《暂行章程》共四条，其内容主要体现对于传统的纲常伦理的重点保护：①加强对于君权、父权、夫权的保护。对于危害皇帝罪、杀伤尊亲属罪，处死刑者，仍用斩刑，而不适用绞刑。②对侵犯尊亲属的行为，卑亲属不得适用《刑律》所规定的正当防卫。③增设"无夫奸罪"，与无夫妇女通奸者，通奸双方均构成犯罪，并处以五等有期徒刑、拘役或一百元以下罚金。④毁弃、盗取尸体罪以及发掘尊亲属坟墓罪，处以比《刑律》更重的刑罚，情节严重者，处以死刑。《暂行章程》同时也加重了对于严重危害国家统治、危害社会安全等犯罪的处罚。

单纯从技术角度和形式上看，《大清新刑律》属于近现代意义上的新式刑法典，与中国传统的法典在结构、体例及表现形式上均有较大不同。但是，由于受到清政府内部一些守旧派的修改，特别是附录，《暂行章程》依然存在于法典之中，保持着旧律维护专制制度和封建伦理的传统。可以说《大清新刑律》的完成是以沈家本为代表的近代法学家与清朝守旧派妥协而产生的一部刑法典。在中国这个有数千年封建传统的社会，清末制度变革尚未涉及社会深层。

三、民律与商律草案

（一）《大清民律草案》

民商事法律的发达程度，在很大程度上反映着一个国家法律发展的总体水平。在传统中国，由于历来不重视私法的发展，所以民事法律不发达是自然的，在编纂体例上中国一直采用"刑民合一"的方式，民事法律作为一种附属被包容在刑法典中。清朝末年，西风东渐，民事法律终于得到了朝廷的重视，制定单独的民事法律也被提到日程上来。1907 年，由沈家本、伍廷芳等人主持的修律工作，把编纂民法典作为一项重要工作在全国范围内进行。一方面派专人到全国各地进行民事习惯的调查，另一方面特地聘请了日本法学家松冈正义等法律专家参与起草工作。历时四年，《大清民律草案》于 1911 年 8 月正式交稿完成，中国历史上第一部专门民法典草案诞生了。

《大清民律草案》共分总则、债权、物权、亲属、继承五编，三十六章，一千五百六十九条。《总则编》共八章：法例，人，法人，物，法律行为，期间及期日，时效，权利之行使及担保。《债权编》共八章：通则，契约，广告，发行指示证券，发行无记名证券，管理事务，不当得利，侵权行为。《物权编》共七章：通则，所有权，地上权，永佃权，地役权，担保物权，占有。《亲属编》共七章：通则，家制，婚姻，亲子，监护，亲属会议，扶养之义务。《继承编》共六章：总则，继承，遗嘱，特留财产，无人承认之继承，债权人或受遗人之权利。其中总则、债权、物权三编由日本法学家松冈正义等人仿照德国、日本民法典的体例和内容草拟而成，吸收了大量西方资产阶级民法的理论、制度和原则，而亲属、继承两编则由修订法律馆会同礼学馆起草，带有浓厚的中国封建制度和封建礼教的色彩。

《大清民律草案》完成之际，正值清朝政府岌岌可危之时。两个月后，辛亥革命爆发，清王朝二百多年的封建统治土崩瓦解，清王朝的法律制度也随之夭折。因此，该草案未能正式颁布与实施。然而，《大清民律草案》中所确定的一些原则、制度、概念、术语，以及制定民事法律所应考虑的方法等，为此后民法的制定提供了有价值的经验。

（二）清末的商事立法

由于受传统的"重农抑商"思想的束缚，中国商事活动一直不发达，更缺乏商事方面的立法。到清朝末期，随着海禁大开，外国的商品和资本大量流入中国，极大地刺激了中国商业的发展。商业交往的扩大，必然导致商业纠纷的增多，因此急需制定商业活动方面的法律，以规范日趋发达的商业往来。从1903年开始，清末商事立法大致可以分为前期和后期两个阶段：1903～1907年为第一阶段；1907～1911年为第二阶段。

在第一阶段，商事立法主要由新设立的商部负责。根据当时的需要，清政府陆续颁行了一些应急的法律和法规，主要有：1904年1月颁布的《钦定大清商律》，1904年7月颁布的《商标注册试办章程》，1906年5月颁行的《破产律》以及其他有关商务和奖励实业的章程，1906年6月颁行的《公司注册试办章程》。

在第二阶段，主要商事法典改由修订法律馆主持起草，单行法规仍由各有关部门拟订，经宪政编查馆和资政院审议后请旨颁行。在此期间，修订法律馆于1908年9月起草了《大清商律草案》，1911年1月农工商部起草了《改订大清商律草案》，此外还起草了《交易行律草案》、《保险规则草案》、《破产律草案》等，但均未正式颁行。在此期间颁布实行的单行商事法规有《银行则例》、《银行注册章程》、《大小轮船公司注册给照章程》等。

四、清末诉讼法的修订与司法体制的变化

（一）主要诉讼法规的修订

中国传统法律在法律编纂形式上程序法与实体法不分，没有独立的诉讼法典。1905年开始，朝廷先后多次委派大臣远赴欧美各国及日本，学习考察国外的法律制度。经过数次考察，归国大臣向朝廷提交的《考察司法制度报告书》中，详细说明了西方司法制度的合理性，并建议朝廷引入西方先进的司法制度，其中之一便是主张制定、实施与实体法相对应的、独立的诉讼法。所以在清王朝存在的最后几年中，诉讼法律、法规的制定也是变法修律的重要内容之一。在《大清现行刑律》和《大清新刑律》草拟、公布以前，修订法律馆就于光绪三十三年（公元1906年）拟定出了一部《大清刑事民事诉讼法》。该诉讼法是中国历史上第一部近代意义上的诉讼法草案，共分总则、刑事规则、民事规则、刑事民事通用规则、中外交涉事件处理规则等五章，二百六十条。在该法律草案中，首次引进了近代的陪审制度和律师制度。该法律草案完成后，被朝廷分送省督抚审议。而以劳乃宣、张之洞、袁世凯为代表的大部分守旧的地方大员、封疆大吏皆"议其窒碍"，认为草案所确立的新制度与中国传统习俗有不符合之处，尤其是关于陪审制度与律师制度等，既与传统习惯不相符合，又缺少实施的实际基础，使得这部法律草案未及颁行即遭夭折。其制定公布或初步拟订了《大理寺审判编制法》、《法院编制法》、《各级审判厅试办章程》、《大清监狱律草案》等诉讼法规或法规草案。1910年，在经过多次反复争论以后，终于拟订完成了《大清刑事诉讼律草案》和《大清民事诉讼律草案》，但未及颁行，清王朝即告覆亡。

《刑事诉讼律草案》共六编，五百一十五条。六编分别为：总则、第一审、上诉、再审、特别诉讼程序、裁判之执行。与1906年《刑事、民事诉讼法草案》相比，1910年《刑事诉讼律草案》不仅完整保留了受到封疆大吏攻击的陪审、律师辩护等制度，而且更多地吸收西方国家最新的诉讼原则与制度，对于刑事诉讼程序也有更具体、详细的规定。

《民事诉讼律草案》共四编，八百条。四编分别为：审判衙门、当事人、通常诉讼程序、特别诉讼程序。其中很多内容是直接参照西方各国法律条文的规定，相当全面。

（二）诉讼体制的变化

在清末变法修律的过程中，为配合官制改革及一些新的诉讼法规的颁行，清政府也对相传已久的旧的诉讼体制和审判制度进行了一些改革，主要表现在：

1. 调整司法机关。

（1）自1906年开始，改刑部为法部，掌管全国司法行政事务，不再承担任何审判职能，以使行政与司法分立；并改按察使司为提法使司，负责地方司法行政工作及司法监督。

（2）改大理寺为大理院，作为全国最高审判机关，专门负责审判工作。在地方设立高级审判厅、地方审判厅和初级审判厅，形成新的司法系统。

（3）实行审检合署，在各级审判厅内设置相应的监察厅，对刑事案件进行侦查、提起公诉、实行审判监督；并可参与民事案件的审理，充当诉讼当事人或公益代表人。

（4）设立警察机构和新式监狱。在传统的中国司法体制中，并无专门的警察机构。京城及地方治安主要由步军统领衙门、绿营、地方团练等军事武装及各官署衙役来维持。1905年，政务处、兵部会奏裁撤绿营，一律改为巡警。在中央，设巡警部，京师设内外城巡警总厅，地方各省设巡警道。此外，清政府也对监狱进行了改良，如在京城及部分省份新设立"罪犯习艺所"，并大张旗鼓地设立"模范监狱"。但大部分所谓的"模范监狱"未及竣工，清政府就灭亡了。

2. 改革诉讼制度。主要引进了一系列西方近代诉讼审判原则和具体制度。

（1）在诉讼程序上实行四级三审制度。

（2）规定了刑事案件公诉制度、附带民事诉讼制度、民事案件的自诉及代理制度、证据制度、管收及保释制度等，并承认律师活动的合法性。

（3）在审判制度上，规定了允许辩论制度、实行回避制度、审判公开制度等，并明确了预审、合议、公判、复审等程序。

（4）初步规定了法官及检察官考试任用制度。

（5）改良监狱及狱政管理制度。

值得注意的是，清末司法制度的改革，如同整个"预备立宪"、变法修律活动一样，大多仅停留在文字上，在实际施行过程中，往往也仅是流于形式而已。

（三）外国在华领事裁判权制度

1. 外国在华领事裁判权制度的确立。所谓领事裁判权，乃是外国侵略者在强迫中国订立的不平等条约中所规定的一种司法特权。依照这种特权，凡在中国享有领事裁判权的国家，其在中国的侨民不受中国法律管辖，不论其发生何种违背中国法律的违法或犯罪行为，或成为民事或刑事诉讼当事人时，中国司法机关无权裁判，只能由该国的领事或设在中国的司法机构依据其本国法律裁判。故领事裁判权也称"治外法权"。

外国在华领事裁判权正式确立于1843年7月22日在香港公布的《中英五口通商章程及税则》及随后签订的《虎门条约》中。《中英五口通商章程及税则》中规定："英人华民交涉词讼一款，……其英人如何科罪，由英国议定章程、法律发给管事官照办。"此时的"治外法权"的范围尚仅限于宁波、上海、广州、厦门、南京等五个通商口岸。但在随后签订的《虎门条约》中，英国政府将"治外法权"的范围扩展至内地，即"倘有英人违背此条禁约，擅到内地远游者……交英国管事官依情处罪"。及至1844年《望厦条约》和其后签订的一系列不平等条约中，"治外法权"的领事裁判权又不断得以扩充。

2. 西方列强行使在华领事裁判权的机构。为了行使领事裁判权，西方列强均在中国设置了司法审判系统。一般而言，一审案件均由在华领事法院或领事法庭审理。二审上诉案件，有些国家如英国、美国等在中国设立了上诉法院，有些国家则由设在与中国邻近的殖民地法院审理。至于案件终审，则都由本国的最高审判机关受理。各国在华法院审理案件一般适用自己本国的法律。

3. 观审制度与会审公廨。

（1）观审制度。即西方列强取得在华领事裁判权以后确立的强行干预中国司法审判的制度。按原来不平等条约中的规定，涉外诉讼案中司法管辖依被告主义原则。但1876年《中英烟台条约》签订以后，西方列强逐渐强迫中国政府同意，即使外国人是原告的案件，其所属国领事官员也有权前往"观审"，中国承审官应以观审之礼相待。如果观审官员认为审判、判决有不妥之处，可以提出新证据、再传原被告甚至参与辩论。这种观审制度是对原有领事裁判权的扩充，也是对中国司法主权的粗暴践踏。

（2）会审公廨。会审公廨又称会审公堂，是1864年清政府同意英、美、法三国驻上海领事在其租界内设立的特殊审判机关。按1868年《上海洋泾浜设官会审章程》的规定，凡涉及外国人的案件，必须有领事官员参加会审；凡中国人与外国人间诉讼案，若被告系有约国人，由其本国领事裁判，若被告为无约国人，也须由其本国领事陪审，甚至租界内纯中国人之间的诉讼最终也须外国领事观审并操纵判决。实际上，所谓"会审"，只是空有其名，审判的主动权完全被外国领事所控制，中国官员仅被当作象征性的"花瓶"来作陪衬。会审公廨制度的确立，也是外国在华领事裁判权的扩充和延伸。

4. 外国在华领事裁判权确立的后果。

（1）领事裁判权的确立，是外国资本主义、帝国主义干涉中国内政、操纵中国司法的重要手段，它严重破坏了中国的司法主权。

（2）鸦片战争前，中国是一个领土完整、主权独立的国家。而外国在华领事裁判权的确立，不仅使中国的司法机关丧失了对涉外案件的管辖权，而且在中国领土上允许外国设立司法机关，行使司法权力，并执行外国法律。结果出现了在中国领土上外国人不受中国法律约束，而中国人反受外国法律裁判的怪现象。这正是中国社会半殖民地化的深刻写照。

（3）领事裁判权制度也是外国侵略者在中国逞凶肆虐、走私贩毒、进行各种犯罪的护身符。外国侵略者可以借领事裁判权，在中国杀人越货，横行无忌，而每每逍遥法外。

（4）领事裁判权是外国侵略者肆意侵害中国人民生命财产、镇压中国人民革命运动的工具。

第 九 章

太平天国的法律制度

太平天国运动从 1851 年 1 月 11 日爆发开始，至 1864 年 7 月 19 日天京陷落结束，持续了 14 年，势力遍及 17 省，是中国近代史上规模最大的农民革命。太平天国建立了武装政权，先后颁发了《天朝田亩制度》和《资政新篇》等纲领性法律文件。

孙中山在《民生主义与社会革命》[1] 中对太平天国作如是评价："五十年前太平天国即纯为民族革命的代表，但只是民族革命，革命后仍不免为专制，此等革命，不能算成功。"在《太平天国战史序》[2] 中，孙中山分析太平天国败亡的原因："洪氏之覆亡，知有民族而不知有民权，知有君主而不知有民主。"他认为太平天国并不是学习的榜样，因为他们的领袖还是皇帝，太平天国是封建专制。在《民权主义》[3] 第三讲中说："大家若是有了想做皇帝的心理，一来同志就要打同志，二来本国人更要打本国人，全国长年相争相打，人民的祸害，便没有止境。"

第一节 太平天国法制概况

一、拜上帝教对太平天国组织体系的影响

洪秀全于 1843 年创立了拜上帝教。之前他曾专程到广州学习基督教教义，但因其"信仰不纯"而未能受洗。之后他自称上帝次子，称耶稣为天兄，并将此作为组织管理农民起义队伍的手段。拜上帝会虽吸收了基督教的因素，但在许多方面与基督教大相径庭。洪秀全等人认为：太平天国是地上的"天国"，太平天国的法律是地上的"天法"。基督教的宗教术语及神权教义，在太平天国法律中随处可见。洪秀全、冯云山仿

---

〔1〕《民生主义与社会革命》是 1912 年 3 月 31 日，孙中山卸任临时大总统前夕，在南京同盟会成员的饯别会上发表的讲演。

〔2〕 中国社科院近代史所编：《孙中山全集》第一卷，中华书局 1981 年版。

〔3〕《孙中山选集》下卷，人民出版社 1956 年版。

照基督教圣经《旧约全书》中的摩西所传上帝耶和华的十诫[1]，并结合中国传统道德信条，于1847年（道光二十七年）在广西桂平县紫荆山区制定出《十款天条》，于1852年（咸丰二年）正式刊行。其内容为：①崇拜皇上帝；②不好拜邪神；③不好妄题皇上帝之名；④七日礼拜，颂赞皇上帝恩德；⑤孝顺父母；⑥不好杀人害人；⑦不好奸邪淫乱；⑧不好偷窃劫抢；⑨不好讲谎话；⑩不好起贪心。太平天国将《十款天条》在人民中强制推行。太平天国的教规、军纪和法律一般通称为"天令"、"天条"、"天法"。洪秀全一再强调太平天国军民务须遵"天令"、守"天法"、奉"天条"，如有违犯，定予严惩。当时广西地瘠民贫，连年灾荒，"拜上帝会"在当地吸纳了大批信徒，大家互相劝诫："身宁受刀，莫犯天条。"

公元1851年1月11日，洪秀全在广西桂平金田村组织起义后，正式向清王朝宣战，建号太平天国，起义军称为太平军。这次起事以"拜上帝会"为组织形式，以会员为基本力量，参与的信徒约一万人。是年3月，洪秀全在广西武宣东乡称天王，9月25日攻克广西永安州后，进行了军事、政治等方面的一系列整顿和建设，主要包括整顿军纪、分封诸王、颁行《天历》、规定礼制等，建立了一套官僚体制，史称"永安建制"[2]。太平天国以洪秀全为天王，称"万岁"；封原中军主将杨秀清为"左辅正军师"东王，称九千岁；原前军主将萧朝贵为"右弼又正军师"西王，称八千岁，原后军主将冯云山为"前导副军师"南王，称七千岁；原右军主将韦昌辉为"后护又副军师"北王，称六千岁；原左军主将石达开为翼王，并诏令诸王皆受东王节制，确立由军师主政的政治体制。天王虽然地位在各王之上，然而在制度上是一个虚君，正军师东王杨秀清名义上掌握了太平天国的实际管理权，加上东王多次假托"天父下凡"传令，令天王也要听从东王命令。后南王冯云山及西王萧朝贵相继战死，权力更加集中在东王一人身上。

拜上帝教的宗教形式与封建君主专制结合，太平天国领导集团一开始形成的权力架构及运作模式，是导致太平天国内部分裂和最终失败的原因。

---

〔1〕摩西十诫：第一条："我是耶和华——你的上帝，曾将你从埃及地为奴之家领出来，除了我之外，你不可有别的神。"第二条："不可为自己雕刻偶像，也不可做什么形象仿佛上天、下地，和地底下、水中的百物。不可跪拜那像，也不可事奉它，因为我耶和华——你的上帝是忌邪的上帝。恨我的，我必追讨他的罪，自父及子，直到三四代；爱我、守我戒命的，我必向他们发慈爱，直到千代。"第三条："不可妄称耶和华——你上帝的名；因为妄称耶和华名的，耶和华必不以他为无罪。"第四条："当记念安息日，守为圣日。六日要劳碌做你的工，但第七日是向耶和华——你上帝当守的安息日。这一日你和你的儿女、仆婢、牲畜，并你城里寄居的客旅，无论何工都不可做；因为六日之内，耶和华造天、地、海，和其中的万物，第七日便安息，所以耶和华赐福与安息日，定为圣日。"第五条："当孝敬父母，使你的日子在耶和华——你上帝所赐你的土地上得以长久。"第六条："不可杀人。"第七条："不可奸淫。"第八条："不可偷盗。"第九条："不可做假见证陷害人。"第十条："不可贪恋他人的房屋；也不可贪恋人的妻子、仆婢、牛驴，并他一切所有的。"百度百科：http://baike.baidu.com/link? url = zIFZW68sVocvoqnwenySsEXtkNZCoo9e8I6F4Pfvx4BR3E9XFCdKLC6fJBGEapjS.

〔2〕1851年3月，洪秀全在广西武宣东乡称天王，9月太平军攻克广西永安州（今蒙山）后，整顿建制，相继建立下列军政制度：①修改历法，制订天历；②令人民蓄发；③建立圣库制度，财产统一管理；④确定官制；⑤论功行赏，分封五军主将为王。

二、平均主义与严格等级秩序并存

（一）平均主义

太平天国在初期就提出"天下多男子，尽是兄弟之辈；天下多女子，尽是姊妹之群"的朴素的男女平等思想，并以此为基础制定了体现男女平等的婚姻法律。太平天国定都天京后，在《天朝田亩制度》中又进一步提出了"有田同耕，有饭同食，有衣同穿，有钱同使，无处不均匀，无人不温饱"的平均主义建国理想。

但平均与平等有原则性的差别：平等要求权利义务的对等，在遵守共同规则的承诺下，利益分配以意志自由为前提，平等主要由社会成员个体自主协调完成。平等意味着至高无上的是人人皆应遵守的规则。而平均则需要一个绝对权威的分配掌控者存在，这个权威决定分配规则并凌驾于其他社会成员之上，而权威本身以严格的等级制度来维系。平均的理念需要极权和人治来实现，规则的制定取决于领导者的个人意志，有其任意性，且规则处于不确定状态。在私欲膨胀、缺乏约束的情况下，权力导致腐败成为必然的趋势。

（二）严格的等级秩序

洪秀全在《天父诗》中，多次流露出了唯我独尊的君主专制帝王思想，如"一句半句都是旨，认真遵旨万万年"，"遵旨得救逆旨刀"等。太平天国公开提出"总要君君、臣臣、父子、子子、夫夫、妇妇"，仿效封建统治模式，建立起一套"贵贱宜分上下，制度必判尊卑"的封建等级制度。如《太平条规》要求"内外官兵"遇见天王、后妃须"各回避道旁，呼万岁、万福千岁"。《太平刑律》规定："凡东王、西王、翼王及各王驾出，侯、丞相轿出，凡朝内军中大小官员兵士如不回避，冒冲仪仗者，斩首不留"；"凡检点指挥各官轿出，卑小之官兵士，亦照路遇列王规矩，如不回避或不跪道旁者，斩首不留"；使用颜色"逾限者斩首不留"，甚至臣下谈到宫内后妃的名字、位次以及看到后妃不低头垂眼都判处死刑。在官员和群众之间、上级和下级之间树立起森严的壁垒。谢介鹤的《金陵癸甲纪事略》记录了东王杨秀清出行的盛况："贼众千余人，大锣数十对，龙凤虎鹤旗数十对，绒采鸟兽数十对，继以洋绉五色龙，长约数十丈，行不见人，高丈余，鼓乐从其后，谓之'东龙'。乐已，大舆至。舆夫五十六名，舆内左右立二童子，排蝇捧茶，谓之仆射；舆后伪相及众贼官等百人从焉。又继以龙如前状焉，行乃毕。"[1]

太平天国的法律还确认了太平天国的其他各王也享有大小不等的特权，而且可以"子孙承继，世传不替"。

天京事变后，洪秀全独揽大权，任人唯亲，"立政无章"，终致太平天国覆灭。

---

[1]　见谢介鹤：《金陵癸甲纪事略》中《太平天国》（四）部分，第668页。

三、用神权作为社会管理手段

太平天国极力宣扬天父是"天上地下之大主宰","天父上帝要人生则生,要人死则死"。天王洪秀全是天父的次子,是天父天兄在人世的代言人。太平天国的法律称"天法",惩治罪犯就是"奉行天法"、"替天行诛"。太平天国的法律规定,不拜上帝,妄改天父天兄名字者处以死刑。此外,《太平刑律》作出了许多附会宗教教义的规定,如"凡军中兵士打仗升天,此是好事,不准哭泣"。这些都表现了太平天国法律的宗教色彩。

在婚姻家庭关系方面,也受太平天国拜上帝教教规的约束,如太平天国的法律规定:"夫妇合婚皆听天父旨命";"凡婚嫁必听其师择配,不得苟合"等。另外,在太平天国的法律中还有许多"男女授受不亲"的规定,例如不许太平天国的官兵雇请民妇洗衣、缝纫,"如有官兵雇请民妇洗衣缝纫者,概斩不留"。

四、太平天国前后期的立法概况

(一)前期——天京事变之前

在太平天国革命运动过程中,由于革命斗争的需要,太平天国领导人洪秀全、杨秀清等在吸收历史上农民战争经验的基础上,提出了比较明确的革命纲领,制定了一系列方针政策和一套较为完备的革命法制。

太平天国法律制度的创制,始自《十款天条》。《十款天条》是"拜上帝会"的教规及太平天国的军纪。1852 年"永安建制"初步确定了太平天国的官制,颁布了《天命诏旨书》、《太平礼制》、《太平条款》,并刊印了《太平诏书》、《天条书》等具有法律效力的文书。1853 年建都南京后,在东王杨秀清的主持下,制定和颁布了《天朝田亩制度》、《太平刑律》等。此外,洪秀全所著的《原道醒世训》、《原道觉世训》、《原道救世歌》,以及天王、东王、西王、南王、北王等各王颁布的诏书、诰谕、命令、条例等都是太平天国法律体系的重要组成部分。

(二)后期——天京事变之后

1856 年太平天国发生内讧,东王杨秀清与西王韦昌辉自相残杀,翼王石达开被迫出走。太平天国的实力受到严重削弱,国势日衰,法纪废弛。1859 年,担任军师的干王洪仁玕[1]总理朝政不久,为了改革时弊、挽救太平天国,向洪秀全进呈《资政新篇》,经洪秀全批改,作为太平天国官方文书颁行。《资政新篇》在政治、经济、社会

---

〔1〕 洪仁玕是洪秀全的族弟,是拜上帝教最早的信徒之一。金田起义时,因传教没有赶上起义队伍,便折回广东。为逃避清政府追杀,1852 年到香港,努力了解西方的宗教和文化,并结交了一批传教士,在那里接受了一些西方资本主义的思想。1858 年离开香港,辗转来到天京,受到洪秀全器重,被封为干王,总理全国政事。1859 年(咸丰九年)冬,他提出了一个改革内政和建设国家的新方案——《资政新篇》。

改良以及立法方面提出了一系列的改革措施，是太平天国后期的施政纲领。

另外，洪仁玕的《立法制喧谕》、《钦定士阶条例》等论著，也是太平天国后期法制的重要组成部分。

第二节　太平天国的主要法律制度

一、《天朝田亩制度》

（一）政权组织架构

1853 年颁布的《天朝田亩制度》是太平天国的基本纲领，它确认了太平天国的中央政权和地方政权的体制。《天朝田亩制度》规定实行兵农合一、军政合一的制度，确认一切军政大事均由天王"降旨主断"的君主政体。其政权组织体系是：在中央，天王之下设置由王、侯、军师、丞相、检点、典执法等组成的军政司法管理机构；在地方，设置省、郡、县三级政权。省级长官大多由驻省的军事长官或其属员兼任。郡设总制，掌管全郡政务。县设监军，掌管全县政务。太平天国后期，由于战争更加频繁，郡县长官也多半由军事长官兼任。

县以下设各级乡官。乡官的级别依次是军、师、旅、卒、两、伍。一军帅辖五师帅，一师帅辖五旅帅，一旅帅辖五卒长，一卒长辖四两司马，一两司马辖五伍长，一伍长管五家。

（二）人才选拔

《天朝田亩制度》规定了乡官保举制度和保升奏贬制度。

对于乡官，以"能遵守条命及力农者"为保举条件，采用基层荐举、逐级审核、天王决断任命的程序，"每岁一举，以补诸官之缺"。同时规定"举得其人，保举者受赏"；若"举非其人"，则"保举者受罚"；"凡滥保举人者，黜为农"。这就是太平天国的乡官保举制度。

而保升奏贬制度，则是提升和降免各级官员的一种制度。保升奏贬的办法有两种：一种是定期的，即"凡天下诸官，三岁一升贬，以示天朝之公"。一般由上级官吏对下级官吏进行考评，然后逐级上报，直至天王，由天王降旨主断。但总制一官，准其所属各监军保升奏贬；总制以下朝内职官，准其上下级互相保升奏贬。另一种是不定期的，可随时进行。太平天国的不少将领，如陈玉成、李秀成等，就是由普通士兵经过保升奏贬方法提拔起来的。这种制度对于鼓励官员奉公守法、勤奋工作，以及密切上下级关系起到了良好的作用。但由于这种做法缺乏群众监督，容易出现相互挟嫌攻击或徇私滥保，太平天国后期就出现了这种现象，从而使这一制度遭到破坏。

此外，太平天国还实行考试和招贤等制度，借以广泛吸收各种人才为太平天国服务。

然而,《天朝田亩制度》关于政权组织的规定,政教不分,军政不分,文武职官不分,使太平天国政权机构臃肿,官制冗杂,职权不清。这也是太平天国运动迅速走向失败的一大原因。

（三）土地制度

为了实现"有田同耕,有饭同食,有衣同穿,有钱同使,无处不均匀,无人不保暖"的绝对平均的理想社会,《天朝田亩制度》主张废除私有制,实行公有制,规定了平均的土地分配原则,即"凡天下田,天下人同耕。此处不足则迁彼处;彼处不足,则迁此处。"为了做到平均分配,它把土地按照产量的高低分为九等,不分男女,按人口平均分配,分田时"杂以九等","好丑各半",并且规定十五岁以下受田的数量是十六岁以上的一半。为了避免荒年所造成的灾害,还规定了"移丰赈荒"的措施,对各个地方的土地统筹安排,丰荒互相调剂。

《天朝田亩制度》是中国农民战争史上第一次提出的涉及政治、军事、经济等方面的纲领性文件,也是农民起义者第一个有关土地分配的具体方案,鼓舞了广大农民参加革命的积极性,对革命的发展起到了一定的促进作用。但是,由于土地分配上绝对平均主义的缺陷,再加上太平天国始终处于战争环境,人口流动不定,社会动荡不安,这些关于平分土地的规定在实践中并没有能够完全执行。

（四）经济制度

在改革土地制度的同时,太平天国还实行了新的经济制度,即《天朝田亩制度》中的"圣库制度"。按照这种制度,太平天国在每二十五家中设一国库,由两司马负责管理。每当收成时,各家除留下口粮以外,其余的粮食都要交到国库,其他生产、经营所得也须上交,由两司马登记造册,上报有关官吏。在两司马管辖的范围内,如有婚娶和小孩满月等事,可以按照全国统一的标准,从国库支领一定数量的钱谷[1]。圣库制度初时仅施行于军中,后来推广于南京城内。这个制度对保证太平天国的军需和官兵生活曾经起了重要作用,但到了太平天国后期,由于革命队伍成分复杂化,纪律松弛,这个制度已经名存实亡。

太平天国定都南京后,曾一度禁止商品贸易,不久又改由国家统管贸易,但都不能满足人民的需要。因此,太平天国不得不实行允许自由贸易并由国家收税的政策。1854 年,杨秀清在致英使的信中谈到通商时写道:"不惟英国通商,万国皆通商。四海之内皆兄弟也,立埠之事后方定,害人之物为禁。"为了保证对商业的管理,太平天国规定,各商店都必须领取"印照"和载有商人必须遵守的法令的"商凭"。

---

[1] 《太平天国起义记》。

二、《资政新篇》

《资政新篇》为天王洪秀全的族弟洪仁玕所作。1859 年，洪仁玕补封为干王，出任军师总理政务。为改革时弊、挽救日渐衰败的太平天国，洪仁玕提出《资政新篇》，经天王洪秀全批准后刊行。太平天国后期，洪仁玕总理朝政，大力推行《资政新篇》，主张"国家以法制为先，法制以遵行为要。能遵行而后有法制，有法制而后有国家。此千秋不易之大经，而尤为今兹万不容已之急务也"。这种把法制置于国家之先，正是一些资产阶级思想家的观点。其基本内容如下：

政治方面：①认为立法是为政的关键，凡涉及"纲常伦纪，教养大典"，应以立法为准，使百姓有所遵循，以免陷于刑辟。要求教、法兼行，"教行则法著，法著则知恩"。②加强中央领导权，"自大至小，由上而下，权归于一"。反对当时太平天国的宗派分裂和洪秀全个人专政的两种倾向，主张"权归于一"。加强中央集权的同时，又要求洪秀全"自今而后，可断则断，不宜断者付小弟掌率六部等议定再献"。③普设乡官乡兵。④各省设置地位独立的"新闻官"，专收中外报纸呈缴，以备天王阅览。⑤建立省、郡、县钱谷库和市镇公司（税收机关）。⑥严禁贪污。⑦禁止私门请谒，杜绝卖官鬻爵之弊。⑧创立"罪人不孥"、刑止一身的制度，同时改革刑罚制度，"善待轻犯"，处理重犯要先宣布罪状等。⑨重视群众意见，准卖新闻篇（报纸）或设置暗柜（意见箱之类），使"民心公议"，"由众下而达于上位"，做到"上下情通，中无壅塞弄弊者"。

经济方面：①发展交通。造火车、轮船，修筑省、郡（相当清制的府、直隶州）、县、市镇、乡村大道，疏浚河道，以兴车马和舟楫之利；②国家设立邮亭，办理邮政；③发展近代工矿生产，开采金、银、铜、铁、锡等矿及制盐等；④兴修水利；⑤主张保护私有财产，鼓励私人投资，奖励技术发明；⑥开办银行和保险事业。

社会文教方面：①主张兴办各种社会福利事业，如兴建医院、盲聋哑院、鳏寡孤独院以救济贫民；②发展文化事业，兴办学校、报纸等，严禁异端邪说；③禁止贩卖人口、使用奴婢及溺婴，革除吸食鸦片、缠足等恶习；④废除庙宇寺院及阴阳八卦，致力于建立一个秩序井然、人人平等的社会。

在对外关系上，主张自由通商，平等往来，维护国家与民族的尊严和利益。强调西方资本主义制度的优越性，称英国为当时"最强之邦，由法善也"，美国"礼义富足"。述及德、法、俄等国，提议与各国自由通商，平等往来，允许外国牧师和科技人员来中国传授科学技术知识，但不准干涉天国内政。

总之，《资政新篇》批判重本抑末、重农轻商的传统统治思想，尊重科学技术，提倡兴办企业，主张工商谋利，鼓励私人资本，是一个顺应历史潮流的要求。其发展资本主义的纲领，反映了当时先进的中国人向西方探求真理的努力。但由于它没有满足农民渴求得到土地的愿望，缺乏经济基础，加之当时天京被困，太平天国形势危急，因此这个纲领未能付诸实施。

三、刑事法及适用

太平天国起义后，因一直处在激烈的战争中，所以在刑事立法上一直体现为军事刑法或战时刑法。太平天国的立法主旨在于"杀妖除怪"、"斩邪留正"，把一切敌视太平天国的势力及太平天国内部的变节、违纪者通称为"妖"、"怪"、"邪"，用极其严厉的刑罚加以镇压，"遇妖即诛"。

主要刑事类法律有以下几种：

（一）《十款天条》

《十款天条》是拜上帝教的基本教义和戒律。其是洪秀全、冯云山仿照基督教圣经《旧约全书》中的摩西所传上帝耶和华的十诫，并结合中国传统道德信条，在传教实践中加以总结提炼，于1847年（道光二十七年）在广西桂平县紫荆山区制定出来的。1852年（咸丰二年）正式刊行，为《天条书》的重要部分。内容为：①崇拜皇上帝；②不好拜邪神；③不好妄题皇上帝之名；④七日礼拜，颂赞皇上帝恩德；⑤孝顺父母；⑥不好杀人害人；⑦不好奸邪淫乱；⑧不好偷窃劫抢；⑨不好讲谎话；⑩不好起贪心。前四条属于宗教信仰，后六条是《原道救世歌》所举六不正的内容。这十条内容平时当作拜上帝会会员的生活守则，战时则为军事纪律，违犯者重则立即处决，轻者枷杖，在太平天国运动中起了很大作用。

（二）《太平条规》

亦称《太平营规》，为太平天国重要军事法规，是1852年太平天国刊行的书籍之一。其中包括"定营规条十要"和"行营规矩十条"两部分。内容规定：定营时官兵要恪守天令，熟习天条，分男营女营，熟习鼓角号令，不得徇私包庇，不许越营误公，不许隐藏兵器，不许讹传将令。行营时必须装备整齐，听令杀敌，不得率乱行列，不许入乡取食，毁坏民房，掳掠财物等。它显示了太平起义军军纪的严明。因极端强调军纪，该规定对相当轻微的违纪行为都处以极刑。例如：饮酒、口角打架、男女通奸、辱骂长官等均被定为重罪，要处以重刑，多"斩首不留"。

（三）《太平刑律》

《太平刑律》是太平天国在《十款天条》和《太平条规》的基础上制定的，为太平天国重要的刑事立法。据说该法有一百七十七条，现保存下来的有六十二条。《太平刑律》中的种种规定更为严酷繁苛，如"凡聚集饮酒……一概全斩"，"赌博者斩首"，"凡辱骂官长者，斩首不留"。

此外，太平天国禁止私有财产，凡战争缴获一律解归圣库，违者斩首；强盗与窃盗也被视为触犯天条的大罪而处以死刑。对于侵犯妇女人身的强奸罪，一经"妇女喊冤，定即斩首示众"[1]。

（四）严刑峻法，刑罚残酷

太平天国刑罚有杖刑、枷刑和死刑。因常处于战争状态，故刑罚中无徒刑、流刑。枷刑无定式，杖刑自五至两千板，死刑有斩首示众，也有点天灯及五马分尸等酷刑，有时还使用桩沙和剥皮。点天灯、五马分尸、桩沙、剥皮等残忍的死刑执行方法，比历代封建刑罚更残酷。由于施用严刑苛罚，打击面过宽，严重损害了太平天国内部的团结，实际上也削弱了太平天国法律应起的作用。

四、婚姻、家庭立法

在太平天国，妇女基本上享有与男子同等的权利，可以参军、出任文武官职以至将帅。在婚姻制度上，提倡一夫一妻制，规定"凡天下婚姻不论财"，否定了封建买卖婚姻的陋习，废除"一切旧时歪例"，允许婚姻自主，允许寡妇再嫁，禁止纳妾、买卖奴婢、缠足，严禁娼妓。"结婚"须由本人禀明婚娶官，获准后发给"龙凤合挥"[2]。"合挥"，就是今天所说的结婚证书，上面印有龙凤图案，所以称"龙凤合挥"。

但是，在家庭关系上，太平天国实行禁欲主义。所有男子编为"男营"，女子编为"女营"，不许男女"私相授受"。除诸王外，不许已婚者同居；未婚者不许自行婚配，违者严惩。其法律甚至规定"凡婚姻必听其师择配，不得苟合"。这实际上剥夺了男女婚姻的自由权。

第三节　太平天国的司法及审判

一、行政、司法合一

在司法机构设置上，太平天国实行行政、司法合一的制度，各级行政长官兼领审判权。

在中央，天王为最高裁判者。各王侯、丞相、检点等都亲自进行案件的审判，各王府还设刑部尚书、典刑、典牢等，掌管具体司法事务。

在地方，总制和监军掌管狱讼，各级乡官"催科理刑"，"悉设公堂刑具"，军队中的案件由各级军事长官审理，并设相应的办事机构。

为了便于民众申诉冤情，太平天国在官府"大门走廊内置打鼓两面，凡受冤申冤或要申诉的人们均可自由击鼓，要求官长主持公道"[3]。这实际上是沿用了历代的登

---

〔1〕《贼情汇纂》，载《太平天国》第3册。
〔2〕罗尔纲：《太平天国史料考释集》，三联书店出版社1985年版，第338页。
〔3〕罗尔纲：《太平天国史料考释集》，三联书店出版社1985年版，第475页。

闻鼓制度。

二、司法活动中的神明裁判

太平天国在重大案件审判时，假借上帝的意志，采用神明裁判的形式。太平天国的神明裁判是借助"天父上帝"的名义进行的。天王洪秀全、东王杨秀清分别自称"天父"、"天兄"的代言人，在审判过程中，大力宣扬"天父"、"天兄"的威力，假借"上天"的意志威慑和审判被告人。例如，1851年12月审判谋反叛变的周锡能一案，东王杨秀清就假借"天父"附体的形式进行。这种原始的审判方式，表现了太平天国司法制度的局限性、任意性，司法权因为不受约束极易被利用。而事实上，杨秀清靠"天父附体"基本上掌握着对太平军高层施罚的权力。

在定都天京后，东王杨秀清与其他诸王的关系日趋紧张。北王韦昌辉曾因下属犯错而被东王下令杖打，北王的亲戚因为跟东王的亲戚发生财产争执而激怒东王，东王叫北王议罪，北王就说把那人五马分尸。翼王石达开的岳父黄玉昆因公事开罪东王，被杖刑三百，革去爵位并降职，这一事件亦令燕王秦日纲及另一高官陈承瑢被东王杖刑。即使是天王洪秀全，也多次被假装"天父下凡"的东王以杖刑威吓。杨秀清在太平天国高层激起众怒，为"天京事变"埋下祸根。[1]

三、诉讼活动

在审判诉讼程序上，《天朝田亩制度》规定："各家有争讼，两造赴两司马，两司马听其曲直"；如果不服，可逐级上诉，直至天王。但在当时战争频繁的情况下，上述程序不可能严格实施。实际上，多数案件都由总制或军事长官裁断。值得肯定的是，太平天国的审判活动一般公开进行，允许旁听，并且重视证据，不用刑讯。在处理各种重大案件时，大多召集群众大会，当众宣布罪状，宣讲道理，然后执行。

太平天国的诉讼制度体现了某些近现代司法审判的特点。主要表现在：①诉讼要按一定的程序，进行公开审判，允许旁听，不用刑讯。当事人有一定的上诉权。若当

---

〔1〕 1856年，天王洪秀全接到陈承瑢告密，称东王有弑君篡位之企图，天王即密诏北王、翼王及燕王铲除东王。9月4日，北王韦昌辉率三千精兵赶回天京，当夜在城外与燕王秦日纲会合，陈承瑢开城门接应。众军在凌晨突袭东王府，东王被杀，东王府内数千男女被杀尽。其后北王以搜捕"东党"为名，大杀异己。众多东王部属在弃械后被杀，平民也不能幸免，随后血洗南京城，约两万余人被屠杀。翼王石达开十余日后到天京，责备北王韦昌辉滥杀之事，遭其追杀，连夜匆忙逃出城外。北王未能捉拿翼王，尽杀其家属及王府部属。翼王从安庆起兵讨伐北王，求天王杀北王以谢天下。此时在天京以外的太平军大多支持翼王，北王为自保攻打天王府，但最终败于效忠天王的将士及东王余众，韦昌辉于11月2日被五马分尸，时年三十一岁。其首级被函送安徽石达开营中验收，燕王秦日纲及陈承瑢不久亦被处死，天京事变告一段落。后来天王因故撤销了杨秀清的图谋篡位罪名，将杨秀清的死亡忌日定为"东王升天节"。

北王韦昌辉死后，翼王石达开执政，但由于天王洪秀全重用其兄弟以牵制石达开，激石达开在1857年带领大军出走，太平天国力量被大幅度削弱。太平天国初期由军师主政的政制，在"天京事变"及翼王出走后已名存实亡。后期的太平天国，天王虽然掌握了实权，然而当时的政府架构颇为混乱，加速了太平天国的灭亡。

事人对审判不服，可以逐级上诉，直至天王主断。②强调审讯时要"详核其事"，重视调查证据。允许"原告被告及证人都当面对证；被告也可以答辩"，而且"没有最明白最确实的罪证就不能判决或处罚任何一个人"[1]。特别是对"既成狱辞"的重大案件，军师要据实上报，天王要求逐级"详核其事无出入"才最后裁决，这在程序上使案件可能得到比较慎重的处理。但是由于程序繁琐，在当时的条件下，事实上不可能完全按其程序进行审判。

太平天国最后被曾国藩、胡林翼领军消灭，满清朝廷称太平天国为"贼"。孙中山等革命人士则认为太平天国洪、杨等人为驱除异族统治、恢复汉人天下建立了功勋。孙中山在《太平天国战史序》中曾说："朱元璋、洪秀全各起自布衣，提三尺剑，驱逐异胡，即位于南京。朱明不数年，奄有汉家故土，传世数百年而皇祀忽衰；洪朝不十余年，及身而亡。无识者，特唱种种谬说，是朱（元璋）非洪（秀全），是盖依成败论豪杰也。"[2] 1929 年，南京国民政府就《禁止诬蔑太平天国案》，函请内政部、教育部参考酌办，不久正式订立规定，"嗣后如有记述太平史实者，禁止沿用'粤贼'诸称，而代以太平军或相应之名称"，从此将"太平天国"、"太平军"等称谓写入正史。另外，蒋介石也在《太平天国诗文钞》序中对太平天国作出肯定的评价："往者，洪杨诸先民，崛起东南，以抗满清，虽志业未究而遽尔败亡，而其民族思想之发皇，轰轰烈烈，在历史上足以留一重大纪念焉。"但他又曾多次告诫他的子弟僚属："应多看曾文正，胡林翼等书版及书札"。在黄埔军校，蒋介石以曾国藩的《爱民歌》训导学生，他说：我认为曾、左能打败洪、杨是他们的道德学问、精神与信心胜过敌人。

总之，从太平天国的发展过程来看，法制的建立与发展可以分为前后两个阶段，前期以《天朝田亩制度》的颁布为标志，后期以《资政新篇》的颁行为标志。但是，由于农民阶级小农思想的局限和当时社会条件的限制，太平天国的法制不可避免地带有农民革命固有的局限性。

---

〔1〕　呤唎：《太平天国革命亲历记》下册，王维周译，上海古籍出版社 1985 年版，第 437～438 页。
〔2〕　《总理全集》下册，第 105 页。

—— 第 十 章 ——

南京临时政府的法律制度

　　1911 年 10 月 10 日爆发的辛亥革命推翻了统治中国二百六十多年的清朝政府，摧毁了延续两千多年的封建君主专制政体。1912 年 1 月 1 日，中华民国宣告成立，孙中山当选临时大总统。尽管南京临时政府很快就被中外反动势力扼杀了，但是，在短短的三个多月里，以孙中山为首的南京临时政府制定和颁布了一系列具有资产阶级民主性质的法律和法令，开创了资产阶级民主法制建设的先河，在中国法制史上具有划时代的意义。

第一节　立法概况

一、立法机关和法律形式

　　南京临时政府是依据《中华民国临时政府组织大纲》（简称《大纲》）组建的。这个《大纲》是辛亥革命爆发后，由各省都督政府代表联合会通过，于 1911 年 12 月 3 日公布的。根据《大纲》的规定，南京临时政府的体制采取总统制，国家机关实行资产阶级的三权分立原则。临时政府的组成是：临时大总统和行政各部行使政权，参议院行使立法权，中央审判所行使司法权。

　　依据《大纲》的规定，参议院有权议决暂行法律，临时大总统有制定行政法规的权力。为了保证立法工作的顺利进行，南京临时政府设立了法制局，宋教仁为局长，负责各项重要法律的起草工作。

　　南京临时政府的立法程序是，重要的法律一般由法制局编订，经临时大总统咨交参议院，再由参议院决议后咨复临时大总统，最后由临时大总统直接签署公布，交由各职能部门执行。为了及时公布和推行法律和法令，南京临时政府除专门编印了《临时政府公报》和刊载法律、法令和政令外，还以电报的形式下达法令。

　　南京临时政府颁布的法律、法令主要表现为宪法、法律、行政法规、规范性命令和指令等，其内容既涉及中华民国国体、政体，也涉及国家政治和人民权利乃至革除封建恶习与废旧布新等各个方面。

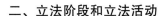

二、立法阶段和立法活动

从南京临时政府成立至 1912 年 2 月中旬，是南京临时政府立法的前期。这一时期的立法重点是建立和健全南京临时政府的组织和制度，确保民权。主要的立法活动是，首先对《中华民国临时政府组织大纲》做了修改，颁布了《修正中华民国临时政府组织大纲》，以确定资产阶级共和国的国家制度和政权的组织形式；紧接着又颁布了《中华民国临时政府中央行政各部及其权限》，以确定中央政府各部的机构设置和职责范围。随后，南京临时政府颁布了《内务部通饬保护人民财产文电》、《各部官制通则》、《临时军律》等法律、法令，以使国家机关的设立具备法律依据，使人民的权利得到保障，使军队中危害平民利益的行为受到约束。

从 1912 年 2 月中旬到南京临时政府北迁，是南京临时政府立法的后期。这一时期的立法重点是通过立法程序，运用法律确定和巩固资产阶级共和国。因此，南京临时政府制定和颁布了《中华民国临时约法》和《参议院法》，颁布和草拟了《临时大总统严加约束士兵令》、《临时大总统关于慎重农事饬内务部令》、《临时大总统令内务、司法两部通饬所属禁止刑讯文》、《商业注册章程》、《普通教育暂行办法》、《律师法草案》等一批法律、法令。同时，南京临时政府于 1912 年 4 月 3 日议决，允许援用清末政府经过改良的一些法律，如《法院编制法》、《大清新刑律》、《大清国籍条例》等。随着南京临时政府的解体，其所有的立法活动也随即结束。

第二节　中华民国临时约法

南京临时政府成立后，由于革命党本身的涣散无力以及帝国主义、封建主义的强大压力，1912 年 2 月 13 日，孙中山在清帝退位后，被迫宣布辞去临时大总统职务，4 月 1 日正式解职。孙中山与革命党人迫于当时的形势，推举袁世凯为临时大总统，但为了限制袁世凯的权力，遂制定《中华民国临时约法》。即开始修改《中华民国临时政府组织大纲》，制定临时约法。1912 年 1 月，代行参议院职权的各省代表召开第一次起草会议，拟定《中华民国临时约法草案》。28 日临时参议院成立。为继续制定临时约法，又召开了第二次起草会议。从 2 月 7 日至 3 月 8 日，临时参议院先后完成了审议、修改、讨论和三读通过的立法程序，于 3 月 11 日由孙中山签署公布。这样，《中华民国临时约法》便产生了。

一、《中华民国临时约法》的主要内容

《中华民国临时约法》（简称《临时约法》）共分《总纲》、《人民》、《参议院》、《临时大总统副总统》、《国务员》、《法院》、《附则》七章，共计五十六条。其主要内

容是:

第一,根据孙中山的民权主义学说,规定中华民国是资产阶级共和国,是统一的多民族国家。《总纲》明确宣告"中华民国,由中华人民组织之","中华民国之主权,属于国民全体";"中华民国领土,为二十二行省、内外蒙古、西藏、青海"。这就宣告了统一的多民族的资产阶级民主共和国——中华民国的诞生和封建专制政体的灭亡。

第二,规定了人民的民主自由权利和义务。《临时约法》在编纂体例上,将确定人民的民主权利与义务的专章——《人民》列于《总纲》之后、其他各篇前,充分体现了中华民国尊重人民的基本权利。同时,《临时约法》规定,"中华民国人民,一律平等,无种族、阶级、宗教之区别",人民有人身、财产、居住、迁徙、言论、出版、集会、结社、通信、宗教信仰等自由;人民有选举、被选举、考试、请愿、诉讼等权利。与此相适应,《临时约法》也要求中华民国人民依照法律纳税和服兵役。这些规定从根本上否定了民族压迫和封建等级特权,有利于资产阶级民主思想的产生和发展。

第三,根据资产阶级三权分立原则,规定中华民国的政治制度。《临时约法》第四条规定:"中华民国以参议院、临时大总统、国务员、法院行使其统治权。"同时,在有关章、条中对它们之间的分工以及各自的产生、组织、权限等作了具体规定。

参议院是立法机关。它由各行省、内蒙古、外蒙古、西藏各选派五人,青海选派一人组成。其职权是:①决议一切法律案;②决议临时政府之预算、决算;③决议全国之税法、币制及度量衡之准则;④决议公债之募集及国库有负担之契约;⑤决议临时大总统交议之宣战媾和,缔结条约,任命国务员、外交大使、公使,对大赦事件拥有同意权;⑥答复临时政府咨询事宜;⑦受理人民之请愿;⑧得以关于法律及其他事件之意见建议于政府;⑨得提出质问书于国务院,并要求其出席答复;⑩得咨询政府查办官吏纳贿违法事件;⑪参议院如认为临时大总统有谋叛行为时,得以总员五分之四以上出席,出席员四分之三以上之可决,弹劾之;⑫参议员如认为国务员有失职或违法行为时,得以总员四分之三出席,出席员三分之二以上可决,弹劾之。

临时大总统、副总统和国务员行使政权。临时大总统、副总统由参议院选举,以总员四分之三以上出席,得票满投票总数三分之二以上当选。临时大总统的职权是:①代表临时政府,总揽政务,公布法律;②为执行法律,或基于法律之委任,得发布命令,并得使发布之;③统帅全国海陆军队;④制定官制、官规,但须提交参议院决议;⑤任免文武官员,但任命国务员以及外交大使、公使,须得参议院同意;⑥经参议院同意,得宣战、媾和及缔结条约;⑦得依法宣告戒严;⑧代表国家接受外国之大使、公使;⑨得提出法律案于参议院;⑩得颁给勋章并其他荣典;⑪得宣告大赦、特赦、减刑、复议,但大赦需经参议院同意。临时副总统于临时大总统因故去职,或不能视事时,得代行其职权。

国务院由国务总理及各部总长组成,国务总理及各部总长,均称为国务员。他们由临时大总统任命,但须征得参议院同意。国务员辅佐临时大总统负其责任,于临时大总统提出法律案，公布法律及发布命令时，须副署。

　　法院是司法机关。法官由临时大总统及司法总长分别任命。法院依法审判民事诉讼及刑事诉讼，但关于行政诉讼及其他特别诉讼，另由法律决定。法院审判必须公开，但有认为妨害安宁秩序者除外。法官独立审判，不受上级官厅干涉。法官非依法律受刑罚或应免职之惩戒处分，不得解职。

　　第四，规定保护私有财产，发展资本主义经济的原则。例如《临时约法》第六条第三款规定："人民有保有财产及营业之自由。"这些规定一方面反映了资产阶级以保护私有财产制度为目的，从而保护自己的经济利益，尤其是剥削者利益的要求；另一方面也进一步在法律上宣布了自由资本主义企业的权利，打破了清王朝以官办或官商合办等形式对发展工商业的束缚。

　　第五，确定了《临时约法》的最高效力和修改程序。《临时约法》之《附则》规定：中华民国之宪法由国会制定。在正式宪法未制定之前，《临时约法》与宪法的效力相等。《临时约法》所设定的修改程序是十分严格的。它规定，《临时约法》的修改，只能由三分之二以上的参议院参议员或临时大总统提出，并经参议员五分之四以上出席，出席议员四分之三同意后，才能进行。这些规定体现了资产阶级革命派重视《临时约法》的作用，试图以《临时约法》巩固民主共和国制度的良好愿望。

二、《临时约法》的主要特点

　　《临时约法》是在特殊的历史条件下，资产阶级革命派即将交出领导权的时候产生的，它虽然继承了《中华民国临时政府组织大纲》的基本精神，但也具有本身的突出特色。其主要特点就是从各个方面设定条款，对袁世凯加以限制和防范。《临时约法》与《临时政府组织大纲》比较，其主要变化和特点是：

　　第一，为了限制袁世凯的权力，规定实行内阁制。《临时政府组织大纲》是效仿美国政体，规定采用总统制的。但为了加强对袁世凯的限制，众多参议员主张参照法国宪章，规定内阁制，以"防总统的独裁"。《临时约法》遂采纳此议，改总统制为内阁制，要求国务员对国会"负其责任"。这一政体的变动是《临时约法》对《临时政府组织大纲》最重要的修订，也是《临时约法》最突出的一个特点。

　　第二，为了加强对袁世凯的监督，进一步扩大参议院的权力，资产阶级革命派防止袁世凯把持政权、为所欲为的另一项措施，是在《临时约法》中进一步扩大参议院的权力，加强了国会对总统的监督。主要措施是：①在规定参议院拥有立法权的同时，还规定它拥有由总统决定之重大事件的同意权；②在规定临时大总统对参议院决议事件咨复的同时，规定如有三分之二的参议员仍坚持原议，大总统必须公布施行；③规定参议院在认为临时大总统有谋叛行为时，得依法行使弹劾权。临时大总统受弹劾后，组织特别法庭进行审判。

　　第三，为了防止袁世凯破坏《临时约法》，规定了严格的修改程序。《临时约法》

第五十五条规定："本约法由参议院议员三分之二以上或临时大总统之提议，经议员五分之四以上出席，出席员四分之三之可决，得增修之。"可见其修改程序相当严格。显而易见，如此规定的目的，在于强调《临时约法》的不可侵犯性，避免轻易遭到袁世凯的破坏。

第四，增加《人民》一章。《临时政府组织大纲》没有人民权利义务的规定，故当时有人认为该大纲虽名为"临时宪法"，但有缺漏。《临时约法》增加了这一章，便较为完善了。

三、《临时约法》的历史意义与局限[1]

《临时约法》是资产阶级民主革命的产物，是资产阶级宪法性质的文献。它的颁布具有重要的历史意义，是中国法制史上的一块里程碑。在政治上，《临时约法》以根本法的形式宣判了清王朝的死刑，废除了在中国延续两千多年的封建帝制，确立资产阶级民主共和国的政治体制；在思想上，树立起了帝制非法、民主共和国合法的观念，且渐渐深入人心；在经济上，有利于民族资本主义经济的发展和社会生产力水平的提高；在文化上，促进了文教事业的发展，为新文化运动创造条件；在对外上，具有启发中国人民爱国的民族情感，防止帝国主义侵略的意义。在二十世纪初期的亚洲民主宪政运动史上，《临时约法》也是最民主、最有影响的资产阶级民权宪章。由于中国民族资产阶级先天具有的软弱性和妥协性，《临时约法》不可避免地带有一些根本性的局限和缺陷。它没有规定反帝、反封建的民主纲领，也没有具体涉及关系到"民生"的土地问题，带有很大的阶级局限性，在某些方面甚至是孙中山旧三民主义的倒退。因此，它无法得到广大劳动人民群众的支持。

1914年5月1日，袁世凯公布《中华民国约法》（俗称"袁记约法"），《临时约法》被废止，但在1916年6月29日为大总统黎元洪所恢复。1917年7月1日又被复辟帝制的张勋破坏，随后继任的段祺瑞政府拒绝恢复。1917年9月10日孙中山以广东为基地建立的中华民国军政府展开"护法运动"，所护者即为《中华民国临时约法》。

---

〔1〕 学者观点：《临时约法》并非各政治派别、各阶层、各阶级基于民主、共和的共同政治理念的产物。首先，同盟会内部在政权组织形式上存在分歧，体现为以孙中山为代表的总统制和以宋教仁为代表的内阁制两种主张。《临时政府组织大纲》采用的是总统制，而事实上，在制订约法的过程中，鉴于当时南北和谈已成定局，袁世凯必将就任总统的现实，《临时约法》最后关于政体的设计临时改弦易辙，既规定了总统的各项实际权力，又极尽可能地赋予参议院和国务员各种广泛的权力和实际的责任，以限制总统的权力，使得行政权力的划分极其混乱，成为一种介于总统制和内阁制之间的特殊的体制，表现出典型的因人设法的工具主义倾向，而不是一种成熟、稳定的政治理念的实践。其次，在《临时约法》的制定机关南京临时参议院的四十三名参议员中，同盟会会员三十三人，立宪派仅八人，没有代表最强势政治集团的北洋军阀势力的袁世凯的代表。这种结构虽然保证了约法内容上的先进性，但很难保证各政治派别对约法的一致认同和遵守。最为重要的是，"社会正在发生变革，但主要仍限于统治阶级内部"，《临时约法》所体现的精神内涵并没有形成为占人口绝大多数的广大农民的价值观念，广大农民对民主、共和的观念还非常陌生。百度百科：http://baike.baidu.com/link?url=WuIpV6UXnfcpZiSZU90NkLOgYWTPHZOg－e9h_ 4AR9nlUx9kBzczIqDXr08dOD4judm5G1FPXiBkz3nvRotDo4_.

第三节　南京临时政府的革命法令

南京临时政府成立后，为了反对封建制度，发展资本主义经济，废除封建陋习，振兴民族精神，保障人民权利，颁布了许多法令。这些法令虽然有的施行了，有的尚未施行，但值得肯定的是都体现了中国民族资产阶级的革命精神。

一、行政性法规

（一）政府组织法规

南京临时政府基本上仿效美国，实行总统制。1912 年发布《中华民国临时政府中央各部及其权限》五条，规定南京临时政府在临时大总统下暂设陆军、海军、外交、司法、财政、内务、教育、实业、交通九个部（同年 3 月，实业部撤改为农林部和工商部）。而临时大总统的直辖机关为总统府，所辖机关有秘书处、法制局、印铸局、铨叙局、公报局、参谋部等。

（二）整顿吏治的法规

1912 年 3 月，孙中山发布《临时大总统关于慎重用人致内务总长令》和《为民服务令》，提出了"肃正吏治"等人事任用原则。据此，法制局编纂、审定了《文官考试委员官职令》、《文官考试令》、《文官任官令》等草案。4 月 4 日，参议院通过了《外交官及领事官考试委员官职令》与《外交官及领事官考试令》，积极筹划考选官吏，以资任用。

1912 年 3 月，《大总统令内务部通知各官署革除前清官厅称呼文》和《内务部咨各省革除前清官厅称呼文》规定：①今后各官厅人员皆以官职相称，民间普通称呼为"先生"或"君"，不得再沿用前清官厅称呼；②废止跪拜礼节，规定普通礼为一鞠躬，最敬礼为三鞠躬。

（三）整饬军纪的法规

陆军部于 1912 年 1 月制定并颁行《维持地方治安临时军律》十二条。2 月发布《禁止私自招兵募饷文》、《陆军部通饬各军队严禁军人冶游聚赌文》，严明军纪，对掳掠、抢劫、行窃、赌博等按律治罪，严禁私募军饷，违者严惩不贷。

二、保障人权、财权的法规

（一）保障人权的法规

1912 年 3 月中旬，孙中山发布《大总统通令开放蛋户惰民等许其一体享有公权私权文》（简称"权利平等令"），取消对清律中疍户（即水上居民）、惰民、义民、丐户、剃发者、倡优、隶卒等各类所谓贱民的歧视和特别限制。在解放贱民的同时，南京临时政府还颁布了《禁止买卖人口文》、《禁绝贩卖"猪仔"及保护华侨办法文》、《严惩贩卖"猪仔"文》等法令，严禁买卖人口，违者重罚。

（二）保障财权的法规

1912 年 1 月 28 日，内务部根据孙中山先生"以保护人民财产为急务"的指示，发布《保护人民财产令》。它宣布：凡在民国势力范围内的人民和无确实反对民国证据的原清政府官吏，其私产概归本人所有；无反对民国证据的原任清政府官员，其在民国势力范围内之财产由民国政府保护，俟其投归民国时交还本人；清政府官产归民国政府所有；反对民国的清政府现任官员在民国势力范围内的财产一律查抄，归民国政府享有。[1] 这一法令对于安定人心，巩固新生政权，分化敌人有着十分重要的作用。

三、社会性立法

南京临时政府关于社会改革的法令，其主旨在于振奋民族精神，提倡近代文明，消除积弊，复兴国家，其中心是革除社会陋习，改进社会风尚。

（一）革除社会陋习

对于革除社会陋习的法规，主要是发布《大总统令内务部晓示人民一律剪辫文》、《大总统令内务部通饬各省劝禁缠足文》，宣布革除编辫、缠足的恶习，剪除男子的辫子，放开女子的缠脚布，规定不遵从法令者予以处罚。与此同时，南京临时政府还实行易服，以中山装取代长袍马褂。这些措施极大地振奋了中国人民的精神。针对鸦片流毒中国的恶果，南京临时政府颁布了《大总统令禁烟文》，宣布：有吸食鸦片沉湎忘返者，剥夺其选举、被选举的权利。同时，南京临时政府令内务部通饬禁烟，清洗政府公职人员中的吸食鸦片者。对于赌博行为，南京临时政府颁布了《内务部报告禁赌呈》，规定了严厉的惩处措施，以绝赌风。[2]

此外，以唐绍仪、蔡元培、刘冠雄、宋教仁等二十六人为发起人，提出并公布了《社会改良章程》并附三十六条改革主张。虽然不是法规，但这些改革主张对日后革命政权的婚姻立法及其他社会改革法规的制定影响很大。

（二）力行教育改革

南京临时政府还力行教育改革。在临时政府建立之初，教育部就颁布了《普通教育暂行办法》十四条和《普通教育暂行课程标准》十一条，通令各学校一体遵行。"学堂"均称"学校"，"监督堂长"改称"校长"。每学年分为两个学期。规定初等小

---

〔1〕 中国史学会编：《辛亥革命资料》，上海人民出版社 1957 年版，第 42～43 页。
〔2〕 中国史学会编：《辛亥革命资料》，上海人民出版社 1957 年版，第 215～312 页。

学可以男女同校,要求各种教科书务必合乎民主共和国宗旨,清政府颁行的教科书一律禁用。小学一律废止读经书,中学为普通教育,文理不必分科。3月8日,南京临时政府又颁布了《教育部禁用前清各书通告各省电文》,宣布"有碍民国精神及非各学校应授之科目,宜一律废止"[1]。这些法规政策的颁布和实行,规范了民国的教育制度,体现了资产阶级按照自己的意志改造旧中国的愿望,这对于解放人民思想,唤醒人民大众,发展民国的教育事业,提高整个中华民族的素质均具有重大的历史意义。

四、发展经济的法规

南京临时政府比较重视发展经济,先后发布了一系列兴办和保护实业的法令,主要有实业部制定的发展和保护商业的《商业注册章程》。该章程规定:公司成立必须经实业部登记注册给照。公司立案注册必须有章程合同、会员表和说明书等,在内容上不得与共和政体宗旨相悖。同时,要有足够的自有流动资金,中外合资企业公司华股必须占有一定的比例。此外,还有大总统发布的保护农业的《通饬各省慎重农事》的令文。令文指出:农业为"国本所关",对农民要严加保护,缺乏农具者,公田由地方公款、私田由各田主设法资助,俟秋后计数取偿。对金融财政保护的法规,主要有:①1912年3月,参议院议决《暂行印花税法》和《暂行印花税法施行法章程》,这是当时完成立法程序的第一部税法。②1912年1月,南京临时政府制定《中华民国军需公债章程》32条。财政部先后制定《公债执行章程》和《发行公债办法》,规定由财政部发行中华民国军需公债一亿元,以国家钱粮作抵,专充临时军费和保护治安之用。③1912年,临时大总统批准将大清银行改为中国银行,添招商股,作为国民政府的中央银行,并制定《中国银行则例》,作出规范性规定。④1912年初,财政部拟建立近代会计制度,还制定了《会计法草案》八章三十六条,但未来得及通过实施。

五、推行资产阶级司法制度的法令

1912年3月,南京临时政府先后颁布了《大总统令内务司法两部通饬所属禁止刑讯文》、《大总统令内务司法两部通饬所属禁止体罚文》,拟定了《中央裁判所官职令草案》、《律师法草案》等法律,其主要内容有:①指出资产阶级实施刑法的目的"在维持国权,保护公安";"非快私人报复之私,亦非以示惩创"。②规定临时政府所属的行政司法官署,无论什么案件都要视证据充分与否,不偏重口供。③规定司法行政各官署,在审理判决民刑案件时,不准刑讯逼供、使用不法刑具。④慎重选择法官,采用陪审制度、辩护制度、公开审判制度等。

综上所述,南京临时政府颁发的以上各种法规,有利于建立资产阶级民主政治制度、改革社会和发展资本主义经济,是民族资产阶级意志和利益的体现,符合中国人

---

[1]《临时政府公报》第三十二号(三月八号)纪事。

民的利益和要求，是资产阶级民主革命成果的法律体现，也是中国法律近代化的尝试。

第四节 南京临时政府的司法制度

一、司法机构

（一）审判机关

按照《中华民国临时政府组织大纲》的规定，"临时大总统得参议院之同意有设立中央审判所之权"。中央审判所是民国初建时的最高审判机关。至于各省情况，由于当时形势，机构建制多有不同。其中，上海完全按照《民刑诉讼章程》的规定了设立初级审判厅、地方审判厅和高级审判厅，并且明文规定了四级三审制。《中华民国临时约法》规定行使审批权的机关是法院，"法院以临时总统及司法总长分别任命之法官组织之。法院之编制及法官之资格，以法律定之"。

（二）司法官考试制度

对法官的人选，南京临时政府是比较重视的，在其成立之初，就曾明确指出所用司法人员，必须参加法官考试合格后才能任用。为此，法制局拟制了《法官考试委员官职令草案》和《法官考试令草案》，由临时大总统咨参议院议决。但最终未来得及通过和颁行。

二、司法改革

（一）禁止刑讯

1912年3月，孙中山发布了《大总统令内务司法两部通饬所属禁止刑讯文》（即"禁止刑讯令"）严令："不论行政司法官署及何种案件，一概不准刑讯；鞫狱当视其证据之充分与否，不当偏重口供；其从前不法刑具，悉令焚毁；仍不时派员巡视，如有不肖官司日久故伎（指刑讯）复萌，重煽亡清遗毒者，除褫夺官职外，付所司治以应得之罪。"这一命令虽在当时难以付诸实行，但令中所提倡的注重证据而不当偏信口供的原则，有其重大历史意义。

（二）禁止体罚

1912年3月，孙中山发布的《大总统内务司法两部通饬所属禁止体罚文》中规定：①不论司法行政官署，审理及判决民刑案件，不准再用笞杖、枷号以及其他不法刑具。其罪当笞杖、枷号者，悉改科罚金、拘留。②民事案件，有赔偿损害、回复原状之条；刑事案件，有罚金、拘留、禁锢（即徒刑）、大辟（即死刑）之律。并申明在以后制定法典时再制定详尽的规定。这些规定初步确定了新的刑罚制度的基本原则。

（三）公开审判

《中华民国临时约法》规定："法院之审判，须公开之；但有认为妨害安宁秩序者，得秘密之。"根据这一规定，对于案件的审理，南京临时政府确定了一般采用公开审理的原则。但是，特殊案件即妨害安宁秩序者，仍秘密审理。这规定一反旧日审判案件中的专横擅断之风，影响深远。

（四）实行辩护原则

南京临时政府颁布了一系列单行诉讼法规，其中有《临时中央裁判所官职令草案》、《法官考试委员官职令》、《法官考试令》、《律师法草案》。在司法审判实践中，南京临时政府恪守律师辩护这一原则，逐步推行辩护制度。

我国近代史上的律师辩护制度源自于浙江一带。辛亥革命以后，苏杭两地留学生便各自组织了律师总会，这是中国最早的律师组织。该总会成立后，又分别制定了律师总会章程，这也是中国最早的律师总会章程。1912年1月，上海留日法科毕业生又组织了中华民国律师总公会。该会成立后，经上海都督批准，便开始在各地出庭办案。此后，各地也建立了律师组织。南京临时政府司法部为了管理全国各地的律师组织，设立了铨叙科。于是，南京临时政府统治地区普遍实行了辩护制度。

南京临时政府的司法制度改革具有历史进步意义，是中国诉讼法制度现代化进程中光辉的一页。它使现代司法诉讼的民主观念深入人心，加速了我国法制近代化的进程。同时，中国近代资产阶级法制理论由此成熟，资产阶级革命的诉讼法律思想进一步形成和发展，中国诉讼法制现代化由此走向一个新的高度。

────第十一章────

北洋军阀政府的法律制度

第一节 北洋军阀政府的立法概况

从 1912 年 3 月起，至 1928 年 6 月止，是中国历史上的北洋军阀政府时期。这一时期的显著特点是军阀独裁和内战频繁，北京中央政府先后由不同派系的军阀集团所把持，各派系军阀在各帝国主义列强的操控下，出卖国家利益，因而其法制具有明显的封建性与买办性。北洋军阀政府在前后十六年的统治期间内，进行了大量的立法活动，制定了一系列的法律和单行法规。总的看来，北洋军阀政府的法律制度虽体现出借鉴西方先进法律文化制度的一些特点，但与清末时期的法律制度仍是一脉相承的。由于北洋军阀政府统治期间政权更迭频繁，因而这一时期的法律制度有很强的时代特征，集中体现了地主买办阶级的利益，并维护帝国主义在中国的侵略特权。

一、沿袭清末新定法律

北洋军阀政府就其本质来说是清末半封建半殖民地政权的继续和发展。清末修订的法律，是中国法律走向近现代意义的法律制度的转型期，而北洋军阀政府的许多立法活动都沿袭了清末的法律，是在清末法律制度基础上的延伸和发展。袁世凯于 1912 年 3 月 10 日在北京宣誓就任中华民国临时大总统时，即发布《临时大总统令（关于暂行援用从前施行之法律及新刑律之规定)》："现在民国法律未经一定颁布，所有从前施行之法律及《新刑律》除与民国国体抵触各条，应失效力外，余均暂行援用，以资遵守，此令。"[1] 大理院根据该条命令，发布大理院上字第 504 号判例说："民国民法法典，尚未颁行，前清之现行法律除裁判部分及与国体有触者外，当然继续有效。"[2]

────────

〔1〕 中国人民大学法律系法制史教研室：《中国近代法制史资料选编》第 2 分册，内部自印 1980 年版，第 54 页。

〔2〕 郭卫：《大理院判决例全书》，台北成文出版社 1972 年版。

此后，北洋政府制定的许多法律都将前清的法律作为蓝本，这是应当时社会之所需。故北洋军阀政府的法律制度是清末开始改革传统法律制度，移植西方法律体系活动的新发展。

二、引入西方资本主义国家的部分立法原则

辛亥革命废除了统治中国几千年的封建专制制度，在辛亥革命斗争的余波、二次革命、护国运动、护法运动此起彼伏的影响下，民主共和思想日渐深入人心，发展资本主义日益成为中国社会的发展潮流。轮番控制北京政府的北洋军阀统治者们，为了求得自身的生存和发展，在帝国主义列强的扶植下，采取了西方资产阶级民主共和制形式。袁世凯曾明确表白要"发扬共和之精神，荡涤专制之瑕秽"。段祺瑞、曹锟也标榜"再造共和"、"恢复法统"。因此在法律制度方面引入了西方资本主义国家的部分立法原则，尽管有些原则并未真正施行，但这些立法原则对后来国民党政府的立法都有重要的影响。

三、进行了一系列立宪活动

为了确立统治的合法性，历届北京政府都意识到"立宪"活动的重要性。因此，制定宪法与宪法性文件，成为每届北洋军阀政府立法的一个重要方面。这期间典型的有袁世凯统治初期临时参议院制定的《中华民国国会组织法》、《参议院议员选举法》、《众议院选举法》；国会成立后，参众两院制定了《互选起草委员规则》；宪法起草委员会成立后，着手正式宪法的起草，并制定了《大总统选举法》。1913年7月，由参众两院各选出三十名议员，组成宪法起草委员会，1913年7月22日开始草拟大纲，1913年10月31日完成。因该草案在北京天坛祈年殿起草，故称作"天坛宪草"，即《中华民国宪法草案》。这是民国初年第一届国会宪法起草委员会起草的宪法草案。由于在对总统权力的限制问题上，宪法起草委员会与袁世凯无法取得一致意见，袁世凯通电全国各省都督及民政长官，对《天坛宪草》表示反对，得到各省都督及民政长官的支持，使《天坛宪草》最终没有变成宪法。袁世凯解散国会后，成立约法会议制定了《中华民国约法》。这是袁世凯政府撕毁《中华民国临时约法》而制定的《中华民国约法》（俗称"袁记约法"）。第一次直奉战争后，直系军阀控制北京政权。1923年曹锟贿选为总统，颁布了《中华民国宪法》。第二次直奉战争曹锟兵败被囚，奉系控制的北京政权改称为临时执政府，段祺瑞任总执政。1925年执政府组织"国宪起草委员会"，另行起草了一部《中华民国宪法草案》。上述宪法、宪法草案和宪法性法律影响较大的有1913年的《中华民国宪法草案》、1914年的《中华民国约法》和1923年的《中华民国宪法》。

四、在刑法方面推行隆礼与重典

为维护封建买办政权统治，北洋军阀政府一方面"以礼教号召天下"，另一方面"以重典胁服人心"[1]，即在刑法上推行隆礼与重典。所谓隆礼，就是倡导封建的伦理纲常，如袁世凯在 1912 年 9 月 20 日宣称："中华民国以孝悌忠义礼义廉耻为人道之大经，政体虽更民彝无改。"他要求全体国民"恪守礼法，共济时艰"，1913 年 6 月和 1914 年 9 月，袁世凯先后两次通令全国各学校一律尊孔读经。后来北京政府制定的宪法草案也规定："国民教育，以孔子之道为修身之本"（1913 年《中华民国宪法草案》）。"中华民国人民有尊孔子及宗教信仰之自由，非依法律不受限制"（1916 年《中华民国宪法》）。所谓重典，即以严刑峻法镇压反抗。袁世凯在 1914 年，《惩治盗匪法施行法》的令文中宣布："概自改革以来，盗匪充斥，民不聊生，将欲除暴安民，非峻法不足以资惩艾，故刑乱不嫌用重，纵恶适以长奸。"

五、创立"特别法优于普通法"的司法原则

北洋军阀政府主政时期，由于战乱频频，社会动荡不安，为维护其统治，除各种常规法典外，北洋政府制定一些特别严厉的法规镇压反抗，同时实行特别法优先原则。其草拟和制定的各种法典都属于普通法，单行法规大部分是特别法。在法律效力方面，特别法优于普通法。特别法在整个法律体系中占有特殊地位，对维护北洋军阀政府的统治起着重要作用。

第二节　《中华民国约法》的制定

一、《中华民国约法》的产生

袁世凯继任大总统后，国会与《中华民国临时约法》成为其专制统治的掣肘。因此，1914 年 1 月 10 日，袁世凯下令解散国会，接着谋划废除《临时约法》。由于修改作为国家根本大法的《临时约法》，只能是国家最高立法机构。这就使袁世凯陷入两难的境地。一方面，《临时约法》必须修改，否则总统权力受到诸多限制；另一方面，有权修改《临时约法》的国会已不复存在。为解决这一难题，由袁世凯亲信组成的政治会议秉持袁的旨意，提出了设立特别的"造法机关"以承担修改《临时约法》以及相关法律的任务。袁世凯采纳这一建议，随即着手组织"约法会议"，以作为"造法机关"。

1914 年 3 月 18 日，以各省行政长官作为监督选举产生的约法会议议员齐聚北京，

---

〔1〕　杨鸿烈：《中华法律发达史》，商务印书馆 1933 年版，第 1038 页。

"约法会议"正式开幕。袁世凯在约法会议的开幕致辞中声称"其内容规定束缚政府","本大总统……深受其苦"。"若长守此不良之约法以施行,恐根本错误,百变横生,民国前途危险不可名状。"[1]两天后,即3月20日,他向约法会议提出《增修临时约法大纲》咨文案,列举了七条修改意见,其中有:宪法起草权属于总统及参议院;公民权利之褫夺与恢复,总统得自由行之;总统有紧急命令之权利;总统有紧急处分财权之权;等等。遵照袁的旨意,在美国宪法顾问古德诺的直接策划和参与下,约法会议很快炮制出了《中华民国约法》,于5月1日正式公布。时人讥称其为"袁记约法"。至此,《中华民国临时约法》被正式废除。

二、《中华民国约法》的主要内容

《中华民国约法》(以下简称《约法》)共十章六十八条。其中十章分别为:国家,人民,大总统,立法,行政,司法,参议院,会计,制定宪法程序,附则。[2]

虽然袁世凯解散国会,废除《临时约法》,以新的《约法》取代之,表明他对"主权在民"的民国以及共和政体的背叛,但此时袁世凯在名义上还是中华民国的大总统,他还需要继续借用"民国"这一招牌来巩固自己的地位并进一步扩张自己的权利。因此,《约法》仍然保留了与"主权在民"和共和政体相适应的有关条款。如《约法》第二章"人民"规定了中华民国人民不论种族、阶级、宗教的区别,法律上一律平等;人民的身体不受非法逮捕、拘禁、审问和处罚;住宅不受非法入侵和搜索;在法定范围内,人民享有财产、营业自由,有言论、著作、游行、集会、结社、通信秘密、迁徙、宗教信仰等自由;人民依法享有向法院请愿、向法院提起诉讼、向行政官署提起诉愿、向平政院陈诉等权利。

根据《约法》,袁世凯政府仍然实行三权分立。立法权由立法院行使,而立法院由经人民选举的议员组成;司法权由法院行使,组成法院的法官由总统任命,但法院依法独立行使民事诉讼、刑事诉讼审判权;行政权以大总统为首长的政府行使,并置国务卿一人赞襄大总统,政府设外交、内务、财政教育等各部。

与《临时约法》相比,《约法》的一个显著特点是大幅度扩张总统的权力,其主要内容和特点是:

(一)取消责任内阁制,改行总统制

新定《约法》从法律上明确取消责任内阁制,改行总统制。《约法》第十四条规定:"大总统为国家之元首,总揽统治权。"大总统凌驾于行政机关之上,国家不设以牵制总统为目的的内阁总理,而是设作为总统助手的国务卿,"行政以大总统为首长,

〔1〕　徐友朋:《袁大总统书牍汇编》首卷,广益书局1927年版,第38~39页。
〔2〕　北京政法学院法制史教研室编印:《中国法制史参考资料选编》近现代部分第1分册,1980年版,第127页。

置国务卿一人赞襄之"。国务卿及中央各部总长均由大总统任免。国务卿、各部总长及特派员代表大总统出席法院发言。国务卿只是总统的一名助手，各部总长也不向国务卿负责，而是直接向总统负责。显然，国务卿与各部只能秉承大总统的旨意处理行政事务，国务卿只是总统的一个附属物。这样，总统既是国家元首，又是行政首脑，为袁世凯独揽大权铺平道路。

（二）虚化对总统权力的制约，赋予大总统至高无上的权力

《约法》第十六条规定："大总统对于国民之全体负责任。"但中国幅员辽阔，人口众多，如果没有具体可行的相应措施，"对于国民之全体负责任"只具有虚幻意义，不具有可操作性。就总统制的政权形式而言，或者实行总统民选，以实现直接意义上的总统向全体国民负责；或确定具体的民意机构，即通过民选产生的会议，总统以向会议负责的方式，实现向国民全体负责。但根据《约法》以及由约法会议制定的《修正大总统选举法》，总统既不通过民选产生，也不向议会负责。因此，第十六条规定只能是一纸空文，大总统的行为实际上不需要向任何人、任何机构负责，也不接受任何人、任何机构的制约。另一方面，《约法》规定大总统拥有至高无上的权力。包括有：制定官制、官规，任免文武职官；代表国家宣战、媾和或者缔结条约；接受外国公使、大使；兼任海陆军大元帅，统帅海陆军，决定军队编制及兵额；颁给爵位、勋章及其他荣典；宣告大赦、减刑、复权；可以发布与法律同等效力的教令；依法宣告戒严；召集立法院，宣告开会、停会，经参议院之同意解散立法院；任命法官，组织法院行使司法权。通过上述总统权力的规定，实际上把袁世凯总统的权力扩大到几乎和历代皇帝一样。

（三）废除国会制，设立立法院和参议院

袁世凯解散国会的做法得到《约法》肯定的同时，《约法》规定设立立法院作为立法机关，立法院之议员由人民选举产生的议员组成，行使决议法律、预算、募集公债等诸多立法职位。但立法院要受到大总统领导，立法院无权弹劾总统，总统经参议院之同意可以解散立法院，且大总统可以否认立法院决议之法律草案，发交复议，即使复议中有多数议员仍持前议，大总统亦可不予公布。即使这样一个徒有其表、形同虚设的立法院，实际上也并未成立。《约法》规定，在立法院成立前，由参议院代行其职。参议院的职责是"应大总统之咨询，审议重要政务"。宪法起草委员会人员必须由参议院所推举的委员组成。根据当时《参政院组织法》规定，参议院正、副院长也是由大总统一人自主决定，所以袁世凯任命自己的亲信官僚政客组成参议院，并假手参议院复辟帝制，终于圆了八十三天的"洪宪皇帝"梦。

（四）通过修改选举法，实现总统终身制和世袭制

1913年国会制定通过的《大总统选举法》规定：总统任期五年，可连任一次；总统选举，由国会议员自行集会，组织总统选举会。而1914年12月约法会议通过的

《修正大总统选举法》将总统任期改为十年，连任无限制；总统选举会也改由现任总统本人召集。《修正总统选举法》还创设特别的现任总统提名总统候选人制度；总统选举之前，由现任总统提出总统提名总统候选人制度：总统选举之前，由现任总统提出总统候选人三名，并由总统"亲书于嘉禾金简，钤盖国玺，密贮金匮于大总统府特设尊藏金匮石室尊藏之"。该法第八条还特别规定："大总统选举会除就被选举三人投票外，得对于现任大总统投票。"[1] 这就为袁世凯实现总统终身制与世袭制提供了法律依据。1915 年 12 月，袁世凯公开复辟帝制，改"中华民国"为"中华帝国"。其倒行逆施的做法立即遭到全国人民的激烈反对。袁世凯迅速垮台，可耻死去。

第三节　《中华民国宪法》的产生

北洋军阀政府频繁更迭，也频繁进行制宪活动，为巩固其统治、消灭异己制定合法的依据。这一时期产生的宪法或宪法性文件有：1912 年参议院决议，袁世凯颁布的《中华民国国会组织法》；1913 年国会宪法起草委员拟定的《中华民国宪法草案》（又称"天坛宪草"）；1914 年袁世凯政府的《中华民国约法》；1919 年段祺瑞政府的《中华民国宪法草案》（又称"民国八年宪章"）；1923 年曹锟政府的《中华民国宪法》（又称"曹锟宪法"或"贿选宪法"）；1925 年段祺瑞政府的《中华民国宪法草案》（又称"民国十四年宪草"）。现在就主要的宪法介绍如下：

一、《天坛宪草》

对于南京临时政府制定的《中华民国临时约法》，一方面，袁世凯认为其对总统权力限制过多，希望制定新的宪法来扩充自己的权力；另一方面，国民党占多数席位的国会议员认为《临时约法》的内容过于简单，既无法有效的限制总统专权，又未能赋予国会足够的权力，也主张制定一部新的宪法取而代之。因此，国会和袁世凯在各怀用意的情况下达成一致，制宪议程很快就得以施行。1913 年 7 月 12 日，由国会参、众两院六十名议员组成的"宪法起草委员会"正式成立。7 月下旬，宪法起草委员会迁往北京天坛祈年殿进行宪法草案的起草工作，所以历史上称之为《天坛宪草》。

由于在开始制定宪法的用意上，国会与袁世凯就存在严重的分歧，所以这部宪法草案的制定，是国会与袁世凯在相互抗争中产生的。为了干预宪法起草委员会的工作，

---

〔1〕　北京政法学院法制史教研室编印：《中国法制史参考资料选编》近现代部分第 1 分册，1980 年版，第 138 页。

袁世凯借镇压 1913 年"二次革命"[1]之名，以"内乱罪"逮捕五名宪法起草委员会成员，其中一名被枪杀。"二次革命"的失败，进一步加剧了宪法起草委员会与袁世凯的对立。国民党占多数席位的宪法起草委员会认为，宋教仁被刺案、善后大借款以及部分宪法起草委员会成员遇害，表明袁世凯要背叛民国，建立独裁的专制体制。而二次革命的失败，表明当时以军事手段与袁世凯抗衡将无法获得成功，只能通过立法手段，从法律上约束袁世凯，来维护岌岌可危的共和政体。因此，宪法起草委员会加紧宪法起草过程。10 月 24 日，宪法起草委员会对宪法进行三读。当日，袁世凯派施愚等八人作为政府委员到天坛祈年殿要求出席会议，陈述总统对宪法草案的意见。对此，宪法起草委员会断然拒绝，并告知八位"钦差"：其一，根据会议规则，除国会议员外，其他任何人无权旁听宪法起草委员会的会议；其二，宪法草案条文已经进入三读程序，按法律规定，此时允许就修饰性文字作个别变动，而不能改变具体内容，因此，即使可以旁听并陈述意见，也不能改变宪草条文。"钦差"遭拒，令袁大总统极为恼火。第二天，即 10 月 25 日，袁世凯通电各省军、政长官，要求他们对宪法草案逐条研究，并于 5 天内陈述对草案意见。在通电中，袁世凯确定了对宪草的基调："国民党人破坏居多，始则托名政党，为虎作伥，危害国家，颠覆政府，事实俱在，无可讳言。此次宪法草案委员会，该党议员居其多数……"对于袁世凯的通电，各省军政长官心领神会，积极回电，称宪法草案为"暴民专制之宪法"，攻击国民党，攻击国会，并主张解散国民党，解散宪法起草委员会，解散国会，另外制定"中华民国万世不易之宪法"。为了顺应"民意"，11 月 4 日袁世凯旋即下令解散国民党，取消国会参、众两院中国民党籍议员的资格，导致了国会不足法定人数。袁世凯采取暴力破坏宪法起草的同时，宪法起草委员会也在加快三读速度，并抢先在 10 月 31 日完成三读，定名为《中华民国宪法草案》，此即《天坛宪草》。但在提交国会审议通过时，因前述原因（国会不足法定人数）来不及讨论即夭折了。

《天坛宪草》虽未能公布和施行，但它是北洋军阀以后屡次制宪活动的基础。《天坛宪草》较《临时约法》在内容上又前进了一步。为了巩固民主共和政体、完善权力制衡体制、防止袁世凯独裁专制，尚没有多少斗争经验的宪政捍卫者们流下了他们的

<hr>

〔1〕 二次革命：又称癸丑之役或赣宁之役。二次革命的说法最早出现在 1912 年 11 月 26 日袁世凯发布的《严惩倡言二次革命党徒》通令中。1913 年 2 月，中国首次根据《临时约法》的规定，举行国会选举。由同盟会为骨干组成的国民党获得议席最多，预备由宋教仁出任内阁总理。3 月 20 日，宋教仁在上海沪宁车站遇刺，两天后去世。凶手在上海公共租界被捕获，同时被搜出与国务总理赵秉钧的通讯。国民党认为袁世凯是暗杀背后的策动者，但并无确切证据。同时，国民党声称袁世凯不顾普遍的民意和国会反对，与五国银行团签订丧权辱国的善后大借款，扩充军备为自己消灭南方同盟会力量做准备，是严重的违宪行为。因为这两个原因，1913 年中华民国正式大总统选举前后，孙中山领导国民党控制的江西、上海、广东等地爆发武装革命，意图脱离中央政府独立，但对这种做法，同盟会内部也有不同意见。二次革命最后以作为中央政府的北洋军击溃孙中山势力告终。传统意义上革命是对专制制度或文化的颠覆，而孙中山挑起的这场战争是否属于革命的范畴，学界亦有颇多争议。孙中山不顾普遍的民意和党内反对派黄兴等人循法律解决的意见，贸然发动所谓"二次革命"，使刚刚具有公开、合法性的政党政治毁于暴力革命的失败。当时有舆论称国民党是"暴民专制"。

鲜血。

《天坛宪草》共十一章，一百一十三条。十一章分别为：国体、法院、法律、会计、宪法之修正及解释。《天坛宪草》明确了立法、行政、司法权力由不同部门分别行使的三权分立体制，对于限制袁世凯专制独裁起着法律保障作用。具体来讲：主要从三个方面限制袁世凯专制：①确立责任内阁制。《天坛宪草》第八十条规定："国务总理之任命，须经众议院之同意。"第八十一条第一款规定："国务员赞襄大总统，对于众议员负责。"国务总理及各部总长在职责上向议会负责，而不是向总统负责，从而限制总统集权。②设立国会委员会。国会委员为国会的常设机构，在国会闭会期间行使国会的权利。《天坛宪草》第六十五条规定："大总统为维持公共治安，或防御非常灾患，时机紧急，不能召集国会时，经国会委员之决议，得发布与法律有同等效力之教令。"以此来防止总统擅用权力。③独立于行政机构之外的审计制。审计院对于国家财政收入、支出决算案行使审核权；对于财政支出的支付命令行使核准权。而审计长、审计员则超出由总统任命的行政官员范围之外，改由国会选举产生。

二、"十年制宪"与《中华民国宪法》

袁世凯死后，北洋军阀各派系间开始了混战，中央政权几经更替。从 1913 年完成《天坛宪草》时算起，至 1923 年国会通过《中华民国宪法》止，先后经历十年时间。十年中，共和政体屡遭劫难，制宪活动在军阀混战中时断时续，步履艰难。

1916 年袁世凯死后，先是副总统黎元洪继任总统，皖系军阀首领段祺瑞任总理，一度恢复了《中华民国临时约法》与国会，并继续进行制宪活动。但黎、段二人之间发生激烈权力争夺，史称"府院之争"。段祺瑞以北洋正统派首领自居，依附日本掌握军政大权，与受到美国支持的黎元洪分庭抗礼。双方先是在国务院秘书长人选问题上，发生了争执，最后由徐世昌出面了结。然后在是否参加第一次世界大战对德国宣战这个问题上，斗争更趋激烈。为了达到主战的目的，段祺瑞将其手下的十几个督军叫到北京，组成"督军团"，对黎元洪施加压力，但未获成功；后来段祺瑞又叫人写了对德宣战书要总统盖印，黎元洪为了平息风波，勉强在文件上盖了章。这期间，段祺瑞私自向日本借款一事被揭露。1917 年 5 月 21 日，黎元洪下令撤销了他的总理职务，段祺瑞愤然离京去津，并且不承认黎的免职令，因为根据临时约法，总统无权撤销总理职务。之后黎元洪请督军团团长张勋于 6 月 14 日入京调解。张勋率"辫子军"入京后，急电各地清朝遗老进京，"襄赞复辟大业"。同月 30 日，他在清宫召开"御前会议"，并于 7 月 1 日撵走黎元洪，拥立辛亥革命后已经逊位的 12 岁溥仪为帝，改称此年为"宣统九年"，通电全国改挂龙旗，自任首席内阁议政大臣，兼直隶总督、北洋大臣。康有为被封为"弼德院"副院长。这次事件史称"张勋复辟"或"丁巳复辟"。当时冯国璋以副总统代理大总统，通电讨伐张勋。段祺瑞旋即在天津组织"讨逆军"总司令部，自任总司令，以段芝贵、曹锟分任东、西路总司令，吴佩孚为前敌总司令，并于马厂誓师"讨逆"，还通电复任国务总理，重新组阁。在"讨逆军"的强大攻势下，"辫子军"很快失败，张勋复辟仅十二天即被段祺瑞领兵镇压。黎元洪于事后辞去总统职务，改由冯国璋担任代总统。7月14日，段祺瑞凯旋还京，重新执掌中央政权。"府院之争"实质上反映了美、日两国在争夺中国权益上的矛盾和中国统治集团内部争夺权力的矛盾。

段祺瑞掌握北京政府后。声言"再造民国"，拒绝恢复《临时约法》时的国会。1918年10月，徐世昌经皖系军阀操纵的"安福国会"选举为总统。

1920年的直皖战争以皖系失败告终，段祺瑞被逐出北京。获胜的直系军阀首领曹锟、吴佩孚掌握北京政府。1922年直奉战争后，第二任大总统徐世昌被驱逐。黎元洪复任大总统。曹锟以"法统重光"为号召，再次恢复《中华民国临时约法》，恢复第一届国会，并于1922年11月15日，在宪法起草委员会召开第三十五次会议后，继续以《天坛宪草》为蓝本着手制宪活动。然而，1923年6月13日，直系军阀发动驱逐黎元洪的"北京政变"，在京议员纷纷南下，导致参加宪法会议者不足法定人数。直系首领曹锟为使自己当选总统，以每票五千元的金钱贿赂，诱使旧国会议员返京。并于1923年10月5日当选为第三任大总统。国人愤怒地把当时的国会讥笑为"猪仔国会"，曹锟也成为臭名昭著的"贿选总统"。10月8日，五百多卖身议员把几易其稿而未完成的宪法，仅用一周的时间便通过了二读、三读程序。10月10日，在辛亥革命十二周年之际，这部历时十载，几经风波的《中华民国宪法》终于正式公布实施。它是中国近现代史上首部正式颁布的宪法，史称"贿选宪法"。

《中华民国宪法》共分十三章，即国体、主权、国土、国民、国权、国会、大总统、国务院、法院、法律、会计、地方制度、宪法之修正解释及其效力，共一百四十一条。[1] 它以《天坛宪草》为基础删减而成，是中国近代宪政史上正式公布的第一部较为完备的宪法。曹锟制宪的目的在于确定自己的"法统"地位，以抵制南方的护法斗争，抑制东南、西南各省地方军阀掀起的"联省自治"和"省宪运动"潮流。这部宪法的主要内容如下：

（一）国家体制

《中华民国宪法》（以下简称1923年《宪法》）第一条规定"中华民国永远为统一民主国"。之所以将"统一"、"民主"作为最根本的国家制度列为宪法第一章第一条的显著位置，一方面是为防止地方军阀和割据势力基于各种理由所提出的分治、独立要求；另一方面，也是吸取了袁世凯与张勋先后两次复辟帝制的教训。为保证国体的延续性，1923年《宪法》还从两个方面做了辅助性规定。一是任何机构，不得变更国体；即使是依法享有国家最高立法权的国会，也不得讨论对国体的修正。第一百三十

〔1〕 西南政法学院法制史教研室编印：《中国法制史参考资料汇编》（第二辑），1982年版，第141页。

八条规定"国体不得为修正之议题"。二是为防止由于某种势力的控制而导致在北京的中央政权发生国体变更，宪法赋予地方各省有权联合起来，保卫国体，直到原国体恢复。第三十七条规定："国体发生变动，或宪法上根本组织被破坏时，省应联合维持宪法上规定之组织，至原状恢复为止。"

（二）政府体制

改大总统集权为责任内阁制。1923年《宪法》第七十一条规定："中华民国之政权，由大总统以国务员之赞襄行之。"即中央设大总统之行政权，大总统不再"总揽政务"，而由国务员（国务总理于各部总长）协助大总统行使最高行政权。大总统任命国务总理，须经国会之众议院同意，这就相当于以国务总理为首的内阁（即中央政府）由国会产生。国务员协助大总统，对众议院负责，而不是对大总统负责。大总统所发命令及其他关系国务之文书，非经国务员之副署，不生效力。众议院可以对包括国务总理在内的国务员做出不信任的决议。大总统对于出现国务员受不信任之决议时，或免去国务员的职务，或经参议院的同意解散众议院。这些规定，比《天坛宪草》中责任内阁制的规定更加完备。另外，与《天坛宪草》相比，1923年《宪法》对总统权力范围的规定进一步缩小。《天坛宪草》第六十五条规定："大总统为维持公共治安，防御非常灾害，时机紧急，不能召集国会时，经国会委员会之决议，得以国务员连带责任，发布与法律有同等效力之教令。前项教令，须于次期国会开会后七日内请求追认。国会否认时，即失其效力。"总统此项发布教令权，是在袁世凯的坚持下方为宪法起草委员会所接收，它实际上是袁世凯欲进一步扩大总统权力而预先设置的法律基础。而在1923年《宪法》中，由于删除国会这一常设机构，所以上述规定也就失去了存在的基础和必要，从而客观上使总统的权力得到了削弱。

（三）国家结构的形式

采取赋予地方较大自治权的单一国家制。与《天坛宪草》相比，1923年《宪法》增设了国家权与地方制度两章，对中央权力与地方权力作了明确的划分。规定：中华民国之国权，属于地方事项，依本宪法及各省自治法之规定行使之。属于国家事项者有：外交，国防，国籍法，刑事，民事及商事之法律，监狱制度，度量衡，币制及国立银行，关税、盐税、印花税、烟酒税、其他消费税及全国税率应行划一之租税，邮政，电报及航空，国有铁道及国道，国有财产，国债，专卖及特许，国家文武官吏之铨试、任用、纠察及保障，及其他依宪法所规定属于国家的事项。属于地方事项者有：省教育实业及交通，省财产之经营处分，省市政，省水利及工程，田赋、契税及其省、省债，省银行，省警察及保安事项，省慈善及公益事项，下级自治，其他国家依法赋予的事项。地方分省、县两级。宪法赋予各省的自治性权力较为广泛，包括制定省自治法；通过直接选举产生省务员，并由其组成省务院作为省自治行政的执法机构；省议会享有制定在本省实施的法律的权力；省立法权范围包括财政、赋税、金融、治安、实业等各方面。县以内之自治事项，县议会也享有立法权。当然，地方自治权须以服从中央政府为前提。为了防止省权力过多过大而导致地方割据、抗衡中央，宪法规定：省自治法不得与本宪法与国家法律抵触，否则无效；省自治行政机关执行国家行政事务有违法令时，国家得依法惩戒之；省必须承担国家所规定的义务，否则中央政府可以国家权力强制干预；各省不得缔结有关政治之盟约，更不得自置常备军与设立军官学校和军械制造厂。

1923 年《宪法》是北洋政府时期唯一一部正式颁布的宪法。完成该宪法制宪程序的第一届国会第三期常会，因受以曹锟、吴佩孚为首的直系军阀控制，部分议员接受选举曹锟为总统的金钱贿赂，因而使该宪法自公布生效之日起即带上贿赂的阴影而受到各种非议。但就该宪法本身而言，它是在吸收西方近代宪法理论、结合中国十年共和政治历史实践的基础上形成的，其内容在一定程度上体现了资产阶级民主派反对个人独裁、反对军阀专制、建立并巩固资产阶级民主政治的要求。

第四节　北洋军阀政府的刑法

北洋军阀政府在刑事立法方面，主要是沿用大清时期的法律，并以"隆礼"和"重典"作为刑事立法的指导思想，先后于 1915 年和 1919 年进行了两次刑法修正工作，但都未能公布实施。在长达十六年的军阀统治期间，正式生效施行的刑事基本法，是由《大清新刑律》易名而来的《中华民国暂行新刑律》。此外，北洋政府还制定了一系列刑事特别法。

一、《中华民国暂行新刑律》

1912 年 3 月 10 日，北京政府公布《临时大总统令（关于暂行援用从前施行之法律及新刑律之规定）》。令文提出："现在民国法律未经议定颁布，所有从前施行之法律及《新刑律》除与民国国体抵触的各条，应失效力外，余均暂行援用，以资遵守。"4 月30 日，北洋政府司法部拟定了《删修新刑律与国体相抵触各章条等并删除暂行章程文》，经大总统批准，司法部迅速通令京外司法衙门遵照。删修的主要部分是删除《分则》第一章"侵犯皇室罪"全章十二条，删除伪造或毁弃"制书"、"御玺"者，窃取、强取或损害"御物"者等七条，以及《暂行章程》五条。另将律文中带有明显封建帝制性质的名词概念加以修改，如"帝国"改为"中华民国"，"臣民"改为"人民"，"复奏"改为"复准"，"恩赦"改为"赦免"，等等。经修改后，确定名称为《中华民国暂行新刑律》，其内容实质上与《大清新刑律》没有太多差别。该律从 1912年施行，直到 1928 年南京民国政府刑法典颁布。1912 年 9 月 12 日，北洋政府还颁行了《暂行新刑律施行细则》，以解决新刑律实施前后司法实践中的若干具体问题。

《中华民国暂行新刑律》分总则、分则两编，共五十二章。《总则》包括十七章：法例，不论罪，未遂罪，累犯罪，俱发罪，共犯罪，刑名，宥减，自首，酌减，加减例，缓刑，假释，恩赦，时效，时例，文例。《分则》以罪名分章，共分三十五章，包括：内乱罪，外患罪，妨害国交罪，泄露机务罪，渎职罪，妨害公务罪，妨害选举罪，骚扰罪，逮捕监禁逃脱罪，藏匿罪及湮灭罪，伪证及诬告罪，放火决水及妨害水利罪，危险物罪，妨害交通罪，妨害秩序罪，伪造货币罪，伪造文书印信罪，伪造度量衡罪，亵渎祀典及发掘坟墓罪，鸦片烟罪，赌博罪，奸非及重婚罪，妨害饮料水罪，妨害卫生罪，杀伤罪，堕胎罪，遗弃罪，私擅逮捕监禁罪，略诱及和诱罪，妨害安全信用名誉及秘密罪，窃盗及强盗罪，诈欺钱财罪，侵占罪，赃物罪，毁弃罪。

《中华民国暂行新刑律》刑种包括主刑与从刑。主刑共五种：死刑，无期徒刑，有期徒刑，拘役，罚金。从刑两种：褫夺公权，没收财产。

为了加强惩治刑事犯罪和保护封建伦常秩序，1914 年 12 月 24 日，北洋政府又颁行了《暂行新刑律补充条例》十五条。《补充条例》全面贯彻袁世凯提出的"以礼教号召天下，重典胁服人心"的原则。主要内容包括两个方面：一是加重对"内乱罪"、"外患罪"等重大犯罪的处罚，体现所谓"治乱世用重典"的精神。二是加强对伦常、礼教秩序的维护，进一步明确尊卑长幼亲疏男女的等级身份。其中包括：扩大亲属相隐的范围，对于亲属之间犯藏匿刑事暂保释人或为藏匿而顶替、自首罪者，免除其刑；将尊亲属划入适用正当防卫范围之外；扩大和奸罪范围，对和奸良家无夫妇女作了处罚规定；尊亲属伤害卑亲属，减轻处罚；父母惩戒其子，可请求法院施以六个月以下监禁等。《补充条例》还加重亲属之间的监督义务和监护义务。对于监护人强卖、和卖被监护人，亲属之间强制卖奸或强制为娼等，均加重处罚。

《暂行新刑律补充条例》的某些内容，体现了立法机构为适应当时的社会实际状况，对《暂行新刑律》颁布后所存在的缺陷的一定补救。其中，增加对轮奸罪的规定，加重对强奸杀人罪的处罚，对于打击恶性犯罪有积极意义。

二、《刑法修正案》

北洋政府时期，先后提出两个《刑法修正案》，即 1915 年的《刑法第一次修正案》和 1919 年的《刑法第二次修正案》。两部刑法修正案虽未完成立法程序，未正式实施，但在近代中国法律发展史上仍具有重要意义。

1915 年 4 月，法律编查会完成《刑法第一次修正案》。该修正案的最大特色是适应袁世凯集中权力。渐行专制以及加强伦理教化的需要。在确立伦常秩序方面，《刑法第一次修正案》将《暂行新刑律补充条例》纳入刑法正文，并明确"礼俗立法"的立法宗旨，在更广的范围恢复宗法伦常原则。一方面，扩大对尊亲属的保护范围，将外祖父母也纳入侵害尊亲属加重处罚的范围；另一方面，在总则中增列"亲属加重"专章，具体规定对直、旁系尊亲属犯罪加重处罚的程度。

1919 年，修订法律馆完成对《刑法》的再次修订，形成《刑法第二次修订案》。与《暂行新刑律》及《刑法第一次修订案》相比，《刑法第二次修正案》更多地吸收了近代西方国家的刑法原则和制度，在体例结构、刑法原则以及具体制度等方面均有一定的进步。尤其是针对在司法实践出现的一些与定罪量刑、概念的界定等相关的新问题，结合西方法律原则，做出了新的规定。主要体现为以下四个方面：

1. 在时间效力方面。《刑法第二次修正案》将《暂行新刑律》采用的"从新原则"改为"从新、从轻原则"，即对于新刑律实施前的犯罪行为，一般以新刑律为审判依据；如果依据旧刑律所定处罚更轻，则适用旧刑律。该审判原则的变化，主要是吸收了西方法制概念，也使得对罪犯的处罚更加合理与公平。

2. 对犯罪"故意"与"过失"做出了明确的界定，弥补了《暂行新刑律》在区分犯罪"故意"与"过失"方面不清晰的缺陷。在《刑法第二次修正案》规定："对于构成犯罪之事实，明知并有意使其发生"，为故意；"虽非故意，但按其情节应注意并能注意，而不注意者"；为过失。

3. 对正当防卫和紧急避险的条件做出了一定的限制。对于正当防卫，必须以受到不法侵害为条件；对于紧急避险，必须是以救护自己或他人的生命、身体、自由、财产为目的。而在《暂行新刑律》中关于正当防卫和紧急避险的条件规定较为宽泛。

4. 对于亲属范围的规定采用寺院法的亲等计算方法，改变了原刑律采用服制图的计算方法。传统的方法是以服制图来确定五服亲属的界限，但依据该法所确立的亲属范围，不仅关系复杂，而且名称繁多，既不易记忆，也不易区别。

《刑法第二次修正案》的完成，标志着近代中国在刑事立法方面达到了一个新的水平。但该修正案在北洋政府时期一直未正式施行。1928 年南京国民政府以该修正案为蓝本，经简单修改，以《中华民国刑法》为名在全国范围内公布实施。

三、单行刑事法规

北洋政府除了颁布《暂行新刑律》外，还同时颁布了数量繁多的单行刑事法规。主要有《官吏犯赃条例》、《惩治盗匪法》、《惩治盗匪法施行法》、《私盐治罪法》、《陆军刑事条例》、《海军刑事条例》、《办赈犯罪惩治暂行条例》、《官吏犯赃治罪条例》、《治安警察条例》、《戒严法》、《徒刑改遣条例》、《易笞条例》、《科刑标准条例》等。其中不少是特别法。北洋政府通过实施这些单行刑事法规，严厉镇压人民反对封建军阀政府统治和外国侵略的活动，其中部分单行法规甚至重新恢复了古代的严刑峻法，剥夺广大人民的权利。

在这些单行刑事法规中，较典型的是《惩治盗匪法》。《惩治盗匪法》于 1914 年 11 月 27 日公布实施，条文数量只有十一条。其基本立法精神是加重对强盗和匪徒的处罚程度，简化审判程序。根据该法规定，"匪徒"罪适用范围包括："①意图扰害公安而制造、收藏或携带爆烈物者；②聚众掠夺公署之兵器、弹药、船舰、钱粮及其他军需品，或公然占据都市、城寨及其他军用之地者；③掳人勒赎者。"[1] 对于上述匪徒罪，均处以死刑。在简化程序方面，该法主要表现在：一是扩大审判机构的范围，授予军事机关法定审判权。根据该法规定，除了审判厅及兼理司法事务的县知事具有法定审判权外，统率军队的高级军官基于路途较远或时间紧迫等原因，也可以对犯有强盗、匪徒罪的案件行使审判权。二是简化死刑案件的复核程序。《暂行新刑律》第四十条规定："死刑非经司法部覆准回报，不得执行"。但在《惩治盗匪法》第五条规定："对于犯强盗、匪徒罪应处死刑者，由该管审判厅或兼理司法事务的县知事审实后，附具全案，报高等审判厅厅长或司法筹备处处长，并转报巡按使，覆准后即可执行。"第八条规定："若由军事机关审判的强盗、匪徒死刑的案件，则由管辖军队的最高级长官核办、覆准。"1914 年 12 月颁布实施的《惩治盗匪法执行法》则进一步将上述程序简化，即将上报候准的死刑案件全宗，简化为只需以电报的方式"摘叙犯罪事实"，核准后即可执行。三是对于强盗、匪徒罪案件施行一审终审制，对于此类案件，一经宣判，判决即为生效，不允许当事人上述。

《惩治盗匪法》是袁世凯为打击政治反对派、镇压革命而制定的，就该法本身而言，也带来直接的副作用：一方面，对死刑案件复核程序的简化，直接导致冤案、错案的增多；另一方面，由军队行使对平民案件的审判，使军队干预司法合法化，并造成军队行使与地方普通司法管辖上的冲突。由于上述原因，《惩治盗匪法》在实施中一直受到各界的非议。北洋政府后期，有关机构对该法实施作了一定的限制。1920 年，司法部确定：无领事裁判权国人民不适用《惩治盗匪法》。1921 年司法部颁布《办理盗匪案件证据确实不得率行定谳令》，强调："嗣后办理盗匪案件，务须详慎，将事廉得真情，籍非证据确实，不得率行定谳。各该厅、处仍须随时认真查核，依法纠正，以昭矜慎，而杜冤滥。"1921 年，司法部颁布《盗匪案件必与法定要件相结合方得由电迳报核准执行令》，对盗匪死刑案件的审批核准程序做出一定限制。1922 年，北洋政府司法部曾发布命令，宣布废止该法，但因遭到一些地方军阀的通电反对而被迫收回成命，于 1923 年恢复《惩治盗匪法》的效力。

此外，颁布《徒刑改遣条例》，将清末已废的遣刑重加恢复，该条例规定：凡无期徒刑，有期徒刑五年以上罪犯，所犯为内乱、外患、强盗等罪改为遣刑，发往吉林、黑龙江、新疆、甘肃、川边、云南、贵州、广西，允许改遣犯人携带家属，到配所后编入当地户籍。又公布《易笞条例》，重新恢复临时政府明令废止的笞刑。规定：十六岁以上六十岁以下男子，犯奸非、和诱、盗窃等罪，应处三个月以下有期徒刑、拘役或百元以下罚金折罪为监禁者，照刑期一日改易笞刑二下。这简直是古代折杖法的复萌。

另外，通过部分单行法规定，保护列强在华政治特权。如《陆军刑事条例》规定："凡未受宣战之告知，或已受休战媾和之告知，无故对外开战者，处死刑。"

---

〔1〕 中国人民大学法律法制史教研室：《中国近代法制史资料选编》第 2 分册，1980 年版，第 61 页。

第五节　北洋军阀政府的司法制度

北洋政府的司法机构，沿用清末法制改革时期确立的四级三审制。但四级三审制在实践中施行遇到重重阻力，尤其表现在县级司法机构的设置方面。在法律适用以及司法统一方面，也表现出社会转型期的特征。

一、司法机构的设置

北洋政府时期司法机构设置体系庞杂，在国家结构形式上效仿西方资本主义国家实行三权分立体制，推崇司法独立，其时法院系统又分为普通法院、特别法院、兼理司法法院以及平政院。普通法院系统又分为大理院、高等审判厅、地方审判厅、初等审判厅四级。检察机构设置与法院系统相对应，分为总检察厅、高等检察厅、地方检察厅、初等检察厅四级。下面分别介绍如下：

（一）法院组织系统

1. 普通法院系统。普通法院组织系统分为中央审判机构和地方审判机构，共四级。中央审判机构为大理院，地方审判机构包括高等审判厅、地方审判厅、初等审判厅。

（1）大理院。大理院为国家最高审判机构。依据《暂行法院编制法》，大理院职权主要包括审判职权和解释法令职权。其中审判职权涉及两类案件：其一是作为终审机关，对于不服高等审判厅第二审判决而上告的案件实施管辖，并对不服高等审判厅的决定或命令、按照法令而抗告的案件实施管辖。大理院对于上述案件经过审理而作出的判决，为终审判决。其二是作为第一审并终审机关，对于依法令属于大理院特别权限的案例实施管辖。大理院的另一重要职权是统一解释法令权。《暂行法院编制法》规定："大理院院长有统一解释法令必应处置之权。"在大理院各庭审理上告案件时，如果对于所使用法令的解释意见与该庭和其他庭的成案有分歧，由大理院院长依法令之本义，召开民事庭或刑事庭，或民、刑两庭总会，对该案进行审判，以求得对相应法令解释的统一。

大理院设院长一人，总理全院事务，下设民事庭和刑事庭，各庭设庭长一人，推事若干人。审判案件时，采用合议制，由推事五人组成合议庭，以庭长为审判长，具体审理案件。为解决因交通不便和距离遥远而影响案件的审理问题，《暂行法院编制法》规定，在省高等审判厅内，设大理院分院，其推事由大理院选任，或由所在高等审判厅推事兼任。在案件管辖上，大理院分院与大理院基本相同。但大理院分院不得独自行使统一解释法令的权力。如果出现对法令作统一的解释需要，则由大理院分院呈请大理院，依法召开大理院总会进行处理。

（2）高等审判厅。高等审判厅设于省会城市，主管全省的审判事务。高等审判厅的职权包括：①作为第二审法院，受理不服地方审判厅第一审判而控诉的案件；②作为第三审法院，受理不服地方审判厅第二审判决而上告的案件；③受理不服地方审判厅的决定或命令而提出抗告的案件。高等审判厅的另一职权是对于全省各级审判厅行使司法行政监督权，对于兼理司法的县知事也同样行使司法行政监督权。但高等审判厅本身却不受大理院院长的司法行政监督，而是直接受司法总长的司法行政监督。

高等审判厅设厅长一人，下设民事庭和刑事庭。审理案件时，由推事三人组成合议庭，由庭长任审判长。对于某些重大案件，可扩大至五人合议庭。因路途遥远或其他不便情形，也可在高等审判厅所管辖的地方审判厅内，设高等审判厅分厅。在职权上，分厅与高等审判厅基本相同。另根据1914年9月24日公布的《高等分庭暂行条例》，在距省会城市较远、交通不便的地方，还可以于道署所在地设立高等分庭。高等分庭与高等审判分厅不同，高等分庭管辖的案件包括：①对于兼理司法的县知事所作刑事三等以下有期徒刑、五百元以下罚金、民事诉讼价额一千元以下及非财产权请求的判断不服而控告者；②对于兼理司法的县知事所作的批谕不服而提出控告者；③对于判决为死刑、无期徒刑、一等有期徒刑、罚金五百元以上的案件，依法应送复判者，行使复判权。

（3）地方审判厅。地方审判厅设于较大的商埠或中心县。地方审判厅对案件的管辖包括：①作为第一审法院，审理属于初级管辖和不属于大理院特别权限内的案件；②作为第二审法院，审理不服初级管辖法庭判决而控诉的案件；③受理不服初级管辖法庭的决定、命令而抗告的案件。地方审判厅分别设置民事庭和刑事庭。审理案件时，若为第一审，一般采用独任制，由推事一人审理；若为第二审，则采用合议制，由推事三人组成合议庭审理。

（4）初等审判厅。按照《暂行法院编制法》规定的四级三审制，县设立初等审判厅，管辖第一审轻微的刑事案件或诉讼标的价值较小的民事案件。但由于种种原因，初等审判厅一直未能普遍建立。1914年4月，政治会议修改《约法》，以人力、财力不足为理由，决定从体制上撤销初等审判厅。对于初等审判厅管辖的案件，则根据不同的情况，作不同的处理。在条件成熟的地方，设立地方审判分厅或地方分庭、地方刑事简易庭。在其他各县，则由县知事兼理司法、

2. 特别法院。北洋政府在法院组织机构的设置上，除了上述四级普通法院系统外，还设立一些特别法院，以审理一些特别案件。特别法院分为军事审判机关和地方特别审判机关两类。前者依《海军审判条例》、《陆军审判条例》审理军人犯罪案件。海陆军分设高等军法会审、军法会审、临时军法会审三种组织。后者是临时在少数民族地区或特别区域的司法组织，即特区法院，如热河都统属、归绥都统署、察哈尔各旗群翼等，设审判处，但不用检察制度。

3. 兼理司法法院。兼理司法法院指未设普通法院的各县所设的兼理司法机关。1913年，北洋政府在设普通法院的各县建立审检所，由县知事专负检察义务，但人员

由知事呈请高等审判厅委任。1914 年颁布《县知事审理诉讼暂行条例》，开始实施县知事兼理司法制度，审检所制度废止。根据该条例，在未设法院的县，其司法事务委任县知事处理，从而使县级政权体制中行政、司法合一，行政包揽司法的体制合法化。为弥补县知事缺乏法律训练、不具备法律知识的缺陷，该《条例》仿行清朝宾幕辅助县令处理案件的做法，设立"承审员"一职，由其辅助县知事处理司法事务。根据该《条例》，承审员必须具备一定的法律知识，或曾在法政学校学习，或通过承审员考试，或曾任过与法律相关的职务。而承审员的确定，由县知事提名，经高等审判厅厅长审定，即可任用。如果按规定不应设承审员的县，其县知事欲任用承审员，则由其自筹经费，任用承审员。承审员无论是与县知事共同审理案件，还是依法独立审理初级管辖案件，均对县知事负责。

由于县知事兼理司法弊端丛生，北洋政府于 1917 年 5 月 1 日公布实施《县司法公署组织章程》，以求在司法独立与行政、司法合一体制中选择一个折中的道路。根据该《章程》，将检察、审判分开，县知事专司检察，司法公署主管司法审判。与前述《条例》相比，1917 年《章程》对县知事兼理司法制度也遇到重重阻力。据统计，截止1926 年，在全国两千多个县中，设有司法公署的县仅四十六个。

4. 平政院。平政院主管对行政诉讼案件的审理，同时，也行使对官吏弹劾案件的审判权。在行政诉讼审判权力方面，平政院管辖两类行政诉讼案件：一类是中央或地方最高行政官署的违法处分，使人民的权利受到损害者；另一类是中央或地方行政官署的违法处分，使人民权利受到损害，经人民依《诉愿法》该规定诉愿至最高行政官署，但不服其决定者。平政院以行政机构处分为审理对象，而无权受理涉及损害赔偿的诉讼请求。对于行政诉讼案件，平政院可做出撤销、变更原行政处分的裁决。但平政院本身无权直接执行此类裁决，而须呈报大总统批令主管官署执行。平政院设院长一人，评事十五人，院长由大总统任命并向大总统负责、评事在任职期间，不得加入政治组织，不得在国会或地方议会任议员，不得任律师，也不得作为商业执事人。平政院分设三庭，分别执行对行政诉讼案件的审理权。另外，平政院还设肃政厅，置都肃政史一人，肃政史十六人，纠弹行政官吏之违宪违纪事件，并得提起行政诉讼，监视平政院裁决之执行。南京国民政府时期改平政院为行政法院。

(二) 检察机构设置

检察机构设置于审判机构相对应设置。按照北洋政府法院组织法的规定，检察系统设总检察厅、高等检察厅、地方检察厅、初等检察厅四级。总检察厅为国家最高检察机关。它们分别设置于各该级审判厅官署内，由检察长、检察官组成。检察机构对于案件的审判行使检察权。在刑事案件方面，依《刑事诉讼律》及相关法令行使搜查处分、提起公诉、监督执行等职权。在民事诉讼及其他事件方面，依据《民事诉讼律》及相关法令，为诉讼当事人或公益代表人实行特定事宜。在审判机构本身作为民事诉讼当事人的案件中，由相对应的检察机构检察官为该案的原告或被告。

为防止审判机构和检察机构在行使职权时相互干涉，《暂行法院编制法》的规定，二者各自独立行使职权，互不干涉。第九十四条规定："检察厅对于审判衙门应独立行使其职务。"第九十五条规定："检察官不问情形如何，不得干涉推事之审判或掌理审判事务。"

二、诉讼审判制度的特点

（一）法律渊源多元化

北洋政府时期，由于国家制定法不足，在法律适用方面表现出法律渊源多元化的特征，即在诉讼中多种辅助性法律规范为司法机构所适用。

民国时期，作为司法机构审判案件的法律依据包括法律、习惯、法律理论。但在司法实践中，在法律适用方面却呈现出极为复杂的局面：首先，与国家制定法同时生效的多种辅助性法律规范，其中包括大量的民间习惯、乡俗、大理院通过司法创制形式确立的判例及解释例等；其次，部分尚未生效的法律草案、西方国家流行的近代法律理论、法律原则、外国法律等，也成为司法机所依据的法律渊源。

（二）主张司法独立

北洋政府统治时期，国内政局不稳，社会动荡，既有南北政府的对立，又有地方军阀的割据。但在全国范围内，司法仍保持了统一，并且在北洋政府后期确立了司法独立的基本原则。

司法独立是保证司法公正和社会公平的重要手段，也是形成权力制约体制、防止权力专制的重要保障。1923年《中华民国宪法》确立了司法独立原则。该法第一百零一条规定："法官独立审判，无论何人不得干涉之。"为保障法官独立审判，防止行政权或其他权力对司法权的干预，1923年《宪法》还规定，非依法律，不得对在任法官实施停职、转职处理，不得减少其薪俸；在任法官非受刑法宣告或惩戒处分，不得对其免职。为进一步从体制上形成常规的权力制约，1923年《宪法》还确定了司法审查权。第二十六条规定，在中央权力与地方权力发生争议而宪法或法律均未作明文规定时，由最高法院进行裁决。第二十八条规定，省法律不得与国家法律相抵触，否则无效；如果对于省法律是否与国家法律相抵触发生疑义，由最高法院做出解释；如果省自治法与国家法律发生抵触，亦由最高法院做出解释。

（三）普通法院实行四级三审制

在审判管辖上，北洋政府基本上实行四级三审制。轻微案件由初等审判厅作第一审，稍复杂的案件由地方审判厅作第一审，地方审判厅同时为普通民事刑事案件的第二审机关。高等审判厅不受理第一审案件，为普通民事刑事案件的第三审（终审）机关和特别案件的第二审机关，大理院可以作为"内乱"、"妨害国交"及"外患"等罪的第一审及终审机关，亦为不服高等审判厅判决的案件的第三审（终审）机关。在审级及管辖问题上，北洋政府前后也曾出现过一些反复。1914 年，袁世凯为巩固独裁专制统治，裁并地方审判、检察院，审、检归县知事兼理。但两年后，因人民强烈反对复辟帝制，又恢复了地方审判厅，增设大理院分院、高等审判厅等。之后，段祺瑞政府重新恢复审、检制度。在审判机构设置上，除保留大理院、高等审判厅、地方审判厅外，在县一级设立地方审判厅或司法公署，受理当地刑事、民事案件，从而使四级三审制确立下来。

（四）县知事兼理司法

北洋政府时期，由于四级制的审判系统，特别是初等审判厅没有全面建立起来，因此，在未设立初等审判厅的地方，就有县知事兼理司法。由县知事兼理司法，等于是恢复了封建时代行政与司法合一、行政长官干预司法的审判制度，同时由于县知事熟悉法律者寥寥无几，所以该制度存在重大弊端。

（五）军事审判的专横武断

北洋政府设立的各级军事审判机关，按规定平日管辖军人案件，战时或戒严期间负责审理普通案件。然而，北洋政府统治时期，军阀连年混战，常处于战争与戒严状态之中。因此，军事审判机关实际上经常代替普通司法审判，军法适用范围广为扩大。平民"犯法"往往通过军法会审，按军法论处。法律和普通法院反而居于从属地位。军事审判的程序又是特别程序，如不得控诉及上告、不准旁听、不准选请辩护人，一切服从于军事长官的意志，比起普通法院的司法审判更为专横武断，突出反映了封建军阀专制的时代特点。1923 年"二七惨案"中的施洋大律师，1927 年共产党的创始人之一李大钊等，就是经"军法审判"、"军法会审"而被杀害的。

三、狱政制度

北洋政府成立后，改清法部典狱司为司法部监狱司，管理全国监狱。1913 年 12 月，根据袁世凯关于援用前清法律的命令，修订《大清监狱律草案》，并予公布，定名为《监狱规则》，成为首部监狱法典。依刑罚分监狱为徒刑监、拘役监；依性别分男监、女监；依年龄分成年监、幼年监，开中国设立女监、幼年监之先例。监狱设典狱长一人，看守长三人，投出一人，另设男女看守、教诲师、医生、药剂师若干人，实行典狱长负责制。全国设监狱及分监约八十多处。

第一次世界大战，中国加入协约国。随着协约国的胜利，国际地位有所提高，政府在国内压力下，不得不在巴黎和会与华盛顿会议上同列强交涉收回领事裁判权事宜。列强一面拒绝废止该权利，一面同意派员来华考察刑罚、审判、监狱状况后再作决定。北洋政府遂效仿西方各国对监狱进行改良，如设立模范监狱、构筑新式监狱等。但因军阀战事频繁，狱政不遑顾及，使改良流于形式，无实质变化。

第十二章

国民党政府的法律制度

1927年"四·一二"政变后，蒋介石在南京建立了"国民政府"，即国民党政府。至1949年被中国共产党领导的人民推翻时为止，蒋介石的国民党政府一共存在了二十二年。就其政权性质来说，"依然是城市买办阶级和乡村豪绅阶级的统治，对外投降帝国主义，对内以新军阀代替旧军阀，对工农阶级的经济的剥削和政治的压迫比从前更加厉害"[1]。换言之，国民党政府是一个以国民党的一党专政和蒋介石的个人独裁为基本特征的政权。

在政府的组织形式上，国民党政府基于孙中山创立的五权分立理论，采取五院制的政府体制，由立法、司法、行政、考试、监察五院组成政府。立法院是国民政府的最高立法机关，根据国民政府组织法及宪法的规定，有议决法律案、预算案、大赦案、宣战案、媾和案、条约案及国家其他重要事项之权。但是，立法院在行使立法权时，必须遵循国民党中央政治会议所确定的立法原则，立法院所议决通过之法律，如中央政治会议认为有不妥之处，可发还立法院，要求立法院予以复议。行政院是国民党政府的最高行政机关，与司法院、考试院、监察院一样在职权范围内有权向立法院提出法律案，可依据法律发布命令。司法院还可行使解释法令及变更判例之权。

在法律制度方面，形成了一个由宪法、民法、刑法、行政法、民事诉讼法、刑事诉讼法及一系列单行条例所组成的相对完善的法律体系，史称"六法全书"。除具有宪法性质的《训政纲领》、《训政时期约法》、《五五宪草》及宪法外，其他的普通法主要是由国民党政府的立法院，将北洋政府时期修订的法律草案进行整理后颁发施行的。另外，国民党政府的司法院、最高法院、司法部的判例和解释例，是其成文法的重要补充。这些判例和解释例弥补了法律条文规定之不足，是一种灵活的法律形式。同时应该指出的是，在刑事法律中，有相当一部分特别法不是立法机关按立法程序制定和公布，而是由行政机关或军事机关自行公布，有的由国民党中央或地方党部秘密颁布。蒋介石的手谕也有最高的法律效力。如1933年4月6日蒋介石手谕"侈谈抗日者立斩无赦令"。1939年1月，国民党第五届中央执行委员会第五次全体会议通过的《国防最

---

〔1〕《毛泽东选集》一卷本，人民出版社1991年版，第47页。

高委员会组织大纲》规定："国防最高委员会对于党政军一切事务得不依平时程序，以命令为便宜之措施"，赋予蒋介石个人的命令以最高法律效力。

第一节　国民党政府的立法概况

南京国民党政府以孙中山的"遗训"为立法原则。孙中山在《中华国民党总章》一文中写道："本党进行秩序分作三个时期：①军政时期，此期以积极武力，扫除一切障碍，而奠定民国基础。②训政时期，此期以文明治理，督率国民建设地方自治。③宪政时期，此期俟地方自治完备之后，乃由国民选举代表，组织宪法委员会，创制宪法；宪法颁布之日即为革命成功之时。"1927年4月，南京国民党政府成立，蒋介石认为军政时期已经结束，国家进入训政时期。在此之后，南京国民政府的立法大体经历了三个阶段。第一阶段：1927～1936年，通过颁布《训政纲领》与《训政时期约法》确立了国民党的一党专政；通过颁行《国民政府组织法》，建立了五院制的政府体制，并吸收清末修律与中华民国北京政府立法成果，制定了刑事、民事、商事、诉讼、法院组织等各方面的部门法，初步形成了国民党政权的法律体系。第二阶段：1937～1945年，即抗日战争八年，这是其法律具有两重性的发展时期，一方面制定一些有利于抗战的法律，另一方面颁布了一系列为加强蒋介石独裁统治，反共、防共的法令。第三阶段：1946～1949年全面内战时期，国民党为配合内战需要，制定了一些严格限制人民民主自由的法律法规，如1947年的《戡乱总动员令》、1948年的《特种刑事法庭组织条例》等。同时，国民党宣称中华民国已进入宪政时期，要在中国实行"宪政"、"还政于民"，召开了"国民大会"，通过并颁布实施《中华民国宪法》，修正、公布国民政府及其政府五院的组织法及选举法。

一、立法指导思想

南京国民政府的立法指导思想是孙中山所倡导的"三民主义"。国民政府第一任立法院院长胡汉民说："三民主义为一切建国工作的最高原则和立法方针。"1928年颁布的《训政纲领》写道，该纲领是为了"实施总理三民主义，依照建国大纲而制定"。1931年的《中华民国训政时期约法》表明："国民政府本革命之三民主义、五权宪法，以建设中华民国。"1947年《中华民国宪法》声称："中华民国国民大会受全体国民之付托，依据孙中山先生创立中华民国之遗教，为巩固国权，保障民权，奠定社会安宁，增进人民福利，制定本宪法，颁行全国，永矢咸遵。"

二、《六法全书》

南京国民政府的成文法主要包括六种，一开始是指宪法、民法、商法、刑法、刑事诉讼法、民事诉讼法及其各自的相关法规，后来将商法的内容分别纳入民法和行政法，而以行政法取代商法作为六法之一。国民政府曾将这六种法律合编出版，统称《六法全书》。

国民政府还有大量的不成文法，即由司法部和最高法院认可的判例以及经司法机关认可的习惯，都具有法律效力。这些判例和解释对成文法起着重要的补充作用，是法律体系的重要组成部分。同时，南京国民政府立法的一个重要特点，是特别法多于普通法，其法律效力也高于普通法。特别法的内容以刑事特别法规为多。

南京国民党政府的立法，延续了自清末以来的法律改革，进一步吸收了西方资本主义国家的立法成果，从其体系、内容及立法技术来看，都达到了近代中国法制文明的较高水平，并为后世的立法提供了很好的借鉴。

第二节　国民党政府的宪法性文件及宪法

一、宪法性文件

（一）《训政纲领》

1928 年 6 月，奉系军阀张学良归顺南京国民政府，蒋介石认为此时"军政"时期结束。根据孙中山建国三时说，训政时期开始，遂于 1928 年 10 月 3 日，由国民党中央常务会议根据"以党治国"的方针，通过了《训政纲领》，全文共六条，基本精神是由国民党充当"政府之保姆"，"训练国民使用政权"，确立国民党的一党专政。其内容有以下几个方面：

第一，"政权"（亦即孙中山所称的"民权"，指每个国民皆应享有选举、罢免、创制、复决四项权利）。规定在训政时期不成立全国国民大会，全国国民大会的职权由国民党全国代表大会代行，在国民党全国代表大会闭会期间，将上述"政权"托付给国民党中央执行委员会行使。

第二，"治权"（即政府应掌握的立法、司法、行政、考试、监察五项权力）。规定在训政时期由国民政府"总揽而执行之"。

第三，"治权"与"政权"的关系。该纲领宣称，总的宗旨是由国民党训练国民使用政权，并规定"指导督促国民政府重大国务之施行，由中国国民党中央执行委员会政治会议行之"。从而为确立国民党一党专政奠定理论基础。

（二）《中华民国训政时期约法》

《训政时期约法》于 1931 年 5 月 5 日由"国民会议通过"，同年 6 月 1 日由国民政府公布。全文共八章八十九条。八章分别为"总纲"、"人民之权利和义务"、"训政纲领"、"国民生计"、"国民教育"、"中央与地方之权限"、"政府之组织"、"附则"。其主要内容有：

第一，《训政纲领》被全文载入，确认了国民党对全国的统治权，即一党专政。重申训政时期，由中国国民党全国代表大会代表全国国民大会行使中央统治权。选举、罢免、创制、复决四种政权之行使，由国民政府训导之。行政、立法、司法、考试、监察五种治权，由国民政府行使之。

第二，采取"五院制"的政权组织形式。"国民政府设行政院，立法院，司法院，考试院，监察院及各部委。"同时又规定，"国民政府设第一主席一人，委员若干人，由中国国民党中央执行委员会选任，委员名额以法律定之。""本约的解释权，由中国国民党中央执行委员会行使之。"国民党中央执行委员会因此取得任意解释约法的权力。

第三，对公民的权利和义务作了较为详尽的规定，但同时规定这些权力和自由必须在国民政府的"训导"下行使。

第四，规定了一些发展官僚资本主义的条款。约法第四章"国计民生"中规定："国家应兴办油、煤、金、铁、矿业。""国家应创办国营航业。""工商业之专利、专卖特许权，属于中央。"

这部约法的核心，是实行国民党的一党专政和蒋介石的独裁统治。

(三)"五五宪草"

"九·一八"事变后，日本帝国主义侵略中国，但蒋介石政府的不抵抗政策激起了全国人民的强烈愤慨，全国掀起了轰轰烈烈的抗日民主运动；国民党内许多人士也提出应当结束"训政"，召集国民大会，制定宪法，实行"宪政"。于是，1933年1月，根据国民党四届三中全会决议，立法院组织了宪法起草委员会，由立法院院长孙科兼任委员长，指派张知本、吴经熊任副委员长，傅秉常等三十六人为委员着手起草宪法。这部宪法草案在历时三载，七易其稿后，于1936年5月5日，由国民政府公布，名为《中华民国宪法草案》。因公布日期为5月5日，所以通称"五五宪草"。草案公布后，拟征求意见进一步修改，然后提交国民大会正式通过。由于次年日本帝国主义发动"卢沟桥事变"，抗日战争全面爆发，不具备召开国民大会的条件，因而这部宪法没有得以颁布施行。

"五五宪草"共八章，一百四十八条。具体内容特点如下：

第一，确定总统独裁的制度。总统是国家元首，对外代表国家；又是行政首脑，权力凌驾于五院之上；并统率陆海空三军。在中央与地方的关系上，采取中央集权制，省长不实行民选，而是由中央政府任命。总统还有两种特权：一是代替国民党中央政治会议职权，任命行政、司法和考试正副院长，指导、监督五院政务，调解五院纠纷；二是有发布紧急命令权。

第二，维护官僚垄断集团的利益。在经济方面的规定与《训政时期约法》并无大的区别。

总之，"五五宪章"的主要特点是：人民无权，地方无权，议会无权，总统个人集权。虽然标榜要实施宪政，但它与训政时期约法并无多大差别，实际上是为蒋介石实行独裁统治制造宪法依据。

二、《中华民国宪法》

《中华民国宪法》于 1946 年 12 月国民大会通过，1947 年 1 月 1 日公布，同年 12 月 25 日实施。

这部宪法制定的背景是国共和谈的破裂，抗日战争结束后，中国共产党于 1945 年 8 月发表了《对目前时局的宣言》，表示愿意与中国国民党及其民主党派协商建立一个新民主主义的中国。该宣言的诚意得到了全国人民及各民主党派的支持，国民党迫于压力，与中国共产党于 1945 年 10 月 10 日签订了《双十协定》（《国共代表会谈纪要》），并答应召开政治协商会议。政治协商会议召开后，通过了关于国民大会、改组国民党政府及修改"五五宪章"等项协议。"五五宪章"修改的要点是：召开国民大会，中央制度采取责任内阁制；实施地方自治，各省得自制宪法，省长民选；保障人民自由民主权利及民族自由；等等。另外，还规定由政协会议组成"宪草审议委员会"，拟定《宪法修正案》，提交国民大会审议通过。

由于国民党没有和谈的诚意，并于 1946 年 6 月底向解放区改动了全面进攻，并撕毁政治协商会议关于宪草问题的决议，宣布由国民党单独召开国民大会，制定宪法，1946 年 11 月 15 日，国民党召开国大，将由王宠惠（《训政时期约法》的主稿人）、吴经熊（"五五宪章"初稿起草人）、雷震等就雷震修改的"五五宪章"条文进行补充，再由蒋介石加以删改后，由蒋介石将宪法修正案提交国大表决正式通过。这是国民党颁布实施的最后一部宪法。它以"五五宪章"为基础，引用了政治协商会议关于修宪协议的一些词句，如"国会制"、"内阁制"、"省自治"等，但基本精神与《训政时期约法》一脉相承。《中华民国宪法》有总纲、人民之权利义务、国民大会、总统、立法、司法、考试、监察等十四章，共一百七十五条，其主要内容概括如下：

第一，总纲中规定了建立民主共和国以及主权在民的资产阶级宪法原则。其表述为："中华民国基于三民主义，为民有、民治、民享之民主共和国。""中华民国之主权，属于国民全体。"事实上，仍然是国民党的一党专权和蒋介石的个人独裁统治。宪法赋予总统的权力。与"五五宪章"一样，总统"率领全国陆海空军"，并掌握发布"紧急命令"大权，而国民大会职权有限，政府行使上保持分立的五院制，五院分享各该项最高统治权，但五院的正副院长均变相由总统任命，总统有权调解五院之间的冲突。实际上，五院不过是独裁总统的执行机构和办事机关。

第二，第二章专章规定"人民之权利义务"。规定人民有身体、居住、迁徙、言论、讲学、著作、出版、通讯、信教、集会、结社的自由权；有诉讼、考试、选举、罢免、创制和复议权。人民不分男女、种族、阶级、党派享有平等权。但同时又规定："以上各条列举之自由权利，除为防止妨碍他人自由、避免紧急危难、维持社会秩序或增进公益所必要者外，不得以法律限制之。"政治协商会议关于宪草问题的协议中规定的对人民自由权利采取宪法保障和保障自由的原则，被改为法律限制主义原则，即只要统治者认为必要，用制定普通法的手段就可以限制人民宪法上的自由权利。后来为镇压人民的反抗而制定的《戒严法》、《维持社会秩序暂行办法》、《戡乱总动员令》等，都以此为法律依据。

第三，经济制度方面。宪法规定："人民依法取得之土地所有权，应受法律之保障与限制。""国家对于私人财富及私营事业，认为有妨害国计民生之平衡发展者，应以法律限制之。""公用事业及其他独占性之企业，以公营为原则。""金融机构，应依法受国家之管理。"事实上是以此确认和保护官僚垄断集团与大地主阶级利益。1935 ~ 1936 年，蒋、宋、孔、陈"四大家族"官僚资本垄断集团形成后，在抗日战争时期利用独占的统治政策发了国难财；解放战争时期，又利用接受日本敌伪财产，发了劫收财。至 1947 年前后，官僚资本集中了一百亿至两百亿美元的巨大财产，垄断了全国的经济命脉，"国家经济"事实上成了"四大家族"的经济。在肯定封建的土地私有制和资本主义的私有财产制度的同时，限制了私人垄断资本的出现，从而使官僚资本的垄断地位得以维护并使其得以无限制发展。

第四，在外交政策方面，宪法规定要贯彻"独立自主之精神，平等互惠之原则"，同时强调"尊重条约"。实际上是维护帝国主义侵略中国的不平等条约。为了换取美国对内战的支持，1946 年 6 月，蒋介石与美签订密约，美国取得在中国内地各省及东北，台湾进行军事性空中摄影权。11 月 4 日，又签订了《中美友好通商航海条约》(即《中美商约》)。其主要内容是：美国人可以自由进入中国境内，像中国人一样活动，不受任何限制；美国的商品可以随便输入中国，并可以将中国的原料运回美国，任何人不得限制；美国船只可以自由在中国领海和内河航行；等等。随后，又签订《中美空中运输协定》等卖国条约。这些卖国条约使中国实际上沦为美国的殖民地。

综上所述，这部宪法不仅为蒋介石的独裁统治制造宪法根据，而且也使蒋介石政府打内战，实行卖国政策的无耻行为合法化，其最基本的特点是人民无权，独夫集权。由于民心尽失，这部宪法施行不到两年的时间，蒋介石政府的统治就被推翻了。

第三节　国民党政府的民商法

一、民商法立法概况

1928 年，国民政府立法院成立后，组成民法起草委员会，在北京政府第二次民法草案的基础上，借鉴德国、瑞士等资产阶级国家的民法原则开始编制民法草案，并于

1929～1930 年分编陆续公布施行，成为中国第一部正式的民法典。在立法院组织民法起草委员会的同时，国民政府又令戴修骏等五人组成商法起草委员会，拟编订商法。但国民党中央政治会议为委员兼立法院院长胡汉民、副院长林森在提交中央政治会议的提案中认为："查民商分编，始于法皇《拿破仑法典》，维时阶级区分，迹象未泯，商人有特殊之地位，势不得不另定法典，另设法庭适应之。""我国商人无特殊地位，强予划分，无有是处。此次订立法典，允宜考社会实际之状况，从现代立法之潮流，订为民商统一之法典。""商法所订定者，仅为具有商业性质之契约。至法律上原则或一般之通则，仍须援用民法。"该提案经国民党中央政治会议议决采纳，决定将民法与商法编订为统一法典，实行民、商合一。把从前商法中的一些内容，改列入民法债编中，对于不便包括于民法典中的事项，则另行制定公司法、票据法、海商法、保险法、破产法、银行法等商事单行法规。

二、内容特点

这部民法典的颁布实施，在中国法制史上具有较为重要的意义，它彻底改变了中国法律传统上诸法合体，刑、民不分，无独立民法典的状况，肯定了自清末沈家本主持修律以来，我国学习借鉴西方资本主义民事法律规范所取得的成果，并对后来的立法产生了积极的影响。民法典共五编一千二百二十五条。第一编"总则"、第二编"债"、第三编"物权"、第四编"亲属"、第五编"继承"。内容特点如下：

1. 确定习惯法及法理可作为判案依据。《民法典》第一条规定："民事法律未规定者，依习惯，无习惯者，依法理。"但民事所适用之习惯，以不违背公共秩序和善良风俗者为限。

2. 规定个人行使权利的限制。在一般地承认"私法自治"、"契约自由"原则的同时，采取"国家本位主义"原则，强调私人权利的行使受制于法律限制的范围，并不得违背公共秩序和善良风俗。

3. 严格保护私有财产。在财产关系方面，民法典借鉴西方资本主义国家关于私有财产神圣不可侵犯的原则，肯定财产所有人对所有物的占有、使用、收益、处分的权利。规定"所有人，于法令限制之范围内，得自由使用、收益、处分其所有物，并排除他人之干涉"。"所有人对于无权占有或侵夺其所有物者，得请求返还之。对于妨碍所有权者，得请求除去之。有妨碍其所有权之虞者，得请求防止之。""为保护自己利益起见，对他人之自由或财产施行相当制裁行为，不得认为不法。"由于社会财富长期集中于"四大家族"为首的官僚资本家及大地主等极少数人手中，绝大多数人民处于赤贫状态。地主富农只占全国人口的百分之六，却占有全国土地的百分之八十以上；官僚资产阶级占全国人口比例更少，却垄断着全国的金融、工业和商业企业，操纵着国计民生。所以对私人财产所有权的保护，受益者是极少数剥夺者，这也体现了《民法典》保护半殖民地半封建社会经济制度的本质。

4. 在婚姻家庭继承关系上作了重大调整。在结婚的法律效力上采用仪式制而不采用登记制，在家庭关系上，取消了嫡子与庶子的区别，不再认为妻是限制行为能力人。废除旧法中长期沿用的宗法继承制度，改变过去由男子独占继承权的状况，规定子女有平等的继承权，且明确配偶之间有互相继承遗产的权利。由于历史的局限，仍然保留了一些封建主义婚姻家庭制度的内容。表现在司法院对亲属编的解释例中，如"男女婚姻，其主婚权在父母，惟须得祖父母之同意"。"重婚罪之成立，必以举行相当婚娶礼式为要件"，"娶妾并非婚姻，丈夫娶妾不能作为离婚的原因"。民法典还规定："妻以其本姓冠以夫姓"，"妻以夫之住所为住所"，夫妻的"联合财产由夫管理"，"对于未成年子女之权利义务，除法律另有规定外，由父母共同行使或负担之。父母对权利之行使意思不一致时，由父行使之"。"家置家长"，"家务由家长管理"，"子女从父姓"，"子女之持有财产由父管理，父不能管理时，由母管理"。

5. 赋予帝国主义种种特权，保护帝国主义的在华利益。例如《民法总则施行法》规定："经认可成立之外国法人，于法令限制内与同种类之中国法人有同一之权利能力。""未经认许其成立之外国法人，以其名义与他人为法律行为者，其行为人就该法律行为，应与外国法人负连带责任。"这实际上是承认未经政府许可成立的外国人也与经许可成立的外国人一样其经营活动受法律保护。

6. 对不能纳入民法典的商法内容，颁布了一系列商事单行法规，如《银行法》、《交易所法》、《票据法》、《公司法》、《海商法》、《保险法》、《破产法》等。这些商事单行法规的颁布实施，对完善我国近代的部门法法律体系有积极意义，但从其性质来看属于中国半殖民地半封建的法律。

第四节　国民党政府的刑法

一、刑事立法概况

南京国民政府的刑法包括刑法典，即《中华民国刑法》和大量的刑事特别法。刑法典是在北洋军阀政府刑法草案的基础上增删而成。1927 年，司法部长王宠惠将 1919 年北京政府编纂的《第二次刑法修正案》进行修改后，编成《刑法草案》经国民党政府审查，交国民党中央批准，于 1928 年 3 月 10 日公布，成为国民党政府的第一部刑法典。1931 年 12 月，立法院组织刑法起草委员会，参酌德、意等国家刑法，对刑法典进行修订，并于 1935 年 1 月 1 日重新颁布，同年 7 月 1 日起实施。这是第二部刑法典，它分总则、分则两编，共四十七章三百五十七条。该刑法典吸收了西方资产阶级国家的刑法原则，如罪刑法定主义、主观人格主义、社会防卫主义等，并结合中国传统的伦理观念，例如将刑事责任年龄提高到十八周岁。

二、刑事法律的主要内容

（一）重惩危及政权及统治秩序的犯罪

该刑法典加重了对"内乱罪"、"外患罪"、"妨碍国交罪"、"杀人罪"、"强盗罪"等严重危及政权及统治秩序犯罪行为的惩罚，同时降低了对普通刑事犯罪的量刑幅度，从而更加明确了刑法的主要打击目标。

（二）罪刑法定主义的规定

新刑法典将清末修律以来一直采用的罪刑法定主义原则进一步明确规定。《刑法典》第一章第一条规定："行为之处罚，以行为时之法律有明文规定者为限。"罪刑法定主义原则及在刑事诉讼过程中适用的"无罪推定"原则，是人类刑法文明进步的表现，但随着社会矛盾的进一步尖锐激化，国民党政府颁布了一系列的刑事单行法规用以镇压日益强烈的反抗。这些刑事特别法的施行实际上已背离了"罪刑法定主义"，而是实行"罪刑擅断主义"，即对于特别法规定案件的侦讯，采取极端残忍的刑讯逼供手段并且不经司法机关审判就秘密将嫌疑人定罪处决。

（三）保安处分制度的实施

保安处分是对有犯罪行为的人或有犯罪嫌疑的人采取的社会防卫制度。它的理论依据是西方法学家提出的社会防卫主义。根据这种理论，人类中有一部分人由于遗传的或环境的原因，必然会实施危害社会的犯罪行为。因而在这些人未给社会造成危害之前，就应采取以限制其人身自由的手段以保护社会。在国民党的刑法典中，将少年犯、精神失常者、吸毒者、酗酒者、习惯犯、常业犯、游荡懒惰犯、传染性病者以及外国犯人列为保安处分的实施对象。但事实上这个范围被刑事特别法扩大了许多，尤其是针对共产党人及不满国民党统治的群众，甚至于国民党内部的持不同政见者也在"保安处分"之列。这是对"刑事法定主义"原则的破坏，是法治的倒退。

（四）大量刑事特别法的颁布实施

刑事特别法主要有《惩治盗匪暂行条例》（1927年11月18日公布施行），《暂行反革命治罪法》（1928年3月9日公布施行），《危害民国紧急治罪法》（1931年1月31日公布，3月1日施行），《维持治安紧急办法》（1936年2月20日公布），《惩治盗匪暂行办法》（1936年8月31日公布施行），《惩治汉奸条例》（1938年8月15日公布），《共产党问题处置办法》（1939年），《防止异党活动办法》（1939年），《戡乱总动员令》（1947年7月公布），《动员戡乱完成宪政实施纲要》（1947年7月公布），《戒严法》（1948年5月公布），《维持社会秩序暂行办法》（1947年5月公布），《戡乱时期危害国家紧急治罪条例》（1947年12月公布），等等。从特别法的内容来看，主要有以下特点：

1. 扩大了刑法典作为犯罪论处行为的范围。如《暂行反革命治罪法》中规定，宣传与三民主义不相容之主义及不利于国民革命之主张者，均构成反革命罪，这就大大扩大了刑法典关于内乱罪的内容。

2. 被刑事特别法所确定的罪名，处刑都特别严厉，体现出重刑主义的特征。

3. 触犯刑事特别法的犯罪多由军事机关、军法机关或特种刑事法庭审理，也就是说适用刑事特别法处理的案件，不按一般的诉讼程序审理，也不受一般的刑事诉讼原则的约束。

4. 刑事特别法的效力高于普通法，它可以不受刑法典立法原则的限制，按统治者需要规定一些在刑法典中不宜出现、易遭民众舆论非议的内容，并具有优先适用的效力。刑事特别法的适用，深刻地体现了国民党反动统治的残酷性。

第五节　国民党政府的诉讼法

南京国民党政府作为程序法的诉讼法主要有《刑事诉讼法》和《民事诉讼法》，是为配合刑法典和民法典的施行而制定。从诉讼证据制度的特点来看，民事和刑事诉讼都确认法官的"自由心证"原则。"自由心证"原则源于西方资产阶级国家，其含义为：法官凭借内心信念对案件事实和证据做出认定。最高法院院长夏勒将该原则解释为："无论何种证据，审判官以为可信则信之，以为可舍则舍之，证据力之强弱悉凭审判官之心理判断，法律上无规定之主义者。""譬如，某甲之被窃，丙谓乙曾经侵入甲室，丁则否认其事，丙、丁两人之证言孰是孰非，推事可任意取舍之。"

一、刑事诉讼法

为配合两部刑法典实施，国民政府先后颁布过两部刑事诉讼法典和一些单行条例。第一部刑事诉讼法于1928年1月28日颁布，同年9月1日起实施；第二部于1935年1月1日颁布，同年7月1日实施。与第一部相比，第二部主要增加了"保安处分"的内容。此外，与刑事特别法相配套的单行条例，1941年公布的《非常时期刑事诉讼补充条例》、1944年公布的《特种刑事案件诉讼条例》等，是刑事诉讼法的补充。第二部刑事诉讼法共九编五百六十条，其内容具有如下特点：

1. 侦查制度。根据刑事诉讼法的规定，行使侦查职权的机关和人员有以下几类：一是检察官。检察官在刑事诉讼中的权力极大，只要他认为情形急迫"并得请附近军事长官派遣军队辅助"，还可以对不属于其管辖的嫌疑犯做出"必要之处分"。二是司法检察官，包括区域司法检察官和司法警察官。前者指地方的县市长、警察厅长、警务处长、公安局长、宪兵队长官，这些人在其辖区内协助检察官侦查罪犯；后者如警察官长、宪兵官长、军士和"依法令关于特定事项，得行司法警察官之职权者"。三是司法警察，由警察、宪兵和"依照令关于特定事项得行司法警察之职权者"。这些人受检察官和司法警察官的命令，侦查犯罪。总之，从行使侦查权的人员体系来看，包括了从检察官、行政长官、警察到宪兵、特务的庞大队伍，他们是蒋介石实行法西斯统治的工具。

2. 辩护制度的规定。《刑事诉讼法》第二十七条规定："被告于被起诉后得随时选任辩护人。被告之法定代理人、配偶、直系或三亲等内旁系血亲或家长、家属，得独立为被告选任辩护人。"第二十九条又规定："辩护人应选任律师充之，但非律师经审判长许可者，亦得选任为辩护人。"刑事诉讼辩护的确立，使被告的合法权益可以得到有效维护，是司法公正的要求，具有进步意义。但属于刑事特别法规定范围的大量案件，由于适用的是秘密侦讯审判等特别的办事程序，在这些案件中，被告辩护权实际已被剥夺，而刑事诉讼法确立的辩护制度也因之而受到破坏。

3. "自由心证"原则。《刑事诉讼法》第二百六十九条规定："证据之证明力，由法院自由判断之。"

二、民事诉讼法

南京国民政府的民事诉讼法颁布实施过两部。1928年7月，司法部在北洋军阀政府民事诉讼条例的基础上，拟定民事诉讼法草案，经立法院三读通过第一编到第五编第三章，于1930年12月公布；之后，立法院又于1931年2月15日通过了第五编第四章，这是国民党政府的第一个民事诉讼法，共五编六百条。第二部于1934年4月由司法行政部拟定修正草案报行政院转立法院审议，1935年1月正式公布，同年7月1日起施行。第二部民事诉讼法于1945年12月26日修正后再次颁布实施，共九编六百三十六条。其主要内容特点有：

1. "一告九不理"原则。民事诉讼法规定，法院在九种情况下不受理原告的起诉：①管辖不合不受理；②当事人不合格不受理；③未经合法代理不受理；④书状不合程式不受理；⑤不缴诉讼费不受理；⑥一事不再理；⑦不告不理；⑧已和解者不受理；⑨上诉非以违背法律为理由，第三审不受理。"一告九不理"原则在很大程度上剥夺了贫困者在民事权益遭侵害后获得司法救济的权利，因而当时百姓有"有条（金条）有理，无法（法币）无天"之说。

2. 明确规定"自由心证"原则。《民事诉讼法》第二百二十二条规定："法院为判决时，应斟酌全辩论意旨及调查证据之结果，依自由心证判断事实之真伪。"

3. 当事人主义原则，又称"不干涉主义"原则。《民事诉讼法》第一百九十二条规定："言辞辩论以当事人声明应受裁判之事项开始。"第三百八十八条又规定："法院不得就当事人未声明之事项为判决。"也就是说，民事诉讼程序的提起及范围均由当事人自己决定，法院只在当事人诉讼请求的范围内行使审判权，而不依职权进行主动干预。该原则与民法契约自由原则相对应，体现了当事人意思自治的精神。

第六节　国民党政府的法院组织法

1928 年 8 月，国民党政府司法部草拟了《法院组织法草案》，经司法院、国民党中央政治会议审查定稿，立法院通过，于 1932 年 10 月 28 日颁布，并于 1935 年 7 月 1 日实施，共十五章九十一条。它确立了南京国民政府普通司法机关三级三审的基本体制。此外，还制定了单行法规，如：《特种刑事临时法庭组织条例》（公元 1927 年）、《特种刑事法庭组织条例》（公元 1948 年）及《军事法庭条例》（公元 1948 年）等。

一、法院的组织机构

（一）普通法院

《法院组织法》规定，法院分为三级，即地方法院、高等法院和最高法院，实行三级三审制。地方法院设在县或市，"但其区域狭小者，得合数县、市设一地方法院。其区域辽阔者，得设地方法院分院"。高等法院设在省或特别区域或"首都"或院（指行政院）辖市，"但其区域辽阔者，应设高等法院分院"。最高法院设在国民党中央政府所在地。各级法院皆设院长及民事、刑事审判庭，审判庭设庭长及推事若干人，负责案件的审判工作。同时，各级法院内均配置检察机关，负责检察工作。最高法院内设检察署，置检察长一人，检察官若干人。"其他法院及分院各置检察官若干人，以一人为首席检察官，其检察官名额仅有一个人时，不置首席检察官。"检察官在刑事诉讼过程中有着非常重要的地位，他依法有权决定是否进行侦查，是否进行公诉，并指挥和监督刑事判决后的执行。

（二）特殊审判机关

1. 特种刑事法庭。依 1927 年《特种刑事临时法庭组织条例》在南京设立"特种刑事中央临时法庭"，在各省设"特种刑事地方临时法庭"。特种法庭审判的主要是共产党人进行革命活动的案件。1928 年类似案件由军法机关审判，特种刑事法庭撤销。1948 年又依据《特种刑事法庭组织条例》在南京设立中央特种刑事法庭，隶属司法院；在行政院设立高等刑事法庭，与高等法院地位相同。

2. 兼理司法院。依据 1944 年的《县司法处组织条例》设立，内设审判官，掌管刑事及民事审判业务，并由县长兼任检察官，承担检控职责。

3. 军事审判机关。军事审判机关主要审理军人违法案件，但在内战期间，军事和军法机关的审判得到加强。违反刑事特别法的案件，由军事机关审判；在无法院或与法院交通断绝时，军事审判机关甚至可以审判当地的所有刑事和民事案件。这在一定程度上使司法机关处于军事机关的操纵控制之下。

二、审判制度

（一）司法独立

司法独立即法官独立行使审判权原则。《宪法》第八十条规定："法官须超出党派以外，依据法律独立审判，不受任何干涉。"法院组织法也规定，法官对审判权之行使，不受任何干涉。法官在任职期间，还必须分期到司法行政部（或司法院）法官训练班受训。据不完全统计，仅抗战前，国民党便在南京举办过六期短训班，每期约一百人，受训者共约六百人。从现代法治精神来看，法官地位的中立、独立，是司法公正得以实现的前提。但特种刑事法庭的存在，以及军事审判普通刑事案件的大量介入，使得为实现司法公正而存在的法官独立变得名不符实。

（二）陪审制度

根据 1929 年 8 月 17 日公布的《反革命案件陪审暂行法的规定》，法院在审理共产党案件时，必须有国民党党部指派年龄在二十五岁以上的国民党六人，组成评审团，直接参加审判。也就是说，陪审制度是专门为镇压人民反抗，审理共产党人案件而设。

（三）三级三审制

三级三审制即地方法院为一审时，高等法院为二审，最高法院为终审；高等法院为一审时，最高法院为终审。实行多级审判制度的目的，是为了保障被告有足够的机会来行使自己的诉权，主张自己的权利，并使法院判决更准确。但对于特种刑事案件的被告则严格限制其上诉权行使。1944 年 1 月公布的《特种刑事案件诉讼条例》规定："对于以本条例所为之判决不得上诉。"1948 年 4 月公布的《特种刑事法庭审判条例》第 5 条规定："对于以本条例所为裁判，不得上诉或抗告。"同时，在司法实践中奉行"官无悔判"原则，即上级法院对下级法院的判决，一般不予改判。所以，三级三审制实际在很大程度上被限制和否定了。

第七节　国民政府的特务组织

一、概述

国民党的特务组织主要有两大派系，即中统和军统。中统建于 1929 年，称为国民党组织部调查科，由陈立夫任科长，1932 年改为特工总部，1935 年又改称党务调查处。军统始建于 1931 年。"九·一八"事变后，蒋介石令黄埔军校毕业、人称"十三太保"的十三名军人成立中华民族复兴社，由蒋介石任社长，内部设特务处，由戴笠任处长。1937 年底，蒋介石把党务调查处与复兴社合并，成立国民党政府军事委员会调查统计局，陈立夫任局长。合并之后，由于矛盾激烈，遂于 1938 年分开。原党务调查处改为国民党中央执行委员会调查统计局，简称"中统"，朱家骅任局长，副局长是徐恩曾。而特务处扩大组成军事委员会调查统计局，简称"军统"局长是贺耀祖，副局长是戴笠。除"中统"与"军统"外，特务组织还有"中美特种技术合作所"。它是 1943 年 5 月中旬由外交部部长宋子文及军统局副局长戴笠与美国总统罗斯福私人代表鲁斯和美国海军情报署代表梅乐斯协议成立的，主任戴笠，副主任梅乐斯。该所成立后，美国派来五百多特务，运来大量器材，帮助训练和装备军统特务组织，使军统美式化。

二、特务组织的职能

特务组织的职能是发现与国民党持不同政见者，如共产党人、民主人士和革命群众，使用残酷手段对其进行镇压和迫害。特务组织的成员遍布南京国民政府的军、政、警、宪、司法等部门和社会的每一个角落，而且建立起自己的侦讯和审判机构，它们是"法外用刑"、"法外制度"的机构，有权利用秘密监视、绑架、暗杀、刑讯逼供和集体屠杀等手段处置案犯。虽然国民党的法院组织法没有规定特务机构有审判权，但特务机构对其抓到的案犯，却拥有未经法定程序审讯即处死刑或终身监禁的权力。特务机构的存在，使得《中华民国宪法》中关于"人民非依法律不得逮捕、拘禁、审问、处罚"的规定成为一纸空文。特务机构是国民党政府实行法西斯统治的有力证据。

第 十 三 章

新民主主义革命时期人民民主政权的法律制度

第一节 新民主主义革命时期人民民主政权的法律概况

新民主主义革命时期人民民主政权的法制建设，是指从 1921 年中国共产党成立至 1949 年 10 月 1 日中华人民共和国成立，大约二十八年的法制建设发展历程。新民主主义革命是中国共产党率领中国人民顽强斗争，夺取革命政权的过程。在此过程中，制订了一系列的法律、法规，形成了富有特色的民主革命政权的法律制度。

一、新民主主义革命时期法制建设发展阶段及概况

中国新民主主义革命时期法制建设经历了以下几个发展阶段：

（一）新民主主义革命法制的萌芽阶段（公元 1921~1927 年）

1921 年 7 月中国共产党成立后，在 1922 年 7 月召开的党的第二次全国代表大会中，明确提出了反帝反封建的革命纲领，在大会《宣言》中宣称"消除内乱，打倒军阀"，"推翻国际帝国主义的压迫，达到中华民族完全独立"，统一中国为"真正民主共和国"。为了实现这一革命纲领，中国共产党领导了全国的工人运动和农民运动，并通过各种革命组织，制定了许多具有法律效力的规约禁令。如 1922 年 8 月中国劳动组合书记部制定的《劳动法案大纲》是我国最早的劳动立法纲领。1925 年成立省港罢工工人代表大会和省港罢工委员会，并制定了《组织法》及《会议规则》，为日后人民代表大会制度的产生提供了重要经验，并为中共中央所肯定。1927 年 3 月，上海工人第三次武装起义，建立了上海市民政府。这是在大城市建立革命政权的最早尝试。特别是在轰轰烈烈的农民运动中成立的各级农民代表大会和农民协会，"实际上是农民政权的雏形"，真正做到了"一切权力归农会"。农民代表大会通过的惩治土豪劣绅和减息的决议案，在实践中发挥了革命法律的作用。

（二）工农民主政权的法律制度（公元 1927～1937 年）

1927 年大革命失败后，中国共产党继续领导革命群众举行了南昌起义、秋收起义和广州起义等一系列武装起义，创建了工农红军，开辟了农村革命根据地，逐步建立起乡、区、县、边区各级红色政权（工农民主政权）。在此基础上，第一次全国工农兵（苏维埃）代表大会于 1931 年 11 月在江西瑞金召开，宣告中华苏维埃共和国的成立。大会通过了《中华苏维埃共和国宪法大纲》以及各种法律决议，使新民主主义法制建设进入了初具规模的奠基阶段。但是，由于当时"左倾"路线的干扰，许多法律中存在极"左"的错误。

（三）抗日民主政权的法律制度（公元 1937～1945 年）

1937 年"七七事变"爆发，全国进入了轰轰烈烈的抗日战争时期。中国共产党根据抗日民族统一战线的总方针，同国民党实现了第二次国共合作，将中华苏维埃共和国中央临时政府西北办事处改组为陕甘宁边区政府，工农红军和南方游击改编为"八路军"、"新四军"，开赴抗日前线，在敌人占据的后方先后开辟了十八个敌后抗日根据地，建立起乡、县、边区各级抗日民主政权。在法制建设方面，中国共产党继承并发扬了老苏区的优良传统，纠正了苏区的"左倾"错误，把马克思主义普遍真理创造性地运用于我国革命实践，使抗日民主政权的人民民主法制建设日益完善，并进入全面发展阶段。

（四）解放区人民民主政权的法律制度（公元 1945～1949 年）

解放战争后期，特别是在人民解放军解放若干城市后，解放区的面貌发生了根本变化。解放区由小到大，由分散到集中，从而连成一片，形成几个大解放区，在政权和法制建设方面产生了许多新的制度。如大解放区人民政府先后成立，对于统一领导该地区的行政工作发挥了重要作用；在大城市实行军事管制制度，是人民民主专政在特定的历史条件下采取的一种临时体制；相继召开的各界人民代表会议，是正式的人民代表大会制度实施以前的一种过渡形式；内蒙古自治政府的成立，证明实行民族区域自治适用于解决我国的民族问题。此外，在土地立法、劳动立法、刑事立法和司法制度方面，都有一系列建树。这一切都为中华人民共和国成立后的政权建设和法制建设创造了极为有利的条件。

二、新民主主义革命时期人民民主政权法制建设的历史地位及特点

新民主主义革命时期的法制建设开辟了中国法制的新纪元。它不再是少数剥削阶级统治劳动人民的工具，而是代表无产阶级和广大人民的意志，维护人民大众的根本权益，进行反帝反封建革命斗争的锐利武器。它与中华人民共和国成立后的社会主义法律制度属于同一历史类型，前者为后者积累了丰富经验，奠定了坚实的历史基础；后者是对前者的继承和发展。因此，革命根据地法制建设的历史经验，对于创建有中国特色的社会主义法制具有重要的参考价值和直接借鉴作用。

这一特定历史时期的法制建设体现出如下特点：首先，新民主主义革命时期的法制建设都是在中国共产党的领导下进行的，并以马列主义、毛泽东思想作为指导方针，因此该时期的法律内容反映了无产阶级和广大民众的根本利益，具有鲜明的民主性和革命性；其次，新民主主义革命时期的法制建设始终贯彻着人民民主的基本原则，建立了以人民代表大会制度为核心的新型政治制度，成立了人民的司法机关，实行便利人民的诉讼制度，并在总结实践经验的基础上，将反帝、反封建的革命纲要和方针政策加以具体化、条文化、制度化。这些都体现了新民主主义革命时期法制建设的独特性。

第二节　宪法性文件

中国共产党在领导人民民主革命政权进行革命斗争的过程中，先后制定、公布了一系列宪法性文件。其中具有代表性的包括：《中华苏维埃共和国宪法大纲》（公元1931年）、《陕甘宁边区宪法原则》（公元1946年）。

一、《中华苏维埃共和国宪法大纲》

1927年，蒋介石背叛革命，在南京建立代表大资产阶级和军阀利益的民国政府，中国共产党率领中国人民被迫走上了"武装割据、建立根据地、最终夺取全国政权"的道路。在井冈山革命根据地，毛泽东倡议由党中央制定"一个整个民权革命的政纲"，"使各地有所遵循"。1930年5月，在上海召开了全国苏维埃区域代表大会，决定准备召开全国工农兵苏维埃代表大会。7月，党中央成立"中国工农兵苏维埃第一次全国代表大会准备委员会"，着手草拟宪法大纲。1931年11月7日，第一次全国苏维埃代表大会在江西瑞金召开，正式通过了《中华苏维埃共和国宪法大纲》，宣告中华苏维埃中央临时政府成立。1934年1月，第二次全国苏维埃代表大会对宪法大纲进行了部分修改，主要修改点是在第一条增加了"同中农巩固的联合"。这是毛泽东代表的正确路线同王明"左倾"路线斗争的积极成果。

《中华苏维埃宪法大纲》（以下简称《宪法大纲》）包括前言及正文共十七条。《宪法大纲》规定了"中华苏维埃共和国"的性质和权力机构。大纲第二条规定苏维埃国家性质"是工人和农民的民主专政的国家。苏维埃政权是属于工人、农民、红色战士及一切劳苦民众的……只有军阀、官僚、地主、豪绅、资本家、富农、僧侣及一切剥削人的人和反革命分子是没有选举代表参加政权和政治上自由的权利的"。第三条规定："中华苏维埃共和国之最高政权为全国工农兵苏维埃代表大会，在大会闭会期间，全国苏维埃临时中央执行委员会为最高政权机关，在中央执行委员会下组织人民委员会，处理日常政务，发布一切法令和决议案。"〔1〕即确定实行民主集中制的、"议行合一"的工农兵苏维埃代表大会制度，它是我国人民代表大会制度的早期形式。

《宪法大纲》确定了工农民主专政的基本任务是"在于保证苏维埃区域工农民主专政的政权和达到它在全中国的胜利。这个专政的目的，是在消灭一切封建残余，赶走帝国主义列强在华的势力，统一中国"。因此，第六条规定要消灭封建剥削制度一切特权，否认反革命政府的一切外债，帝国主义手中的银行、海关、矿山、工厂一律收归国有，并宣布中华民族与世界无产阶级和被压迫民族站在一起，苏联是巩固的同盟者，对受迫害的世界革命者给予保护，对居住在苏区从事劳动的外国人给予法定的政治权利。

《宪法大纲》确立了法律面前人人平等的基本原则，并确定了苏维埃国家公民的基本权利。具体来讲，包括以下几个方面：首先，参政权利。规定苏维埃公民，凡年满十六岁，均有苏维埃选举权和被选举权。其次，武装自卫权。手执武器参加革命战争的权利，只能属于工农劳苦民众。最后，其他民主权利。如公民在苏维埃法律面前一律平等；保证工农劳苦民众有言论、出版、集会、结社的自由；实行妇女解放，承认婚姻自由；保证工农劳苦民众有受教育的权利；承认中国境内少数民族的民族自决权，发展民族文化和民族语言；实行政教分离，保证宗教信仰自由；等等。

《宪法大纲》在内容上也表现出一些不足和错误。在革命的阶段性任务和目的方面，混淆了民主革命和社会主义革命的界限，以社会主义革命的原则取代民主革命的原则。在民族政策方面，则错误地规定了承认"民族分离"政策。

《宪法大纲》与历史上的一切"约法"、"宪法"不同，它是中国共产党领导人民制定的第一部宪法性文件，开创了人民制宪的先河。它具有国家根本法的性质并兼有施政纲领的特色。它把革命成果用法律的形式确认下来，并指出了今后的奋斗目标，极大地调动了根据地人民的革命积极性。同时，它还是人民制宪的最初尝试，为以后革命根据地的制宪工作提供了宝贵的经验。

二、《陕甘宁边区施政纲领》

1937年7月"卢沟桥事变"后，中国社会进入全面抗战时期。1939年，以国共两党合作为基础的抗日民族统一战线形成。中华苏维埃共和国革命根据地各政府正式改名为中华民国政府特区边区政府。为最大限度地调动抗日军民的积极性，巩固各抗日阶级、各党派和各民族的团结，争取时局好转，粉碎日寇扫荡和国民党反共封锁，赢得抗日战争的胜利，各抗日根据地边区政府都相应地制定了本地区的施政纲领。主要有1941年《晋冀鲁豫边区政府施政纲领》，1942年《对巩固和建设晋西北的施政纲

---

〔1〕 韩延龙、常兆儒：《中国新民主主义革命时期根据地法制文献选编》第1卷，中国社会科学出版社1981年版，第13页。

领》，1944 年《山东省战时施政纲领》等。其中以 1941 年 5 月陕甘宁边区第二届参议会制定、通过的《陕甘宁边区施政纲领》为代表。

《陕甘宁边区施政纲领》（以下简称《施政纲领》）共二十一条，主要内容是：

1. 规定了边区政府的基本任务和奋斗目标。《施政纲领》规定边区政府的基本任务和奋斗目标是"团结边区内部各社会阶级、各抗日党派，发挥一切人力、物力、财力、智力，为保卫边区、保卫西北、保卫中国、驱逐日本帝国主义而战"。

2. 规定了抗日民主专政的政权性质。《施政纲领》第五条规定："本党愿与各党派及一切群众团体进行选举联盟……"；第六条又进一步规定："保证一切抗日人民（地主、资本家、农民、工人等）的人权、政权、财权及言论、出版、集会、结社、信仰、居住、迁徙之自由权"，确立了民族统一战线。

3. 规定实行参议会制度和"三三制"政策。参议会制度，是我国人民代表大会制度在抗战时期特定历史条件下变通的政权组织形式。《施政纲领》规定：边区各级参议会，为边区各级之人民代表机关，由参议会选举产生同级政府委员会。陕甘宁边区政府综理全边区政务，受边区参议会监督。所谓"三三制"政策，是指在政权机关的人员配置上，规定共产党员占三分之一，非党的左派进步分子占三分之一，不左不右的中间派占三分之一。《施政纲领》第五条规定："在候选名单中确定共产党员只占三分之一，以便各党派及无党派人士均能参加边区民意机关之活动与边区行政之管理……共产党员应与这些党外人士实行民主合作，不得一意孤行，把持包办。"上述规定对于纠正"左倾"关门主义、调动党外人士参政议政的积极性起到了重要作用。

4. 规定了抗日人民的各项自由权利。《施政纲领》第六条规定：保证一切抗日人民（地主、资本家、农民、工人等）的言论、出版、集会、结社、信仰、居住、迁徙之自由权；除司法系统及公安机关依法执行其职务外，任何机关、部队、团体不得对任何人加以逮捕审问或处罚，而人民则有用无论何种方式，控告任何公务员非法行为之权利。为了具体实施这项规定，边区政府于 1942 年 2 月专门发布了《陕甘宁边区保障人权财权条例》，共二十二条，详细规定了对人权财权的各项保护措施。

《施政纲领》以反对日本帝国主义，保护抗日人民，调节各抗日阶级利益，改善工农生活，镇压汉奸反动派为基本出发点，全面系统地反映了抗日民族统一战线的要求和抗战时期的宪政主张，是实践经验的科学概括与总结。

三、《陕甘宁边区宪法原则》

抗日战争胜利后，国共两党经过谈判，于 1945 年 10 月 10 日签署了《双十协定》，随后于 1946 年 1 月 10 日在重庆召开政治协商会议。会议讨论通过了《宪法草案修正案》，并确定了国会制、内阁制、省自治等制度，明确各省可以制定省宪法。1946 年 4 月，陕甘宁边区在延安召开边区第三届参议会。会议的重要议题之一是根据全国政治协商会议确定的原则，制定陕甘宁边区的宪法。为做好陕甘宁边区宪法草案的起草工作，第三届参议会通过了《陕甘宁边区宪法原则》（以下简称《宪法原则》），并确定以《宪法原则》为基础，具体起草陕甘宁边区的宪法。由于国民党政府很快发动全面内战，陕甘宁边区宪法的起草工作因受干扰而被迫停止。但《宪法原则》作为解放区政权的宪法性文件，对解放区政治、军事、法律、文化等各项工作起到了重要作用。

《宪法原则》共分五部分，即"政权组织"、"人民权利"、"司法"、"经济"和"文化"，共二十六条。其主要内容包括：

1. 关于政权组织。规定"边区、县、乡人民代表会议（参议会）为人民管理政权机关"。这就确定了解放区人民政权的各级权力机关，为由抗战时期的参议会逐步过渡到人民代表会议制度做准备。《宪法原则》还规定人民以普遍、直接、平等、无记名方式选举各级代表，各级代表对选举人负责。各级代表会每届大会应检查上届大会决议执行的情况。

2. 关于人民权利。主要包括三个方面：人民享有政治上的各项自由权利和武装自卫权；妇女除享有与男子平等的权利外，妇女的特殊利益还应受到照顾；边区人民不分民族一律平等。在少数民族聚居地区可组织民族自治政权，在不与省宪抵触的原则下，得订立自治法规。

3. 司法方面。确立了司法独立原则。《宪法原则》规定"各级司法机关独立行使职权，除服从法律外，不受任何干涉"。人民有权以任何方式控告失职的任何公务员。对犯法人员采用感化主义。

4. 经济方面。规定"应保障耕者有其田"，为实施彻底的土地改革作准备。还规定要有计划地发展农、工、矿各种实业；采用公营、合作、私营三种方式组织所有的人力、资源，促进经济繁荣；欢迎外来投资并保障其合理利润。

5. 文化教育。规定要普及并提高一般人民之文化水准，从速消灭文盲；实行免费的国民教育和高等教育，普及为人民服务的社会教育；发展卫生教育与完善医药设备，减少疾病与死亡现象；保障学术自由，致力科学发展。

解放战争时期的宪法性文件，还包括 1947 年的《内蒙古自治政府施政纲领》，1947 年 10 月的《中国人民解放军宣言》，1948 年 8 月的《华北人民政府施政方针》，1949 年 4 月的《中国人民解放军布告》等。上述宪法性文件不仅是当时各解放区人民政府的施政纲领，而且也为后来的制宪积累了宝贵的经验。

第三节　土地法规及经济法规

一、土地法规

土地问题是中国革命的重要问题。革命根据地历届民主政权均极为重视制定土地法规，以法律手段调整与土地相关的各类社会关系。土地法规的制定与发展大致可以分为如下几个阶段：

（一）工农民主政权时期的土地法规

1927 年，党的"八七"会议确定的土地革命方针政策，是土地立法的指导思想。在工农民主政权的前期，土地法规以 1928 年 12 月的《井冈山土地法》为代表。《井冈山土地法》规定："没收一切土地归苏维埃政府所有。""以人口为标准，男女老幼平均分配；以劳动力为标准，能劳动者比不能劳动者多分土地一倍。"[1] 但是，由于缺乏经验，"这个土地法有几个错误：①没收一切土地而不是只没收地主土地；②土地权属政府而不是属农民，农民只有使用权；③禁止土地买卖。这些都是原则错误。"[2] 1929 年 4 月《兴国土地法》把"没收一切土地"改为"没收一切公共土地及地主阶级的土地"，进行了原则性的更正。工农民主革命的后期又陆续颁布了《中华苏维埃共和国土地法》、《没收土地和分配土地条例》等土地法规，其中以 1931 年 12 月的《中华苏维埃共和国土地法》为代表。它使用时间最长，但受"左倾"思想干扰很大，甚至存在一些较为严重的错误。下面对其进行一些具体介绍。

1931 年 12 月 1 日中华工农兵苏维埃第一次全国代表大会通过的《中华苏维埃共和国土地法》，共十四条。基本内容包括：

1. 确定没收土地财产的对象和范围。该法规定，所有封建地主、豪绅、军阀、官僚以及其他大私有主的地主，无论自己经营或出租，一概无任何代价的实行没收（第一条）。中国富农性质是兼地主或高利贷者，对于他们的土地也应该没收（第三条）。没收一切反革命的组织者及白军武装队伍的组织者和参加反革命者的财产和土地（第四条）。除了没收土地外，同时还规定没收一切封建主、军阀、豪绅、地主的动产与不动产，以及富农多余的房屋、农具、牲畜等。宣布一切高利贷债务无效。

2. 规定了土地财产的分配方法。被没收来的土地，经由苏维埃分配给贫农与中农。雇农、苦力、劳动贫民，均不分男女，同样有分配土地的权利。应选择最有利于贫农、中农利益的方法，或按劳动力与人口多寡进行分配。红军应分得土地，由苏维埃政府代为耕种。

3. 原则上确定农民的土地私有权。第十二条规定，现在仍不禁止土地的出租与土地的买卖，苏维埃政府应严禁富农投机与地主买回原有土地。第十条规定，一切水利、江河、湖沼、森林、牧场、大山林，由苏维埃管理，来便利于贫农中农的公共使用。

4. 极"左"路线在土地法中的体现。在政策上规定了"地主不分田，富农分坏田"的指导思想，即被没收土地的地主，没有分配土地的权利。富农在没收土地后，如果不参加反革命活动，而且用自己劳动耕种这些土地时，可以分得较坏的劳动份地。

---

[1] 韩延龙、常兆儒：《中国新民主主义革命时期根据地法制文献选编》第四卷，中国社会科学出版社 1984 年版，第 2 页。

[2] 《毛泽东农村调查文集》，人民出版社 1982 年版，第 37 页。

这样就造成了这些没有土地的原地主和部分富农流离失所或上山为匪，破坏了社会秩序。

《中华苏维埃共和国土地法》尽管受到了"左倾"主义的干扰，但它的历史功绩和地位是不容抹煞的。土地法的颁行在当时的苏区彻底消灭了地主豪绅的政治统治和封建土地剥削制度，实现了耕者有其田的理想，从而提高了农民的生产热情，初步改善了农民的生活状况。通过土地革命极大地提高了农民群众的革命积极性，广大农民踊跃参加红军，有力地支援了革命根据地的建设和发展。同时，该法对以后的土地法积累了正反两个方面的经验教训，从而保证了其后土地法的科学性。

（二）抗日战争时期的土地法规

1937 年抗日民族统一战线建立后，为了充分调动全国各阶层人民的抗日积极性，中国共产党改变此前没收地主土地的政策，在 1937 年 8 月颁布的《抗日救国十大纲领》中确立了减租减息的政策，调整农民与地主的关系。各根据地以此为指导制定本地区的土地法规。其中以陕甘宁边区的土地法最具代表性。这一时期陕甘宁边区的土地法规主要有《陕甘宁边区土地条例》（1939 年），《陕甘宁边区土地租佃条例草案》（1942 年），《陕甘宁边区地权条例》（1944 年）。上述土地立法的主要内容是：

1. 土地所有权。一是公有土地所有权归边区政府。根据《陕甘宁边区地权条例》的规定，公有土地所有权归边区政府，公有土地包括：军事及要塞区域的土地；公共交通的道路；公共需用的河流和其他天然水源地；凡不属于私有的矿产、盐地、荒地、森林、名胜、古迹等；依法没收归公的土地；其他未经人民依法取得所有权的一切土地。公有土地，一般由当地县市政府统一登记管理，其所有权属于边区政府，任何个人或团体不得侵占。二是私有土地所有权人在法定范围内可自由使用、收益、处分（买卖、典当、抵押、赠予、继承）土地。不论公、私，土地所有权均受法律保护，强调保护农民土地所有权。

2. 减租交租。《陕甘宁边区土地租佃条例》规定：陕甘宁边区的地租有定租、活租、伙种、安庄稼等四种。定租的租额比照抗战前的原租额需减少百分之二十五（即"二五"减租），活租须减少百分之二十五至百分之四十，伙种和安庄稼须减少百分之十至百分之二十。减租以后，承租人须依法定租额交纳地租，不得无故拒不交纳；因天灾人祸或其他不可抗力致收成减少或毁灭时，可同出租人协商减付、缓付或免付交租额。

3. 减租减息，低利借贷。现存债务减息。付息过本一倍，停利还本；过本二倍，本利停付，借贷关系视为消灭。

抗日战争时期的土地法规调整了农村的阶级关系，加强了各革命阶级的团结，包括团结地主和富农抗日，为民族解放战争的胜利奠定了基础。

（三）解放战争时期的土地法规——《中国土地法大纲》

抗日战争胜利后，中共中央根据国际国内形势和阶级关系的变化，为了满足农民的土地要求，1946 年 5 月 4 日发布了《关于土地问题的指示》（即《五四指示》）决定由减租减息政策转变为没收地主土地分配给农民的政策。1947 年 7 ~ 9 月，中共中央在河北平山县召开全国土地会议，制定了《中国土地法大纲》，并于 1947 年 10 月 10 日正式公布。

《中国土地法大纲》共十六条，明确规定"废除封建性及半封建性剥削的土地制度，实行耕者有其田的土地制度"。具体规定要"废除一切地主的土地所有权"，"废除一切祠堂、庙宇、寺院、学校、机关及团体的土地所有权"，"废除一切乡村中在土地制度改革以前的债务"（指高利贷债务），还要"乡村农会接收地主的牲畜、农具、房屋、粮食及其他财产，并征收富农的上述财产的多余部分……"土地实行平均分配原则，即以乡或行政村为单位，按乡村人口，包括地主，不分男女老幼，统一平均分配。在土地数量上抽多补少，质量上抽肥补瘦，并承认其土地所有权，由政府发给土地所有证。允许土地所有人自由经营、买卖以及在特定条件下出租土地。确定改革土地制度的合法执行机关为乡村农民大会及其选出的委员会，贫农团大会及其选出的委员会，区、县、省农民代表大会及其选出的委员会。规定土地改革的司法措施，对一切对抗或破坏《土地法大纲》规定的罪犯，由人民法庭予以审判和处分。

《中国土地法大纲》总结了中国共产党二十多年土地革命的基本经验教训，体现了土地改革的总路线，避免了历史上犯过的一些政策错误，是一部科学、正确的土地纲领。新的土地制度的实施，提高了农民的经济地位和社会地位，调动了农民的积极性，也为地主、富农参加生产、自食其力指出了道路，对保证解放战争胜利起到了决定性的作用。

二、经济法规

为了规范经济生活，促进经济发展，各地民主政权制定了一些经济法规。主要包括：1931 年《中华苏维埃共和国暂行税则》，1932 年《中华苏维埃共和国工商业投资暂行条例》、《中华苏维埃共和国暂行财政条例》、《中华苏维埃共和国借贷暂行条例》、《中华苏维埃共和国合作社暂行组织条例》，1934 年《中华苏维埃共和国国有工厂管理条例》，1941 年《陕甘宁边区商业税暂行条例》、《陕甘宁边区货物修正税暂行条例》、《陕甘宁边区营业税修正暂行条例》、《陕甘宁边区巩固金融法》、《晋冀鲁豫边区合作社条例》，1943 年《晋冀鲁豫边区统一累进税暂行税则》，1944 年《陕甘宁边区奖励实业投资暂行条例》，1948 年《华北区对外贸易管理暂行办法》、《华北区农业税暂行税则》等。

新民主主义革命时期人民民主政权经济立法的基本原则是：反对帝国主义的经济侵略，废除外国势力在中国的经济特权，保护民族经济的发展；保护公营经济的发展；保护私营经济；确立支持革命战争的财政、金融、税务制度。其中很多经济法规具有临时性和过渡性。

第四节　劳动法规

一、《中华苏维埃共和国劳动法》

1931 年 11 月，在江西瑞金召开的全国工农兵第一次苏维埃代表大会上通过了《中华苏维埃共和国劳动法》（以下简称《劳动法》），该法共十二章七十五条。其要点如下：

1. 规定了劳动法的适用范围。《劳动法》第一条规定："凡在企业工厂、作坊及一切生产事业单位和各机关（国家的、协作社的、私人的都包括在内）的雇佣劳动者都享有本劳动法的规定。"第二条又列举了不受《劳动法》调整和保护的情形，即"对于在中华苏维埃共和国海、陆、空军服役的战斗员和指挥员不受本劳动法的拘束"[1]。

2. 规定劳动者应当同用人单位签订劳动合同或集体劳动合同。劳动合同，是一个工人或几个工人与雇主订立的协定；集体劳动合同，是由职工会代表工人和雇主订立的集体条约。雇佣工人须经工会和失业劳动介绍所介绍，并禁止私人设立工作介绍所。

3. 规定了劳动时间、休假制度及相关劳动保护措施。《劳动法》规定雇佣劳动者每日的时间不超过八小时；十六至十八岁的青工，每日工作时间不得超过六小时；十四至十六岁的童工，每日工作的时间不得超过四小时；夜工减少一小时。工人享受一定的休假制度。在劳动保护方面，禁止雇佣十四岁以下的男女童工；禁止十八岁以下的男女工做夜工；禁止怀孕及哺乳期的女工做夜工。并规定在女工产前产后休息六至八周，工资照发。另外，规定所有雇主要对所有机器设置防护器，发给工人工作服。由雇主为工人办理社会保险，保险基金由雇主支付。

4. 工资和劳资纠纷。规定工资不得少于劳动部规定的最低工资额，计件工资由工会和雇主按每日平均生产率与中等工资的标准予以规定。如果发生劳资纠纷，由劳资双方代表组成评判委员会或由劳动部的仲裁委员会和平解决。凡属构成违反劳动法的案件，由人民法院的劳动法庭审理。

《劳动法》的实施，一方面大大改善了苏区工人阶级的社会地位和生活状况，另一方面也存在着极"左"的错误。如不分城市乡村，不分手工作坊和农村雇工，一律机械地实行八小时工作制，过多的休假日，过高的工资福利，滥用"总同盟罢工"权，等等。结果不仅影响到根据地的生产供应，而且有碍红军作战行动，同时也使工厂中的师徒关系紧张，甚至影响到工农之间的团结。针对上述问题，1933 年 10 月重新修订公布了《劳动法》，主要是对农村雇佣辅助劳动力的中农、贫农、小船主、手工业者和

---

〔1〕　西南政法学院函授部编：《中国新民主主义革命时期法制建设资料选编》第 3 册，西南政法学院内部印刷 1982 年版，第 191 页。

合作社，采取灵活变通的方法，调整了过高的福利要求；对学徒制度重新做了修订。这些补充修改都是必要的，但是由于当时"左倾"路线仍占统治地位，故在《劳动法》中的"左倾"错误未能得到彻底纠正。

二、抗日战争时期的劳动保护条例

中共中央在 1940 年 12 月 25 日发布的《论政策》中，明确提出"关于劳动政策，必须改良工人的生活，才能发动工人的抗日积极性。但是切忌过'左'。加薪减薪时，均不应过多。在中国目前的情况下，八小时工作制还难以普遍推行。在某些生产部门，均应随情形规定时间。劳资间在订立契约后，工人必须遵守劳动纪律，必须使资本家有利可图"。"至于乡村工人的生活和待遇的改良，更不应提得过高，否则就会引起农民的反对、工人的失业和生产的缩小。"[1] 各边区政府根据上述原则，在 1941 年后陆续制定了劳动保护条例或保护农村雇工的决定。其中比较典型的有 1941 年 11 月 1 日公布施行的《晋冀鲁豫边区劳工保护暂行条例》和 1942 年的《陕甘宁边区劳动保护条例草案》。其中《晋冀鲁豫边区劳工保护暂行条例》经过 1942 年、1944 年多次修正，比较完备，共七章（总则、工资、作息时间、劳动保护、劳动合同、职工会、附则）四十五条。这两部劳动法规的主要内容包括以下几个方面：

第一，关于工人权利的规定。工人享有言论、出版、集会、结社、参军、参政及抗日之自由。工人有组织职工会（工会）的权利。职工会有权代表工人提出各种要求，有权代表工人同资方订立集体合同。缔结劳动合同以劳资双方自愿为原则。合同内容包括工时、工资、福利待遇、双方权利义务等。合同内容不得违反现行法律，否则无效。资方如有打骂、虐待、侮辱工人等情形，职工会应代表工人提出抗议及解决方法。资方开除工人须事先得职工同意。同时，职工会应教育提高职工的劳动热忱，遵守劳动纪律。

第二，关于工时、工资、劳动保护的规定。实行八至十小时工作制。其中，公私工厂、矿场及作坊工人以十小时为原则。因工作性质必须延长时，至多不得超过十一小时。一般手艺工人、运输工人、店员及学徒，以及农村雇工、家庭雇工，可依习惯行之。工资标准由工会、雇主、工人三方协商，男女同工同酬。劳动合同规定的工资，资方不得借故减少或拖欠，工人亦不得在合同外再有额外要求。因工会工作请假，全年十五天内的，工资照发。矿厂应切实注意清洁卫生，如工作有碍工人健康及安全者，须有必要之卫生防护设备。工人患病经医生证明需要休息者，一个月以内工资照发，并由资方支付药费；超过一个月的，医药费停止补助，工资续发与否，可按当地习惯由劳资双方协议决定。此外，还规定工人因工致伤、致残、致死的治疗及抚恤办法。

第三，关于对女工、青工、童工的特殊保护。凡年龄在十六至十八岁的青工及年

---

〔1〕《毛泽东选集》第二卷，人民出版社 1991 年版，第 724 页。

龄在十二岁以上的童工，其工作须以不妨害其身体健康和教育为原则，工作时间须较成年减少一至二小时。禁止女工从事繁重的、有害健康的工作及地下工作。禁止哺乳女工、孕妇、童工做夜工。女工分娩前后应给予两个月的休假，休假期间工资照发。哺乳女工每日应给予适当的哺乳时间。青工、童工、女工如与一般工人做同样工作，且效能相等者，应给予同等工资。

第四，关于奖励技术发明的规定。按照陕甘宁、晋冀鲁豫等边区劳动法规的规定，工人或者其他人对边区的农、林、牧、畜、水利、工矿等生产事业有发明创造，或推广现有技术并获得成就者，政府给予荣誉和物资奖励。各根据地规定的物质奖励为现金，奖金最高为四千至五千元。

这些劳动法规对发挥工人积极性、团结资产阶级抗日起了很大的作用。

三、解放战争时期的劳动法规

1947 年 12 月 25 日，毛泽东在《目前形势和我们的任务》一文中指出：新民主主义国民经济的指导方针，必须紧紧地追随着"发展生产，繁荣经济，公私兼顾，劳资两利"这个总目标。[1] 这也是劳动立法的指导方针。为了全面贯彻新民主主义国民经济和劳动立法的指导方针，第六次全国劳动大会于 1948 年 8 月 1～22 日在哈尔滨召开。出席会议的有各解放区总工会的代表以及各大城市和大产业系统的代表。大会通过了《关于中国职工运动当前任务的决议》和《中华全国总工会章程》。其基本内容如下：

1. 确定解放区职工运动的任务。指出解放区的工人阶级已为国家政权的领导阶级，职工成为企业的主人。应选派优秀代表到国家各种领导机关中去。决定在国营企业中要建立工厂管理委员会和职工代表会，讨论决定一切关于生产及管理的重大问题，积极完成生产任务。在私营企业的职工，应遵守劳资双方订立的劳动契约，督促资方执行政府法令。

2. 实行适合战时经济条件的劳动福利政策。在工时方面规定工厂实行八至十小时工作制。特殊企业或特殊情况，经当地政府批准可延长或缩短，但每日最多不得超过十二小时。农业工人、手艺工人及店员的劳动时间，可按照习惯办理。在工资方面，规定了保障普通职工的最低生活标准，即连同本人在内，要能维持两个人的最低生活需要。同时规定了等级工资制和计时、计件工资制。对女工和童工作了特殊保护，即规定禁止使用未满十四岁的童工，学徒不得超过三年；女工产前产后休假四十五天，对女工实行同工同酬的原则。同时要求改善工厂卫生安全设备，伤老病残等医疗津贴抚恤暂由工厂和工会负责办理。有条件的地方可创办劳动保险。

3. 规定劳动契约与劳动争议处理原则。规定由劳资双方依照平等自愿、协商一致的原则，签订集体劳动契约，经政府批准后，适用于同一行业的各个工厂、商店。契

---

〔1〕《毛泽东选集》第四卷，人民出版社 1991 年版，第 724 页。

约的内容包括：劳动条件、职工的任用、解雇与奖罚、劳动保护与职工福利、厂规要点等。劳动争议的处理方法为协商、调节与仲裁，不服仲裁者，依法可向法院提起诉讼。

4. 决定恢复中华全国总工会。依照《中华全国总工会章程》的规定，中国境内的职工团体，凡赞成本会章程者，均可加入本会为团体会员。凡在各企业、机关、学校中工作，以劳动收入为主要生活来源，并依法取得职工身份之体力劳动者与脑力劳动者，不分民族、性别、宗教信仰，赞成本会章程自愿入会者，均可加入本会所属之各种工会为会员。以全国职工代表大会为工会组织的最高权力机关，并选出执行委员会，为其最高领导机关。

各解放区人民政府根据全国劳动大会决议的精神，先后制定了许多单行的劳动法规，如《东北公营企业战时劳动保险条例》、《华北区年老病弱退职人员待遇办法》等。这些都是中华人民共和国成立前后处理劳动问题的重要法规。

第五节　婚姻法规及继承法规

一、婚姻法规

(一)《中华苏维埃共和国婚姻法》

1922 年 7 月中国共产党第二次全国代表大会通过《关于妇女运动的决议》，提出要"废除一切束缚女子的法律"，"制定保护妇孺的法律"。1923 年 6 月中共第三次全国代表大会通过《妇女运动决议案》，进一步提出了"母性保护"及"结婚离婚自由"等原则。当时在湖南、江西等省已确立了禁止童养媳、严禁一夫多妻、反对买卖婚姻等主要政策，并相应制定了一些婚姻法规，如 1930 年《闽西第一次工农兵代表大会婚姻法》等。这样就为中华苏维埃共和国成立后制定新的婚姻法奠定了基础。1931 年 12 月，中华苏维埃政府颁布了《中华苏维埃共和国婚姻条例》。经过几年实践修订后，于 1934 年 4 月 8 日正式颁布了《中华苏维埃共和国婚姻法》。

《中华苏维埃共和国婚姻法》共七章二十一条，其主要内容包括如下：

1. 基本原则。确定男女婚姻以自由为原则，废除一切包办、强制和买卖婚姻的制度。禁止童养媳。实行一夫一妻制，禁止一夫多妻和一妻多夫。

2. 结婚与离婚。结婚必须具备实质要件和形式要件。结婚须双方自愿，且达到法定婚龄：男子须满二十岁，女子须满十八岁。禁止男女在三代以内亲族血统结婚。禁止神经病及疯瘫者结婚。男女结婚须共同到乡、市、区苏维埃进行登记，领取结婚证。离婚自由，离婚后原土地、财产、债务各自处理。婚后增加的财产男女平分。离婚前所生子女的抚养，尊重子女意见；私生子得享受婚生子女的一切权利。

3. 保护军婚。《婚姻法》第十一条规定：红军战士之妻要求离婚，须得其夫同意。但在通信便利的地方，经过两年其夫无信回家者，其妻可向当地政府请求登记离婚。

《婚姻法》的颁布实施，砸碎了几千年束缚妇女的枷锁，广大妇女从野蛮的封建婚姻制度下得到了解放，实现了男女婚姻自由，建立了新民主主义婚姻制度，是中国家庭婚姻史上的重大变革。

（二）抗日战争时期婚姻法规的制定及主要内容

抗日根据地的婚姻立法和其他法制建设一样，没有制定统一的、全国性的婚姻法规，而是由各边区的抗日民主政府分别制定了若干地区性的婚姻条例。其基本特点是各地区的婚姻立法在大政方针上是一致的，但在具体内容上又有较大的灵活性，各地区根据本地的实际情况，制定了某些具有本地特点的条款。主要有《陕甘宁边区婚姻条例》、《修正陕甘宁边区婚姻条例》，《陕甘宁边区抗属离婚处理方法》，《山东省婚姻暂行条例》，《晋察冀边区婚姻条例》等。其主要内容包括以下几个方面：

1. 立法原则的确立。此时在婚姻法基本原则方面已趋于完备，提出了男女平等原则，保护妇女儿童原则，重申婚姻自由和一夫一妻制的原则。如《山东省婚姻暂行条例》规定："本条例根据山东省战时施政纲领、男女平等、婚姻自由及一夫一妻制之原则制定之。"《晋冀鲁豫边区政府施政纲领》规定：禁止虐待及侮辱妇女，保护产妇，保育儿童，严禁打胎及溺婴，禁止童养媳及早婚等恶习。此外，继承苏区保护红军婚姻等原则，确立保护抗日军人婚约与婚姻的原则。除确知其夫死亡、逃跑、投敌外，未经军人同意不得离婚，并对娶抗日军人配偶或利诱、通奸者处以刑罚。

2. 结婚年龄和法定条件。对婚龄的规定，各地呈现多样化的趋势，同一地区前后也有不同规定，基本是男二十岁，女十八岁。但有些地区婚龄规定呈下降趋势，如在晋冀鲁豫、晋西北、淮海区等地，规定"男满十八岁，女满十六岁"，或"男满十八岁，女满十七岁"（山东省）。这种灵活性的规定，在当时的历史条件下是完全必要的。关于亲属间禁止结婚的限制也更趋严格。

3. 增加"订婚"、"解除婚约"专章。订婚是一些地方的民间习俗，本来并非结婚的必经程序，但将其纳入法制化的轨道，进行规范，在当时盛行订婚的地方有其可取之处。如《晋冀鲁豫边区婚姻暂行条例》设专章加以规定（第二章"订婚"，第三章"解除婚约"）。主要内容为：不到订婚年龄不得订婚（订婚年龄比结婚年龄各小一岁）；订婚须男女自愿，并须村以上政府登记；订婚后有一方不愿继续婚约或结婚者，均得请求解除婚约；解除婚约须向区级以上政府申请备案。

4. 离婚原则和具体条件。各地婚姻条例均规定了离婚自由的原则。男女双方愿意离婚者，须向当地政府请求离婚登记，领取离婚证。在离婚条件上，各地规定不一。以《陕甘宁边区婚姻条例》为例，共十条：①感情意志根本不合，无法继续同居者；②重婚者；③与他人通奸者；④图谋陷害他方者；⑤患不治之恶疾者；⑥不能人道者；

⑦以恶意遗弃他方在继续状态中者；⑧虐待他方者；⑨生死不明过一年者，但在不能通信之地方以两年为期；⑩有重大事由者。1944 年，陕甘宁边区又增加一项"男女一方不务正业，经劝阻无效，影响他方生活者"。并将第九条改为"生死不明已过三年者"。晋察冀边区还补充有："充当汉奸者"，"因犯特种刑事罪被处三年以上之徒刑者"。这种列举法的好处是，一方面有利于群众自警自律，另一方面也有利于司法机关在实践中具体操作。另外还规定：女方怀孕、分娩期间，男方不得提出离婚。

5. 离婚后财产处理和子女抚养问题。在离婚财产处理上基本继承了苏区的立法规定，对部分内容作了修改，如对共同债务原则上共同清偿，对赡养费规定男方给女方最多以三年为限。在离婚后子女抚养及教育方面，确定了女方再婚新夫的抚养责任。确保非婚生子女的合法利益。严禁杀害、抛弃（致死）私生子，严禁堕胎、溺婴，违者以杀人罪、违反人道罪论处。

婚姻法规解放了妇女，婚姻自由、自主、自愿成了结婚信条，爱情、平等、意志代替了包办、压迫、金钱。人民民主政权在贯彻婚姻法中积累了丰富经验，奠定了婚姻立法的基础。

（三）解放战争时期婚姻法规的发展变化

解放战争初期，一些老解放区基本上沿用抗战时期制定的婚姻条例，如华北人民政府宣布，原晋察冀边区和晋冀鲁豫边区制定的婚姻条例，继续有效；一些地区重新修订了婚姻法规，如 1946 年修正颁布的《陕甘宁边区婚姻条例》，1947 年 7 月《修正山东省婚姻暂行条例》；新解放区，参照老区的规定，制定了婚姻法规，如《辽北省关于婚姻问题暂行处理办法（草案）》和《旅大市处理婚姻案件办法（草案）》等。

这一时期婚姻条例的结构和内容，与此前大同小异。主要的变化和特点表现为：

1. 制定处理城市婚姻政策。婚姻法规进入城市适用之后，有人歪曲或误解婚姻自由政策，出现了一些违背婚姻法的行为。为此，华北人民政府司法部重申：凡挑拨他人夫妇不和而鼓动离婚者，或与有配偶之人通奸者，如一方告发，证据确实，得依法惩处。强调离婚的政治条件。经正式离婚后，依照婚姻自由原则，同任何人订婚与结婚，他人不能限制。同时，对城市夫妇离婚后财产和赡养费问题作出规定。男女结婚以前，各自的财产（包括相互赠与部分）离婚后仍归个人所有；结婚后共同积蓄的财产，一般应各分一半，但也依所出劳动力多少，多分或少分。如离婚后女方不能维持生活时，男方应依家庭经济情况，酌情给予一部分赡养费。

2. 确定了离婚后土地问题的处理原则。男女分得的土地归个人所有。寡妇改嫁可带走归她本人的全部私产，任何人不得阻止、干涉。

3. 规定了干部离婚原则和程序。这一时期，干部提出离婚者居于突出地位。为此，各地专门规定：干部离婚，同群众离婚一样，必须坚持"夫妻感情意志是否根本不合"的基本原则。对存有不正确思想或行为的一方，要批评教育或限期改正。对采用威胁、利诱、欺骗等手段制造离婚理由的，原则上不准离婚。如感情意志根本不合，无法同居，劝说无效，一方不同意，仍判决离婚，但财产上应多照顾他方。离婚程序为：一方提出离婚，须向被告所在地县政府提出；双方协议离婚也应向县政府申请，发给离婚证方为合法，对判决不服，可依法上诉。未取得正式离婚手续前擅自再婚者，以重婚罪论处。

二、继承法规

1923年6月，中共第三次全国代表大会通过了《妇女运动决议案》，提出"女子应有遗产继承权"。其后又在历次会议中加以肯定和补充。1927年第一次国共合作时期召开的第十六次会议通过了《关于财产继承权的决议》。决议规定："财产继承权应以亲生子女及夫妇为限。如无应继之人，及生前所立合法之遗嘱，所有财产收归国有，为普及教育之用。"这些决议的最大贡献是以法律形式确定了女子享有财产继承权。虽然在原则上承认男女有平等继承权，但在新民主主义革命初期的实践中没有多大的发展。

抗日战争时期，依照保障抗日人民合法财权的原则，继承权问题相应突出起来。各边区政府先后制定了适用于本地区的继承法条例，如《陕甘宁边区继承处理暂行办法》、《山东省女子继承暂行条例》、《晋冀鲁豫行署关于女子继承等问题的决定》等。

以《陕甘宁边区继承处理暂行办法》为例，其主要内容包括：

1. 配偶双方有相互继承遗产的权利。其他法定继承人的顺序为：直系血亲卑亲属（子女、孙子女、曾孙子女）；父母；亲兄弟姐妹；祖父母。

2. 被继承人可订立遗嘱，遗嘱可为书面或口头形式，并对遗嘱订立的要求做了规定。

3. 对胎儿利益的特殊保护。即在继承时应为胎儿保留必要的份额，如未经保留，其他继承人不得分割遗产。

4. 继承权被侵害时，被继承人或其代理人得请求回复之。其请求回复权之时效，自知悉侵害时起，为一年；不知者，自被侵害时起，为五年。另外，对用遗产偿还被继承人之债务等问题也作了相应规定。

解放战争时期的继承法规，主要包括1949年华北人民政府《关于继承问题的解答》和1949年哈尔滨市人民政府规定的《哈尔滨市处理继承办法草案》。下面对这两部法规作一简要介绍。

华北人民政府司法部就有关分家继承问题的《解答》，主要包括以下几个方面的内容：

1. 指出新民主主义时期的继承权同封建宗法社会的继承权不同。宗法社会的继承权是由父亲直系血亲享有。如无直系血亲，则归旁系血亲享有。在革命根据地，特别是经过土地革命按人口平分土地之后，土地财产是组成家庭成员所共有的。家庭成员不分男女老少，都对属于自己的那份土地具有所有权。因此，继承权仅限于家庭成员所享有，而该家庭以外的家属，除遗嘱继承外，均不应享有继承权。

2. 分家析产时，不分男女和已婚、未婚，均按人口分。妇女出嫁或离婚，原则上应准许带走属于其份额的财产，任何人不得干涉。分家时，还应给老人留下足够的生活份额，使其生活得到必要保障。

3. 女儿在娘家分得土地财产，与母亲的财产共同经营。母亲死后，其女儿不仅有权处理自己分得的土地财产，并有权继承其母亲的遗产，本族近亲属无权继承。

《哈尔滨市处理继承办法草案》于 1949 年由哈尔滨人民政府制定，供内部试行，共十三条，是在新民主主义革命时期解放区制定的比较详尽的继承法规。其主要内容包括：

（1）规定法定继承人的范围和顺序：①配偶；直系卑亲属；无劳动能力的父母；在被继承人临死前曾连续受继承人抚养一年以上且丧失劳动能力者。②有劳动能力的父母。③祖父母。④兄弟姐妹。⑤与被继承人同一经济生活单位，且又为生活所必需者。同时规定了代位继承。

（2）规定遗嘱继承或遗赠。即财产所有人在不侵害未成年人或丧失劳动能力人的继承范围内，得以继承的形式，将其财产赠予国家机关、社会公益团体或经济地位显然低于继承人的个人。

（3）规定继承开始的时间。遗产继承自被继承人死亡时开始。如果被继承人失踪满五年（特殊情形如遭遇特别灾难者满三年）时，法院得宣告为死亡人。宣告死亡后，其遗产即可由其继承人开始继承。继承人如不知被继承人死亡或被继承人所在不明时，法院应通知或公示催告。限期（一年）呈报，承认继承。如逾期不呈报，视为放弃继承权。

新民主主义革命时期的继承制度，是在废除封建宗法制度的基础上逐步形成的。这一时期的继承法规体现出坚持男女平等、养老育幼、团结互助、权利与义务相一致等原则的特点，其中许多规定，为中华人民共和国成立后的继承法所吸收，并得到相应发展。

第六节　刑事法规

为了打击犯罪，保护人民，维护安定的社会秩序，根据地民主政权非常重视加强刑事法制建设。中国共产党领导的中国革命经历了不同的阶段，不同阶段的革命对象以及革命的任务均有各自的特点。与革命的不同阶段相适应，新民主主义革命时期人民民主政权的刑事法制建设也表现出阶段性特征。

一、土地革命时期的刑事法规

1927～1937 年的土地革命阶段，革命的中心任务是发动工农民众，开展武装斗争，实行土地革命，严厉打击反革命活动，建立、巩固人民民主政权。这一时期的刑事法规主要有《赣东北特区苏维埃暂行刑律》、《肃反条例》、《反动政治犯自首条例》、《中华苏维埃共和国惩治反革命条例》等。

（一）《赣东北特区苏维埃暂行刑律》

根据现有资料，赣东北地区 1931 年制定的《赣东北特区苏维埃暂行刑律》（以下简称《刑律》）是新民主主义革命时期惟一的一部刑事法典。该刑律吸收了大清刑律的部分内容，结合当时的社会情况删改了部分条款，是在赣东北特区试行的针对一般刑事犯罪的刑法典。《刑律》分为总则、分则两编，总则部分十四章，分则部分二十二章，共计一百四十九条。

总则部分主要包括：本法的效力、不为罪、未遂罪、累犯罪、俱发罪、共犯罪、刑名、宥减、自首、酌减、加减刑、假释、时效、时例。在刑名中规定主刑和从刑。主刑分为死刑和有期徒刑，其中有期徒刑又分为五等：一等有期徒刑：五年以下，三年半以上；二等有期徒刑：三年半未满，两年以上；三等有期徒刑：两年未满，一年以上；四等有期徒刑：一年未满，半年以上；五等有期徒刑：半年未满，一个月以上。从刑包括褫夺公权和没收财产两种。

分则二十二章罪名分别为：藏匿罪人及湮灭证据罪、伪证及诬告罪、放火、决水及妨害水利罪、危险物罪、妨害交通罪、伪造货币罪、伪造文书及印文罪、伪造度量衡罪、鸦片烟罪、赌博罪、奸非罪、妨害饮料水罪、妨害卫生罪、杀伤罪、堕胎罪、遗弃罪、略诱及和诱罪、盗窃及强盗罪、诈欺取财罪、毁弃损坏罪、私擅逮捕监禁罪、骚扰罪。

（二）《中华苏维埃共和国惩治反革命条例》

1934 年 4 月 8 日颁布的《中华苏维埃共和国惩治反革命条例》（以下简称《条例》），共计四十一条，主要内容为：

1. 规定反革命罪的概念和种类。《条例》第二条对反革命罪行的概念进行了界定，规定："凡一切图谋推翻或破坏苏维埃政府及工农民主革命所得到的权利，意图保持或恢复豪绅地主资产阶级的统治者，不论用何种方法都是反革命行为。"[1] 并具体列举了各种主要反革命罪行的种类如组织反革命武装侵犯苏区或在苏区内举行反革命暴动，以反革命为目的，杀害民众、抢夺民众财物等。

---

〔1〕 北京政法学院法制史教研室编印：《中国法制史参考资料选编》近现代部分第 3 分册，1980 年版，第170 页。

2. 规定刑罚的种类，包括：①死刑。一般情况下须经特区政府批准，一律实行枪决方式。②监禁。即有期徒刑。最高十年，最低三个月。③没收财产。可以是罪犯财产的一部分或全部。④剥夺公民权。多为附加刑，亦可作独立刑种适用。在《条例》中没有规定无期徒刑，主要是由于当时时局比较动荡，无期徒刑的执行不稳定。

3. 规定条例适用的一般原则。在适用范围上规定"凡本条例所列举各罪者，不论是中国人外国人，无论在中华苏维埃共和国领土内或领土外，均适用本条例以惩治之"（第一条）。此外还规定了类推原则、再犯加重原则、减轻和免除处罚原则等。

上述刑事法规在同反革命和刑事犯罪的斗争中起过重大作用，为日后刑事法律的制定积累了丰富的经验，但也发生过扩大化错误。

二、抗日民主政权的刑事法规

抗日战争时期，民族矛盾成为中国社会的主要矛盾。惩治投降日本帝国主义和破坏民族抗战行为、保障抗日斗争的顺利进行成了刑事镇压的主要任务。为适应这一变化，各边区政府制定了一系列刑事法规。这一时期的刑事法规以惩治汉奸、贪污、毒品犯罪居多，带有很强的时代特征。主要包括：1939 年《陕甘宁边区抗战时期惩治汉奸条例》、《晋冀鲁豫边区危害军队及妨害军事工作治罪暂行条例》、《陕甘宁边区抗战时期惩治盗匪条例》、《陕甘宁边区抗战时期惩治贪污条例（草案）》，1941 年《晋冀鲁豫边区毒品治罪暂行条例》、《陕甘宁边区破坏金融法令惩治条例》，1942 年《山东省惩治盗匪暂行条例》、《晋察冀边区惩治贪污条例》，1943 年《晋冀鲁豫边区妨害婚姻治罪暂行条例》、《山东省禁毒治罪暂行条例》等。

边区政权创造性地发展了新民主主义的刑法原则。其主要原则包括以下几条：

1. 镇压和宽大相结合的方针。1942 年中共中央发布的《关于宽大政策的解释》中，对镇压和宽大相结合的方针做了全面系统的阐述。即：对敌人、汉奸及其他一切破坏分子等，在被俘被捕后，除绝对坚决不愿悔改者外，一律实行宽大政策，予以自新之路；对于已证实是坚决破坏民族利益的分子，必须依法严办。在实施中区分首要与胁从，惩办主要施于首要分子，宽大主要施于胁从分子。

2. 贯彻保障人权原则，严禁刑讯逼供。在实践中要正确估计敌我斗争形势，划清罪与非罪的界限。既要严防敌探奸细的袭击，也要注意不错办一个好人。在审讯特务分子和可疑分子时，不得采用肉刑、变相肉刑及其他威逼方法，即"逼供信"，更不能以此供词作为依据，乱捉乱打乱杀。

3. 反对威吓报复，实行感化教育原则。特点是以无产阶级思想克服和改造罪犯的地主资产阶级腐朽没落思想。反对惩办主义，用说服方法帮助其认识错误；反对报复主义，减少罪犯痛苦，以利于其安心守法、彻底改造。实践证明，该方法效果显著。此外，还有适用刑法必须坚持人人平等的原则和加强共产党的领导、贯彻群众路线原则。

抗战时期的刑事法规在刑法制度方面，相比土地革命时期更趋完善，在罪名规定方面也发生了一些新变化：

刑罚制度方面，增加了无期徒刑。主刑主要包括：死刑、无期徒刑、有期徒刑、拘役（又称劳役或苦役）、教育释放。从刑包括：褫夺公权、没收财产、罚金。

罪名方面，主要突出了汉奸罪、盗匪罪、破坏边区罪、破坏坚壁财物罪等。以破坏坚壁财物罪为例，这是抗战时期敌后根据地特有罪名。坚壁财物也叫空室清野财物，是指因防止日寇汉奸破坏欲掠夺而藏于地窖、山沟等隐蔽场所的一切公私财物及土石堵塞的建筑物。凡勾结敌伪挖索上述财物，或损毁、盗窃上述财物等行为，均构成该罪。该罪名的规定使得打击这类破坏行为有了法律依据，对抗战时期保护边区财物、防止敌伪破坏、克服物质困难、保证反扫荡的胜利起到了重要作用。

三、解放战争时期的刑事法规

解放战争时期，中国共产党领导的革命斗争的主要任务是彻底摧毁国民党反动统治，在全国范围内建立和巩固人民民主政权；肃清土匪、恶霸、反动组织势力，保护人民的生命财产安全，确立新型社会秩序。这一时期制定颁布的刑事法规主要包括：1945年《苏皖边区惩治叛国罪（汉奸）暂行条例》，1946年《苏皖边区危害解放区紧急治罪暂行条例》，1947年《东北解放区惩治贪污暂行条例》、《中国人民解放军宣言》，1948年《晋冀鲁豫边区惩治贪污条例》、《晋冀鲁豫边区破坏土地改革治罪暂行条例》、《惩治战争罪犯的命令》，1949年《华北区禁烟禁毒暂行办法》。

这一时期刑法的特点是突出惩治战争罪和反革命罪，肃清政治土匪，镇压地主恶霸，取缔一切反动党团及一切特务组织，解散反动会道门等封建迷信组织。1948年11月1日，中国人民解放军总部发布《惩治战争罪犯的命令》，规定对于战争罪犯给予严厉惩罚。该命令规定，战争罪犯是指国民党统治集团内部党、政、军各级官吏命令其部属实行下列罪行之一者：屠杀人民、掠夺人民财物、拆毁人民房屋者；施放毒气者；杀害俘虏者；破坏武器弹药者；破坏通讯器材、烧毁一切文电档案者；毁坏粮食、被服仓库及其他军用器材者；毁坏市政水电设备、工厂建筑及各种机器者；毁坏海陆空交通工具及其设备者；毁坏银行金库者；毁坏文化古迹者；毁坏一切公共资材及建筑物者；空袭轰炸已解放之人民城市者。对罪大恶极的内战祸首及战犯务必捉获归案，依法严办。凡能真心悔改，确有表现者，不论何人，给予宽大待遇。据此陆续逮捕了一批国内战犯，在新中国成立后分批加以审理。

刑罚制度方面的变化，主要是创造了新刑种"管制"，并对某些刑罚制度进行了调整。管制是解放区民主政权总结经验，将某些反动或破坏分子交由群众监督改造的做法加以制度化而产生的一种新的刑罚方式。规定反动或破坏分子向政府登记后，将其交由当地政府及群众监督改造，限制其自由，每日或每周须向指定机关报告其行动。此外，取消"回村服役"的办法。抗战时期对某些刑事罪犯采用"回村服役"办法曾发挥过积极作用，但在执行中也存在一些弊端，并与新形势的发展不相适应。为此，华北人民政府为了加强革命法制，于 1949 年 1 月特明令宣布取消"回村服役"办法，并规定以后区村政府一律不得再羁押人犯。

第七节　司法制度

一、司法机构

我国的人民司法机关，萌芽于第一次国内革命战争时期的工农运动，早期建立的司法机关主要包括在省港大罢工中建立的会审处、军法处和特别法庭，以及在农民运动中建立的审判土豪劣绅委员会。在此后不同的历史时期，新民主主义革命人民民主政权的司法机构设置均有所不同。

（一）中华苏维埃共和国成立后的司法体制

中华苏维埃共和国成立后，在局部地区打碎了国民党反动国家机器的基础上，总结各地司法经验，颁布了裁判条例、司法程序训令，形成了初具规模的司法机关。主要有以下几类：

1. 中央临时最高法庭。为中华苏维埃共和国的最高审判机构，临时代行最高法院的职权，内设民事法庭、刑事法庭及军事法庭。其职权包括：①对一般法律做法定解释；②审查各省裁判部及高级军事裁判所的判决和决议；③审查中央执行委员会以外的高级机关职员在执行职务期间的犯法案件；④审判不服裁判部或高级军事裁判所的判决而提起上诉的案件。

2. 省、县、区裁判部。为中华苏维埃共和国的地方审讯机构。地方裁判部受上级司法机关和同级政府主席团的双重领导。各级裁判部内设刑事法庭、民事法庭。1933年后在城市裁判科内增设劳动法庭。各级裁判部下设看守所，以监禁未决人犯和判处短期监禁的犯人；专设劳动感化院，以关押判处长期监禁的犯人，并对其进行劳动教育改造，此即为新民主主义狱政制度的雏形。在审判制度上，实行合议制（均由三人组成）和独任制，必要时组织巡回法庭到肇事地点进行审理。

3. 军事裁判所。在红军中设立初级和高级军事裁判所，专门审理现役军人及作战地区的违法案件。

4. "审检合一"体制中的检察机关。检察机关附设于审判机关之内。最高法庭内设正副检察长各一人，检察员若干人。省、县内设检察员若干人，区不设检察员。在军事裁判所所在地设立军事检察所。检察机关负责刑事案件的预审、起诉事宜，代表国家向法庭提起公诉。

5. 司法行政机关。在中央采取"分立制"，即由最高法庭专管审判工作，在人民委员会下设立司法人民委员部，专管司法行政工作；在地方采取"合一制"，即由各级裁判部兼理司法行政工作。

（二）抗日民主政权司法体制的变化

抗日战争时期，各边区制定、颁布了许多诉讼审判方面的法律法规，但在司法机关的设置上大同小异。以1939年《陕甘宁地区高等法院组织法》、1943年《陕甘宁边区县司法处组织条例草案》为例，司法机关的设置变化是：

1. 边区高等法院。边区高等法院为边区最高司法机关，负责全区审判及司法行政工作。下设刑事法庭、民事法庭，各庭长、推事负责审判，必要时组织巡回法庭。此外还下设有监察处、书记室、看守所、监狱。

2. 高等法庭分庭。高等法庭分庭是为便利群众诉讼，边区政府于1943年设置的高等法院的派出机关。高等法庭分庭审理所属辖区、县司法处一审上诉案件，是二审机关，由分庭庭长、推事、书记员组成。

3. 县司法处和地方法院。除少数地区（如延安）设立地方法院外，大部分县均在县政府内设立司法处，是负责审理初审民刑事案件的基层司法机关。处长由县长兼任，另设审判员、书记员。

4. 检察机关。实行"审检合一"，高等法院内设检察处（1942年精兵简政被撤销），县一级只设检察员。检验机关的职权是侦察、起诉和监督判决的执行。

（三）解放战争时期的司法机关的新发展

解放战争时期，随着国内形势的变化，司法体制也发生了重大变化。中国人民解放军在战场上节节胜利，解放区不断扩大。为尽快形成统一的司法体制，各解放区普遍设立各级人民法院。如东北行政委员会于1948年9月通令全区，逐步建立大行政区、省、县三级人民法院的司法体制。不久，华北人民政府也在辖区内建立大行政区、行署、县三级人民法院体制。与此同时，为保障土地改革的顺利进行，各解放区设立临时的人民法院，专门负责审理有关土地改革的各类案件。

二、审判原则和诉讼制度

在多年的新民主主义革命司法实践中，逐步形成以下主要审判原则和诉讼制度：

（一）法律面前人人平等的审判原则

土地改革时期，在审判制度方面，一度将被告人的出身、工作成绩等作为确定刑罚轻重的法定因素。随着审判制度的逐渐完善，这种规定被废止，法律面前人人平等的原则得以确立。1937年陕甘宁边区高等法院处理黄克功枪杀刘茜案，就充分体现了不论身份、级别，不论功绩、成绩，一切依法办事、法律面前人人平等的原则。[1]

（二）废止肉刑、严禁逼供，实行重证据而不轻信口供的原则

为保证文明审判，防止冤假错案的发生，民主革命政权的司法机关强调在司法审判中废止肉刑、严禁刑讯，以证据作为处理案件的主要依据。如在省港罢工《会审处细则》中规定："会审处不得使用笞刑逼供，以重人道。"中华苏维埃临时中央政府发布的第六号训令中，明确规定："必须坚决废止肉刑，而采用搜集确实证据之各种有效办法。"1948年华北人民政府发布《通令》，要求各地司法机关"禁止肉刑，重证据不重口供，不得指名问供"。

（三）审判会议制和人民陪审员制度

早在1927年《湖北省审判土豪劣绅委员会暂行条例》中就明确规定审判要实行民主集中制，即审判委员会"须有过半数委员出席，其审判结果须有过半数出席委员同意，始得判决"。上海工人第三次武装起义中制定的政府纲领中规定"法院取陪审制，由各界陪审"。工农民主政权规定审判案件要由裁判员和两名陪审员组成的合议庭进行。抗日战争时期，人民陪审员制度有了较大发展，一般采用下列做法：一是由审判机关临时邀请有关单位派人参加陪审；二是由各民主团体推选陪审团，轮流参加陪审；三是由机关、部队、团体选出代表，出席陪审。此外，山东省还规定由同级参议会驻会委员会派出代表参加陪审。

（四）人民调解制度的法律化

人民调解制度，是中国共产党领导人民在革命根据地创建的依靠群众解决民间纠纷、实行群众自治的一种组织制度。它是人民司法工作的必要补充和得力助手，是在我国民间排难解纷的历史传统的基础上加以改造而形成的一种具有中国特色的重要制度。人民调解制度产生于第一次国内革命战争时期的工农运动中，在第二次国内革命战争时期以法律形式规定在政府组织法规中。其主要内容为：①调解的组织形式。有三种，即民间自行调解、政府调解和司法机关调解。有些地方专门设立调解委员会。②调解的范围。规定凡因债务、物权、婚姻、继承等发生的一般民事纠纷和轻微的刑事案件，都可以进行调解。但法律另有规定的除外。③调解工作的原则。即：调解必须双方自愿，不得强迫、命令或威胁；调解须以法律为准绳，照顾善良风俗；调解不是诉讼的必经程序，司法机关不得以案件未经调解为理由而拒绝受理。调解制度的法

---

〔1〕 1937年10月延安红军干部（抗日军政大学第六队队长）黄克功因逼婚而枪杀陕北公学学生刘茜。案发后，有人认为黄克功身为革命干部，又对革命做出过贡献，应该减轻处罚。在毛主席、党中央的支持下，陕甘宁边区高等法院依法判处黄克功死刑。毛泽东针对此案在同年10月10日《致雷经天》的复信中指出："黄克功过去斗争历史是光荣的，今天处以极刑，我及党中央的同志都是为之惋惜的。但他犯了不容赦免的大罪……因此中央与军委便不得不根据他的罪恶行为，根据党与红军的纪律，处以他极刑。"总之，"他之处死，是他自己的行为决定的"。

律化，对于解决矛盾、增强民间团结、减少纷争有着重要的意义，是人民司法的一大特色和补充，并延续至今。

（五）抗日根据地的马锡五审判方式

马锡五审判方式是以陕甘宁边区从事司法审判工作的马锡五[1]命名的。马锡五审判方式是把群众路线的工作方法创造性地运用到审判工作中的司法民主的崭新形式。其特点为深入农村，调查研究，实事求是地了解案情；依靠群众，教育群众，尊重群众意见；方便群众起诉，手续简单，不拘形式。马锡五审判方式的出现和推广，培养了大批优秀司法干部，解决了积年、疑难案件，减少争诉，促进团结，利于生产，保证抗日，使新民主主义司法制度落到了实处。

除了上述审判原则和制度外，新民主主义革命时期的审判原则和诉讼制度还包括公开审判原则、审判人员的回避制度、辩护制度、上诉和审级制度、案件复核制度等。

解放战争中，国民党军队节节败退，国民党政权全面崩溃。共产党领导的民主政权发展、壮大，形成全国性的新政权。1949 年 2 月，中国共产党中央委员会发表《关于废除国民党的〈六法全书〉与确定解放区的司法原则的指示》。根据该指示，废除了《六法全书》，标志着人民民主专政新政权的法律体系进入新的发展时期。

---

[1] 马锡五（1898～1962 年），陕西省保安（今志丹）县人，1930 年参加革命，1935 年加入中国共产党。抗日战争时期任陕西甘宁边区庆环专区、陇东专区副专员、专员。1943 年兼任陕甘宁边区高等法院陇东分庭庭长。1946 年任陕甘宁边区高等法院院长。新中国成立后任最高人民法院西北分院院长。1954 年任最高人民法院副院长。1962 年病逝。

后 记

根据大专法律专业教学方案和教学大纲的要求，为适应司法警官职业学院培养应用型法律人才模式的需要，结合职业学院学生生源和素质特点，我们编写了《中国法制史教程》。

《中国法制史教程》在编写过程中吸收近十几年来中国法制史学研究的最新成果，借鉴了国内外专家、学者的观点，力求准确地阐述本学科的基础知识和基本理论，努力做到内容精炼、线索清晰、重点突出，实现科学性、系统性和实用性的统一。

本书由万安中、曹秀谦任主编，程应需、谢世平任副主编。各章撰稿人（以撰写章节先后为序）分别是：万安中（绪论、第一章）、程应需（第二章）、杨旭军（第三、八章）、谢世平（第四章）、郭诚（第五、七章）、曹秀谦（第六、九、十二章）、林棉征（第十章）、李飞（第十一、十三章）。统稿后由万安中、曹秀谦、谢世平对各章节进行全面修订，对相关章节内容根据最新研究成果进行订正，最后由主编统一修改定稿。

由于水平有限，错误和不足在所难免，恳请读者批评指正。

编 者
2014 年 3 月